知彼知己 부동산경매

현장 전문가가 공개하는 이론 · 실무 노하우

김진우 저

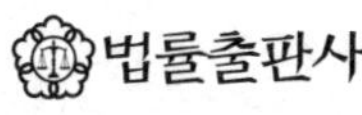
법률출판사

부동산경매 진행 절차도

03 경매(매각) 준비

- 부동산감정평가명령
- 부동산현황조사명령
- 감정평가 금액 및
  최저 매각가격의 결정
- 매각물건명세서 작성
- 무잉여경매의 경매 취소
- 임차인에게 경매진행 및
  배당 요구 통지
- 배당요구종기결정 · 공고
- 채권신고의 최고

02 경매개시결정
(신청 후 통상 3일 이내 결정)

- 경매개시결정에 대한 이의
  (즉시 항고)
- 경매개시결정 기입
  등기의 촉탁
- 경매개시 결정문 송달
- 압류효력 발생

01 경매신청(채권자)

- 부동산강제(임의)경매 신청서
  서면 제출
- 등록세, 송달료, 감정료 등
  경매집행비용예납

04 첫 매각기일(입찰기일) 및 매각 결정기일(낙찰기일)의 지정공고

- 이해관계인에 대한 매각기일
  및 매각결정 기일의 통지
- 입찰매각에 대한 신문공고
  (매각기일 14일전)
- 법원입찰서류작성 및 사본의
  비치(매각기일 1주일전)
  (매각물건명세서, 감정평가서,
  부동산현황조사서))

05 첫 매각기일(입찰기일)

- 최고가매수신고인 결정
- 차순위매수신고인 결정
- 유찰시 새매각(신경매)
- 매각기일조서(입찰조서)의
  작성 및 매수신청보증금 인도
- 매각기일의 종결

06 매각결정기일(낙찰기일)
(매각기일부터 1주일이내)

- 매각허부결정선고
- 매각허가 결정에 대한 이의
  (7일 이내 즉시 항고)
- 매각불허가결정시 새매각
  (신경매)

07 매각허가 결정의 확정
(매각기일부터 7일 후)

- 즉시항고의 제기가 없는 경우
- 항고가 기각된 경우

부동산경매 진행 절차도

08 대금지급기한의 지정

－매수인(낙찰자) 및 차순위매수
　신고인에 통지

－매각허가 결정 확정일부터
　1월 이내 지정

09 대금지급기한 내

－매각대금의 납부(소유권 취득)
－대금미납시
　• 차순위매수신고인에 대한
　　매각허부결정
　• 차순위매수신고인이 없을
　　경우 재매각(재경매)
　• 재매각 3일전까지 대금납부시
　　재매각 취소
－이해관계인 및 배당요구
　채권자에 대한 배당기일의 통지
－대위변제의 종기

10 배당기일

－이해관계인 및 배당요구채권자
　소환

－배당금에 대한 이의

－배당표 작성 및 비치
　(매각기일 3일 전)

－배당금의 확정
－배당실시－미배당금액의 공탁
－배당조서의 작성

11 매각부동산인도 및 명도

－인도명령 신청(대금지급후 6개월
　이내 소유자, 채무자, 권원없는 점유
　자)－명도소송제기(인도명령 대상
　이외의 자, 매각대금 완납 후
　6월이 경과한 인도명령 대상자)

14 매각(입찰) 종결

－기록인계(배당액 출급, 공탁,
　계좌입금 완료시)

13 예납금잔액의 확인

12 소유권이전등기 촉탁

－매각대금 납부 즉시 가능

－법원 경매계 촉탁등기 신청

－낙찰부동산처분시 반드시
　등기 필요

머리글

누구나 돈을 벌 수 있는 재테크에 관심이 있다. 재테크 하면 주식투자와 부동산투자로 대별된다고 보면 좋을 것이다. 이 둘 사이에서 틈새시장으로 각광을 받고 있는 곳이 경매시장이다. 경매는 주로 일반매매에 비하여 부동산 취득시 법적인 제약이 적다는 장점도 있지만, 시세보다 싸게 부동산을 살 수 있다. 예를 들어 토지거래허가구역에서의 토지를 경매로 취득시 허가를 받을 필요가 없다. 또한 경매는 자본의 여력이 있는 자가 경매를 통하여 경매물건을 매수함으로써 채무자의 부채부담을 덜어 주어 국민경제에 기여하는 순기능도 있다. 이런 이유로 일반인들 사이에서는 자산증식의 수단으로 많은 관심을 끌고 있다.

이미 경매시장에 발을 들여 놓았거나 관심을 가진 사람이라면 "경매란 무엇이며 왜 하는 것인가"라는 의문을 한번쯤은 가져 보았을 것이다. 그것은 바로 부동산을 현시세보다 싸게 구입할 수 있다는 데 매력이 있다고 본다. 그렇다고 무조건 경매시장에 뛰어 드는 것은 자기재산을 날릴 수 있는 위험성이 있기 때문에 경매에 관한 기초적인 지식을 습득해야 한다. 흔히 누구는 경매를 해서 큰돈을 벌었다는 등 이러한 말은 경매에 대해 모르는 사람에게는 가슴을 설레게 하기 마련이다.

요즈음 서점가에 가보면 20대 또는 30대의 젊은 나이에 수십억을 경매로 벌었다는 성공스토리의 베스트셀러 경매 서적들이 눈에 띈다. 이런 사실에 현혹되어 경매에 대해 어렴풋이 아는 상태에서 경매시장에 뛰어들었다가 낭패를 본 사람들이 가끔 있다. 즉 경매로 돈을 번 사람은 나름대로 경매이론이라든가 실전경험의 노하우를 습득하기 위해 많은 노력과 시간을 투자했다는 사실을 간과해서는 아니 된다. 보통 사람과는 뭐가 달라도 다르다. 그래서 경매시장은 가만히 있는 자에게 절대로 기회를 주지 않는다. 그렇다면 경매를 시작하기 위해서는 어떠한 과정을 밟아야 하는가. 그 해답은 이 책 속에 있다. 경매 초보자, 아니 경매를 어느 정도했다고 자부하는 사람도 마찬가지다. 경매를 하기 위해서는 우선 경매에 관한 기본적인 이론학습이 선행되어야 하고 그 다음이 실전경험을 쌓는 것이다.

지금까지 필자가 경험한 바로는, 초보자는 물론 경매를 상당기간 동안 했다고 하는 사람들까지도 경매절차나 입찰표의 작성방법을 정확하게 알지 못해 입찰무효가 되는 일이 비일비재하다. 또한 입찰부동산에 대한 기대치가 너무 높아 현시세보다 무리한 가격으로 낙찰 받은 결과 투자수익 대비 손실이 너무 커 이를 감당해야 하는 낙찰자들을 볼 때 안타까운 마음이 앞선다. 경매부동산에의 투자는 어느 누구도 그 책임을 다른 사람에게 전가할 수 없다. 때문에 최종적으로 투자자 자신이 책임을 져야 한다는 생각을 절대 잊지 말아야 한다. 경매는 민사집행법이라는 경매법원의 법 집행절차이므로 입찰자나 낙찰자 모두 입찰부터 부동산 명도까지 경매진행절차에서 실수란 용납되지 않는다. 한 번의 실수도 곧바로 재산상의 손해를 가져오기 때문이다. 그러나 독자 여러분은 걱정하실 필요가 없다. 왜냐하면 이 책에서 그러한 문제를 모두 해결해 주고 있기 때문이다.

따라서 본서는 부동산경매를 처음 배우실 분이나 총정리 하실 분, 그리고 부동산경매를 전문적으로 배우실 분들이 부동산경매의 지침서로 휴대하고 다니면서 언제나 활용할 수 있도록 경매이론과 낙찰부동산의 인도와 명도 등 실전에서 접할 수 있는 모든 문제들을 총망라하여 집필하였다. 아울러 본서는 경매인뿐만 아니라 법조현장(경매법원, 변호사 및 법무사 사무실, 경매컨설팅회사 등)에서도 실무에 활용될 수 있도록 심도있는 내용들을 포함하여 기술하였다.

그 동안 수년간 부동산경매절차가 민사소송법에 의해 쭉 진행되어 오다가 지난 2002년 7월 1일자로 민사소송법 체계에서 민사집행법의 독립된 법체계로 분리 · 제정되어 경매절차가 진행되고 있다. 이외에도 경매와 관련된 법규로는 민법(물권법, 채권법), 주택임대차보호법, 상가건물임대차보호법 등의 중요법률들은 경매이론과 경매절차의 근간을 이루고 있으므로 기본적으로 습득해 두어야 한다. 따라서 본서는 이러한 법률들을 분석 · 정리하여 독자들이 이해하기 쉽도록 해설한 것이 특징이라 할 수 있다.

본서의 전체적인 편집체계는,

첫째, 경매입문에서부터 권리분석에 필요한 부동산물권, 주택임차권, 상가임차권, 특수권리 등에 관한 경매이론을 일기 쉽게 해설하였다.

둘째, 필자의 실전경험을 바탕으로 임차인문제 실전분석, 경매물건 선정요령, 물건에 대한 현장답사 요령 등에 관한 사항도 빠짐없이 수록하여 실전에 적용할 수 있도록 설명하였다.

셋째, 경매진행절차는 법원의 부동산 매각공고부터 낙찰부동산의 인도 · 명도와 배당까지 경매의 모든 과정을 민사집행법에서 규정한 경매절차 위주로 요약 정리하였다.

넷째, 경매에 있어서 권리분석도 중요하지만 경매의 꽃이라고 불리는 낙찰부동산의 인도명령과 명도소송에 대하여 가능한 빨리 해결할 수 있는 방법을 제시하였다.

다섯째, 낙찰부동산에 관한 취득 및 양도비용인 세금문제도 낙찰자 스스로 직접 세금을 계산하고 신고 납부할 수 있도록 하기 위하여 취득세, 등록세, 양도소득세의 세법에 대한 해설과 실제 계산사례 및 신고서 작성사례를 수록하여 놓았다.

아무쪼록 본서가 경매인과 법조계에 종사 하시는 분들이 경매실무를 처리하는데 많은 도움을 주는 유익한 자료로 활용되기를 기대하면서 미흡한 부분에 대해서는 추후 보완할 것을 약속드리며, 다시 한번 독자 여러분의 아낌없는 사랑과 성원을 기대한다.

끝으로 본서가 출간될 수 있도록 기회를 만들어 주시고 조언을 해주신 법률출판사 김용성 사장님과 기획을 총괄해 주신 김재호 이사님께 진심으로 감사드린다. 그리고 경매의 대중화에 앞장서고 계심은 물론 필자에게 물심양면으로 많은 도움을 주신 한국부동산경매전문학원 허윤범 원장님께도 감사의 말씀을 전한다.

항상 직장의 일과 부동산경매의 연구, 강의 등의 바쁜 일정 때문에 가정을 돌보는 일을 게을리 했음에도 불구하고 불평없이 격려와 응원을 해준 아내(김미영)와 믿음직스러운 두 아들(정대, 민성)에게도 깊은 감사의 마음을 전한다.

2008년 여름

차 례

PART 3 주택임대차보호법

PART 6 경매진행절차 및 입찰참가

PART 7 부동산의 인도와 명도방법

PART 8 배당절차 및 배당실시

PART 1
경매입문

1. 경매의 의의

경매라 함은 채무자 소유의 부동산을 압류, 현금화하여 그 매각대금을 배당하여 채권자의 금전채권의 만족을 주기 위함을 목적으로 하는 강제집행절차라고 말할 수 있다. 즉, 다수의 매수희망자가 집행법원의 경매법정에서 매수신청을 하고 그 중 가장 높은 가격으로 매수할 것을 신청한 사람에게 매도하는 매매형태이다.

채무자의 입장에서는 부동산 등의 재산이 경매라는 법적 강제절차에 따라 처분이 되므로 가혹하다고 생각할 수도 있겠으나, 사유재산권 보호와 자본주의의 경제 질서를 유지하기 위해서는 어쩔 수 없는 제도인 것이다. 또한 자본의 여력이 있는 자가 경매를 통하여 경매물건을 매수함으로써 채무자의 부채부담을 덜어 주어 국민경제에 기여하는 면도 있다. 경매참여자(입찰참가자)는 통상적인 매매에 비하여 저렴한 가격으로 부동산 등을 취득할 수 있기 때문에 일반인들의 사이에서 자산증식의 수단으로 많은 관심을 끌고 있다.

2. 경매용어 변천

법원경매의 근거법이 종전 민사소송법에서 2002. 7. 1일자로 민사집행법으로 분리 · 시행되어 독립된 법체계를 갖추었고, 이때 기존의 경매용어가 일반인들이 사용하기에는 어려웠기 때문에 현대의 언어생활에 맞는 쉬운 용어로 개정되어 현재 경매절차에서 사용되고 있다.

구 법(종 전)		신 법(민사집행법)	구 법(종 전)		신 법(민사집행법)
경락인	⇒	매수인	차순위 입찰자	⇒	차순위매수신고인
경락기일	⇒	매각결정기일	신경매	⇒	새매각
경락허부결정	⇒	매각허부결정[1]	재경매	⇒	재매각
경락대금	⇒	매각대금	경매기일	⇒	매각기일
최고가 입찰자	⇒	최고가매수신고인	경락가격	⇒	매각가격

3. 경매용어 해설

민법, 민사집행법 등 관련법에서 사용하는 경매용어를 보면 도무지 무슨 뜻인지 알 수가 없을 뿐만 아니라 이해가 되지 않아 거부감마저 들 것이다. 법학을 몇 년씩 공부한 법학도도 이해하기 힘든 부분이 바로 경매용어를 비롯한 법률용어라고 해도 틀린 말은 아니다. 경매를 원활하게 하기 위해서는 반드시 알아 두어야 할 기본사항이므로 자주 접해서 용어 정도는 이해하고 있어야 한다.

① **매각기일** 집행법원에서 매각물건의 모든 입찰준비가 끝나면 날짜를 정하여 미리 공고한 후 입찰을 실시하는데 이 날짜를 매각기일이라 한다. 입찰자중에서 최고가 매수신고인과 차순위 매수신고인을 결정하게 되면 입찰은 종료된다.

② **매각결정기일** 법원은 매각기일로부터 1주(7일)후에 미리 정해진 날짜에 매각허가 여부에 관하여 이해관계인의 진술을 듣고 법정의 이의사유가 있는지 여부를 조사한 후 매각의 허가 또는 불허가를 선고하는 날이다.

③ **매각허부결정** 매각결정기일에 매각물건에 대한 매각의 허가 또는 불허가를 선고하는 것을 말한다.

---

1)매각허부결정이란 법원의 매각결정기일에 매각물건의 입찰결과에 따라 최고가매수신고인에 대하여 매각의 허가 또는 불허가의 결정여부를 말한다.

④ **최고가 매수신고인** 집행관은 입찰을 마감한 후 바로 개찰하여 매수신청시 정한 금액의 입찰보증금을 납부하고 최고의 가격으로 응찰한 자를 최고가 매수신고인으로 결정한다. 이를 최고가매수신고인이라 한다.

⑤ **차순위 매수신고인** 최고가 매수신고인 이외의 입찰참가자중에서 최고가매수액에서 입찰보증금(최저매각가격의 10%)을 뺀 금액보다 높은 가격으로 응찰한 사람으로서 차순위매수신고를 한 사람을 말한다. 즉 최고가매수신고액이 1억원이고 입찰보증금이 1,000만원일때 1억원에서 보증금 1,000만원을 뺀 9,000만원보다 높은 가격으로 응찰한 사람은 모두 차순위 매수신고인이 될 수 있다.

⑥ **새매각(신경매)** 매각기일에 입찰을 실시하였으나 매수인이 결정되지 아니한 때에는 다시 새로운 매각기일을 정하여 입찰을 실시하는 매각절차이다. 그리고 새매각을 할 경우에는 최저매각가격에서 20%를 저감한 후(법원에 따라서는 30%)새 매각기일을 정하여 경매가 진행된다.

⑦ **재매각(재경매)** 매각허가결정이 확정된 후 집행법원이 지정한 대금지급기한까지 매수인이 대금지급의무를 완전히 이행하지 아니하고 차순위 매수신고인이 없는 때에는 법원의 직권으로 다시 최저가격으로 실시하는 경매를 말한다.

⑧ **대위변제** 이해관계가 있는 제3의 채무자가 채무자를 위하여 대신 변제하는 것을 말한다.

⑨ **대항력** 주택임대차보호법상 대항력이란 임대차 기간중에 주택소유권의 변동이 생기더라도 임차인이 주택의 새로운 소유자에게 임차권의 승계존속을 주장하여 사용 · 수익할 수 있는 효력을 말하며, 대항력의 취득은 주택 임대차계약 후 주택의 인도(입주)와 주민등록(전입신고)을 마쳤을 때 임차인으로서 대항력을 갖췄다고 볼 수 있다.

⑩ **등기촉탁** 매수인(낙찰자)이 매각대금을 법원에 납부하고 등기촉탁 관련서류(토지 및 건물등기부등본, 토지대장등본, 건축물대장등본, 매각허가결정문, 잔금납부영수증 등)를 구비하여 집행법원에 소유권이전등기 신청을 하면 법원이 직권으

로 등기를 촉탁해 주는 것을 말한다.

⑪ **채권전세**(채권적 전세) 등기부에 등기하지 않은 임대차계약으로 채권이며, 민법 임대차 규정이 적용되고 특별법인 주택임대차보호법과 상가건물임대차보호법은 준용된다. 그러나 물권적 전세(전세권)는 물권으로써 제3자에 대하여 언제나 대항력이 있다. 전세금 지급은 전세권의 성립 요건이다.

⑫ **인도명령** 경매를 통해 부동산을 구입한 매수인이 매각대금을 모두 납부한 때에는 경매대상 채무자 등에 대하여 직접 자기에게 매각부동산을 인도하여 줄 것을 구할 수 있으나, 채무자 등이 인도하지 아니하는 경우에는 집행법원에 매각부동산을 강제로 매수인에게 인도하게 하는 내용의 인도명령을 신청하여 그 명령에 따라 부동산을 인도받는 것을 말한다. 즉 경매대상 채무자를 상대로 부동산의 점유를 넘겨달라는 명령이다.

4. 경매관련 법률의 종류

경매와 관련되는 법률의 종류는 상당히 많다. 그 중에서 경매참가자들이 알아 두면 경매를 공부하는 데 많은 도움이 되는 주요법률은 다음과 같다.

민사집행법 법원경매의 근거법으로서 종전에는 민사소송법에 규정되어 있었으나, 2002. 7. 1일자로 민사소송법에서 민사집행법으로 분리·제정되어 시행되어 오고 있다. 동법에는 경매의 대상, 경매의 종류(강제경매, 임의경매), 경매의 절차 등이 규정되어 있다.(제정 2002. 1. 26, 시행 2002. 7. 1)

민 법[2] 소유권 등 물권에 관한 권리관계, 매매 및 임대차계약 등 채권채무관계, 친족 및 상속관계 등의 민사(民事)에 관한 사항을 규정하고 있

---

2) 민법은 제1편 총칙, 제2편 물권, 제3편 채권, 제4편 친족, 제5편 상속 등 모두 5편으로 구성되어 있다.

으며, 우리나라의 현행 법률 중에서 가장 방대하며 1,118 개의 조문으로 구성되어 있다.

민법 중에서 경매와 관련된 부분은 매각물건의 권리분석에 필요한 내용을 규정하고 있는 물권편과 채권편이다.(제정 1958. 2. 22, 시행 1960.1.1)

주택임대차보호법　이 법은 주택소유자에 비하여 상대적으로 사회적 약자의 지위에 있는 임차인(세입자)을 보호하여 주거생활의 안정을 보장하기 위하여 제정된 특별법으로서 주거용건물의 임대차에 관하여 민법에 대한 특례를 규정하고 있다. 1983년 이후 임차인보호를 확대 강화하는 방향으로 여러 차례 개정되었으며, 그 대표적인 예가 임차권등기명령제도, 소액보증금에 대한 최우선 변제제도 등이다.

또한 이 법은 편면적 강행규정을 가지므로 임차인에게 불리한 임대차계약의 약정은 그 효력이 없다.(제정 · 시행 1981. 3. 5)

상가건물임대차보호법　이 법은 상가건물의 소유자에 비하여 상대적으로 약자인 영세상인(임차인)의 경제생활의 안정을 보장하기 위하여 제정된 특별법으로 사업자등록의 대상이 되는 영업용 건물의 임대차에 대해서만 적용된다. 법의 체계 및 내용은 주택 임대차보호법과 거의 같으나, 다음의 몇 가지 사항만 다를 뿐이다.(제정 2001. 12. 29, 시행 2002. 11. 1)

① 주택임대차는 법으로 보호하는 보증금의 상한금액이 없고 무제한으로 보호되지만, 상가임대차는 지역별로 보증금이 일정금액을 초과하면 보호되지 않는다.

② 임차인의 계약갱신요구권은 주택임대차는 없으나, 상가임대차는 최초 임대차 기간을 포함하여 5년 이내에서 가능하다.

③ 임대차기간은 주택임대차가 2년이고, 상가임대차는 1년이다.

부동산등기법　이 법은 사법부 소속인 법원(등기소)에서 관장하는 법률로써 부동산등기에 관한 사항을 규정하고 있다. 등기용지는 ① 등기번호란 ② 표제부 ③ 갑구 ④ 을구로 구성되어 있고, 등기부는 건물등기부와 토지등기부로 이원화되어 있다.

현행법상 일반부동산등기에 공신력은 인정되지 않고 있으나 형식상 적식의 등기가 국가의 공부인 등기부상에 등재된 이상 이는 특별한 반대해석을 가할 사유가 없는 한 진실한 권리 상태를 공고한 것이라고 추정할 수 있다.[3] 이와 같이 공신력은 인정되지 않으나 부동산 공시의 원칙은 인정하고 있다.

부동산등기는 다음 4가지의 주요기능을 가지고 있다.

① 거래의 안전과 신속한 처리를 위한 물권의 공시기능

② 법률행위에 의한 부동산 물권변동의 성립요건(효력발생요건) 기능. 즉 매매계약 등에 의하여 취득한 부동산은 반드시 등기부에 등기를 하여야 소유권을 취득함과 동시에 권리를 행사할 수 있다.

③ 법률규정에 의한 물권이 취득 및 소멸하는 때에는 물권변동의 처분제한요건 기능 즉 경매, 공용징수(토지수용), 형성판결 확정, 상속 등에 의한 부동산 취득이 법률규정에 의한 취득으로써 등기부에 등기를 하지 않았어도 등기없이 소유권을 취득하지만, 당해 부동산을 처분하기 위해서는 등기를 하여야 한다. 이때 등기를 하지 아니하면 처분을 할 수가 없다.

④ 등기부에 등기된 임차권, 환매권, 임의적 기재사항 등에 있어서는 대항요건의 효력이 있다.

---

3) 대판 4290 민상 791 (1958. 3. 13)

한마디로 부동산등기란 등기소의 등기관이 등기부에 권리관계와 사실 관계 등의 일정한 사항을 기재하는 것이라고 정의할 수 있다.(제정·시행 1960. 1. 1)

부동산등기의 종류

1. 기능에 의한 분류
- 표시란의 등기 : 부동산의 사실관계 등기(표제부)
- 사항란의 등기 : 부동산의 권리관계 등기(갑구 또는 을구)

2. 형식에 의한 분류
- 주등기(독립등기) : 독립된 순위번호(혹은 표시번호)를 붙여서 등기함
- 부기등기(순위유지 목적) : 주등기에 부기하여 하는 등기(2-1, 2-2 등)

3. 내용에 의한 분류
- 기입등기 : 새로운 등기원인 기재(보존등기, 소유권이전등기, 설정등기)
- 경정등기 : 등기와 실체관계의 원시적(처음부터) 일부 불일치 시정
- 변경등기 : 등기와 실체관계의 후발적(나중에) 일부 불일치 시정
- 말소등기 : 기존등기의 원시적 또는 후발적 전부 부적법
- 말소회복등기 : 등기의 전부(주등기) 또는 일부(부기등기) 부적법 말소를 회복
- 멸실등기 : 부동산의 전부 멸실된 경우 표제부에 하는 등기
- 멸실회복등기 : 등기부의 전부 또는 일부 멸실시 회복하는 등기

4. 효력에 의한 분류
- 종국등기(본등기) : 권리(물권) 변동적 효력을 발생시키는 등기
- 예비등기 : 가등기와 예고등기가 있다.
  - 가등기 : 본등기할 권리의 청구권 순위보전을 위한 등기
  - 예고등기 : 등기의 말소 또는 말소회복 소송시 제3자에게 경고하기 위한 등기

이외에도 집합건물의 소유 및 관리에 관한 법률(민사특별법, 건물의 구분소유권에 관한 사항 규정), 소액사건심판법, 가등기담보 등에 관한 법률, 공인중개사업무 및 부동산거래신고에 관한 법률, 장사등에 관한 법률, 부동산공시법[4], 부동산개발 및 보전에 관한 법(부동산공법)[5] 등이 있고, 조세관련 세법으로는 경매부동산을 취득할 때 적용되는 취득세 및 등록세법(지방세)과 부동산을 양도할 때 적용되는 양도소득세법(국세) 등이 있다.

5. 경매의 종류

법원경매란 다수의 매수희망자가 매수신청을 하고 그 중 가장 높은 가격으로 매수할 것을 신청한 사람에게 매도하는 매매형식을 말한다.

즉, 금전채권의 만족을 위해 채권자의 신청에 따라 법원이 채무자의 부동산을 강제적으로 매각하여 채권자에게 채권의 목적을 실현시켜 주는 강제집행제도이다.

이에는 채권자가 집행권원에 표시된 이행청구권의 실현을 위하여 채무자 소유의 부동산을 압류한 후 매각시켜 그 매각대금에서 금전채권의 만족을 얻는 강제경매와 담보물권에 의해 실행되는 임의경매가 있다.

---

4) 부동산공시 관련법으로는 부동산등기법과 지적법이 있다.

5) 부동산공법은 8개의 법률로 구성되어 있으며, 그 법률을 보면 ①국토의 계획 및 이용에 관한 법률 ②개발제한구역의 지정 및 관리에 관한 특별조치법 ③도시개발법 ④도시 및 주거환경정비법 ⑤건축법 ⑥주택법 ⑦농지법 ⑧산지관리법 등이 있다. 이 중 ①~④는 토지개발에 관련된 법률이며 ⑤와 ⑥은 건축물에 관한 법이고 ⑦과 ⑧은 토지 중 농지와 산지의 보전을 목적으로 하는 법률이다. 그리고 20호 · 20세대 이상의 주택건설사업과 1만㎡ 이상의 대지조성사업은 주택법에 의한 사업계획승인 대상이며, 19호 · 19세대 이하의 주택과 300세대 미만의 주상복합건물은 건축법에 의한 건축허가 대상이므로 주택건설의 규모에 따라 그 적용 법률이 다르다. 따라서 경매참가자들이 권리분석, 물건분석, 현장답사 등을 할 때에는 관련 법률의 대강의 내용을 알아 두면 아주 용이하다.

1) 임의경매(담보권 실행을 위한 경매)

채무자가 금전을 빌리면서 자신의 소유 부동산을 담보로 제공하는 행위는 만약 돈을 갚지 못했을 경우, 담보로 제공한 부동산을 처분하여 채무를 변제해도 좋다는 합의가 채권자와의 사이에 이미 이루어짐을 의미한다.

따라서, 채권자는 대여한 금액에 대하여 보장받기 위한 수단으로서 채무자나 채무자를 보증하는 보증인의 소유 부동산에 근저당권을 설정하고 차후 지정기일에 채무를 변제하지 않거나 이자 등을 제대로 불입하지 않을 경우 별도의 소송없이 담보권을 실행하여 법원에 바로 경매를 신청할 수가 있는데 이러한 경매를 담보권 실행을 위한 경매라 한다.

> 플러
> 임의경매 : 근저당권이나 전세권설정에 의한 강제집행(담보권 실행)

2) 강제경매(집행권원에 의한 경매, 구 채무명의)

채권자가 아무런 담보없이 채무자에게 금전을 빌려주면서 차용증 등을 받은 뒤 채무자가 약정한 지급기일에 변제하지 않으면 법원을 통해 "대여금 반환 청구소송"을 하여 판결을 받은 뒤 그 판결문을 가지고 채무자의 부동산에 경매신청을 하고 법원은 이를 받아들여 경매개시 결정을 내리면서 채무자의 부동산을 압류하고 강제로 매각하는 것을 "채무명의(집행권원)에 의한 경매"라 부르며, 이러한 채무명의는 집행력이 있는 판결정본, 민사조정조서, 약속어음공정증서, 확정된 지급명령 등이 있는데 이러한 채권의 증빙증서를 가진 채권자는 집행문을 부여받은 뒤 송달증명원을 첨부하여 강제집행을 신청한다.

> 플러
> 집행권원(구, 채무명의) : 집행력있는 판결정본, 민사조정조서, 약속어음공정증서 등

6. 경매의 대상

1) 토지, 건물

건물이나 토지는 별개의 부동산으로 독립경매가 가능하다. 입목에 관한 법률에 의하여 소유권보존등기가 된 입목이나 명인방법을 갖춘 수목의 경우는 토지로부터 독립된 부동산으로 취급되어 경매의 대상이 된다. 토지나 건물의 공유지분, 구분소유권도 독립된 경매의 대상이 되지만 집합건물에서 대지사용권의 토지공유지분은 전유부분과 분리하여 처분이 불가능하므로 건물과 독립하여 경매의 대상으로 되지 않는다. 다만 전유부분과 분리처분이 가능하도록 규약으로 정한 경우는 경매의 대상이 된다. 독립된 부동산으로서의 건물이라고 하기 위해서는 최소한의 기둥과 지붕, 그리고 주벽이 이루어지면 된다.[6]

2) 미등기 부동산(미등기 토지, 미등기 건물)

미등기 부동산이라 하더라도 채무자의 소유가 입증되면 경매가 가능하다. 미등기 부동산에 관하여 법원에서 경매개시결정을 하게 되면 등기소의 등기관이 직권으로 채무자의 명의로 소유권보존등기를 하고 그 다음에 경매개시결정등기를 하게 된다. 등기부가 멸실되고 회복등기가 되지 아니한 부동산도 마찬가지이다.

미등기 부동산에 대한 경매를 신청할 때는 바로 채무자의 명의로 소유권보존등기가 가능하도록 채무자의 소유임을 증명하는 서면과 부동산의 표시를 증명하는 서면을 첨부하여야 한다. 증명할 수 있는 서면으로는 토

---

6) 대판 2001.1.16. 2000다51872 참조

지의 경우는 토지대장, 소유권 확인판결, 수용증명서 등이고 건물은 건축
물대장이 증명서류이나 건축물대장에 의하지 아니한 경우에는 시·구·
읍·면의 장의 서면이 필요하다. 이 서면에 해당하는 것으로는 재산세과
세증명서, 건축물사용승인서, 건축물의 사용검사필증이 있다. 이외에 지
방세완납증명서, 세목별과세증명서, 착공신고서, 건축허가서 등은 증명
서면에 해당되지 않는다.

3) 공장재단, 광업재단

공장저당법에 의한 공장재단, 광업재단저당법에 의한 광업재단은 하나
의 부동산으로 취급되며 공장재단, 광업재단을 구성하는 기계·기구 등
은 비록 동산 이지만 유체동산에 대한 집행으로는 할 수 없고 그 저당권의
목적물인 토지, 건물 등에 포함하여 경매의 대상이 된다.

매각부동산이 공장재단, 광업재단의 일부를 구성하고 있을 때에는 개
별집행은 금지되므로 재단의 일부에 속한 것이 판명된 경우는 매각절차
를 취소하여야 한다.

4) 광업권, 어업권

광업법 제12조에 의한 광업권, 수산업법 제15조에 의한 어업권은 법률
상 부동산으로 취급되므로 경매의 대상이 된다. 그러나 공동광업권자의
지분은 다른 공동광업권자의 동의가 없으면 처분이 불가능하므로 경매의
대상이 되지 않는다.

5) 소유권보존등기된 입목

소유권보존등기된 입목은 독립된 부동산으로 취급되므로 경매의 대상이다.

6) 지상권

부동산을 목적으로 하는 지상권만이 경매의 대상이 된다.

7) 자동차 · 건설기계(중기 등) 및 항공기

자동차, 건설기계 및 항공기는 실체법상으로는 동산에 속하나 그 특수성을 감안하여 등록된 자동차와 건설기계에 대한 강제집행은 부동산 경매와 같은 방식으로 경매하며, 등록된 항공기는 선박에 대한 강제집행의 예에 따라 실시한다.

PART 2
부동산 물권(物權)

1. 물권의 개념

물권[7]이란 물건을 직접 지배하여 ① 사용 ② 수익 ③ 처분할 수 있는 권리(즉 독립적 배타적으로 이익을 얻을 수 있는 권리)를 말한다. 이러한 물권은 법률 또는 관습법이 정하는 바 외에는 임의로 만들지 못한다. 이를 "물권법정주의" 라고 한다.

민법에서 정한 법정물권은 소유권, 점유권, 지상권, 지역권, 전세권, 저당권, 유치권, 질권 등 8개의 권리를 말한다. 그리고 관습상의 물권(관습법에 의한 물권인정)으로 분묘기지권과 법정지상권이 있으며, 사도통행권과 온천권은 관습에 의한 물권이 부정된다.

물권은 경매입찰시 각종 권리의 인수여부를 판단하는 중요한 법 이론으로서 권리분석의 기초가 된다.

2. 물권행위와 채권행위의 관계

물권행위는 물권의 변동을 초래한 것이고, 채권행위는 채권채무관계를 발생시키는 행위를 말한다. 즉 소유권을 취득하려면 채권행위와 별도로 물권행위가 있어야 한다.

☞ 채권행위(매매계약) + 물권행위(물권적 합의와 등기 필요) = 소유권 취득

물권적 합의란 당사자간의 계약인 법률행위에 의해 물권이 변동되는 것을 말하며, 물권적 합의에 의한 등기는 법률행위의 물권변동의 효력으로써 최종적으로 등기를 하여야만 소유권이 이전되는 것이다.

---

7) 물권은 민법 제185조 내지 제372조에서 규정하고 있다.

3. 부동산 물권변동

물권변동이란 물권의 발생, 변경, 소멸을 의미한다. 부동산에 관한 물권변동은 민법 제186조의 법률행위(계약)에 의한 물권변동과 동법 제187조의 법률의 규정에 의한 물권변동(취득)의 2가지 방법에 의해서 이루어진다. 법률행위에 의한 물권변동은 당사자간의 계약에 의해서 합당한 등기를 완료함으로써 물권변동(소유권 변동)이 일어나며, 이때 등기는 물권변동의 효력발생요건이자 성립요건인 것이다.

반면 법률의 규정에 의한 물권변동(취득)은 민법에서 정한 상속, 공용징수(토지수용), 판결(형성판결), 경매의 4가지의 경우에 한하여 부동산등기를 경료하지 않아도 물권변동이 일어나 소유권을 취득하며, 처분(매매)할 때에는 등기를 반드시 하여야 처분이 가능하다. 이때의 등기는 부동산 처분제한요건에 해당한다.

다만, 민법 제245조 제1항에 의한 시효취득은 부동산을 20년간 점유시 법률의 규정에 의해 소유권을 취득할 수 있음에도 등기를 하여야 비로소 물권변동의 효력이 발생하는 유일한 예외이므로 주의하여야 한다.

● 법률의 규정에 의한 물권변동(소유권 취득)의 시기

① 상속의 경우 : 상속자가 사망한 날(의사가 사망으로 판정한 날)

② 공용징수(토지수용)의 경우 : 사업시행자가 토지를 수용한 날

③ 판결(형성판결)의 경우 : 관할법원에서 판결이 확정된 때

④ 공매 · 경매의 경우 : 매수인(경락인)이 매각대금(경락잔금)을 완납한 때.

이외에도 법률의 규정에 의한 물권변동의 예로는 신축건물의 소유권 취득, 피담보채권 소멸시 저당권의 소멸, 부동산 멸실시 물권의 소멸 등이 있다.

1. 형성판결(권리변경판결)

민사소송 등에서 법률상태의 변경을 선언하는 판결. 즉 권리관계의 변동(발생, 변경, 소멸)을 선언함. (예;이혼소송 등)

2. 이행판결

이행의 소에 의한 청구를 인용하는 취지의 판결, 즉 이행을 하라는 법원의 판결로서 이행의무의 존재에 대한 기판력과 집행력을 가짐으로써 확정된 이행판결이 바로 채무명의(집행권원)이다. 다시 말해 판결을 받아서 강제집행을 개시할 수 있는 조건을 만들어내는 것임. (예;대여금반환청구소송, 건물명도청구소송 등)

3. 확인판결

민사소송법상 확인의 소에 대한 확인판결과 행정소송법상 권리관계의 존부를 확인하는 판결임. (예;무효확인의 소 등)

4. 물권의 종류

물권의 종류는 민법에서 정한 법정물권과 관습법에서 인정한 관습상의 물권으로 나누어진다. 그 종류는 다음과 같다.

물권의 종류	
1. 법정물권	2. 관습상의 물권
1) 본 권 : 소유권, 점유권	분묘기지권
2) 제한물권 : 용익물권, 담보물권	법정지상권
용익물권 : 지상권, 지역권, 전세권	
담보물권 : 저당권, 유치권, 질권	

5. 법정물권(민법상 물권)

1) 소유권

부동산 등 소유물에 대하여 사용, 수익, 처분할 수 있는 권리로서 가장 완전한 권리이다. 소유권은 사유재산제도의 기초를 이루고 있으며, 각종 제한물권(용익물권, 담보물권)의 근거(기본)가 되는 개념이다.

정당한 이익이 있는 범위내에서 토지의 소유권은 토지의 상·하에 미치며, 그 권리가 무제한으로 인정되는 것은 아니다. 그리고 지하의 미채굴 광물은 국유에 속한다. 부동산의 소유유형은 민법에 의한 단독소유와 공동소유가 있고, 민사특별법인 집합건물의 소유 및 관리에 관한 법률에 의한 구분소유의 3가지가 있다. 이 중 부동산의 공동소유 형태로는 공유, 합유, 총유의 3가지가 있으며 그 내용은 다음과 같다.

● **부동산 공동소유제도**

① 공유 : 공유지분으로 등기가 가능하고 지분의 처분은 다른 공유자의 동의 없이 지분 소유자가 자유롭게 처분할 수 있다. 그러나 공유물 전체를 처분·변경하고자 하는 때에는 공유자 전원의 동의를 얻어야 처분할 수 있다. 지분에 대한 분할청구는 언제든지 가능하나 5년의 범위내에서 불분할특약이 있을 경우에는 분할청구를 하지 못한다.

공동소유의 예) 집합건물의 공용부분, 공동상속재산, 공유물의 과실, 법률행위(계약)에 의한 성립(당사자 사이에 공유하기로 합의한 후 공유등기를 경료하면 지분소유의 형태로 공유가 성립함) 등

② 합유 : 공동사업목적을 위하여 결성된 민법상의 조합이 합유지분으로 등기를 할 수 있으나, 지분의 처분은 반드시 합유자 전원의 동의를 얻어야 가능하다.

또한 합유물 전체를 처분·변경하고자 할 때에도 합유자 전원의 동의가 필요하다. 그리고 합유관계가 존속하는 동안에는 분할청구가 불가능하다.

합유의 예) 조합재산 등

③ 총유 : 권리능력 없는 사단이 소유하는 재산으로써 지분이 인정되지 않는다. 이런 점에서, 지분이 존재하는 공유나 합유와 구별된다. 총유물의 일부 또는 전체를 처분·변경하고자 할 때에는 사원총회의 결의가 있어야 가능하며 정관이나 규약이 정한 바에 따라 총유물을 사원이 사용하거나 수익할 수 있다.

총유의 예) 종중, 교회, 동창회, 친목회 등 권리능력 없는 사단임

2) 점유권

① 소유권과는 상관없이 해당물건을 사실상 지배하고 사용할 수 있는 권리(지배권)이다

② 법적으로 부동산을 소유하고 있는지 여부와는 관계없이 사실상 그것을 차지하고 있는 경우에 인정되는 물권이다. 점유권은 소유권, 지상권, 전세권, 유치권에서 발생한다.

③ 평온무사하게 20년간 부동산을 점유한 자는 등기함으로써 그 부동산의 소유권을 취득하게 된다. 이러한 취득 방법을 점유로 인한 시효취득이라 한다.

④ 등기는 되지 않으나 점유할 권리에 의해 정당한 권리로 보며, 점유자는 일단 적법한 것으로 본다.

3) 전세권

세계 각국 중에서 유일하게 우리나라에만 있는 특수한 물권이다. 다른 나라에는 전세권이라는 물권이 없다. 그래서 외국에는 전세제도는 없고

임대차 제도만 있다. 우리나라의 전세권제도는 관습의 채권적 전세제도를 민법에서 물권으로 신설하여 운영하고 있으며 그 형태는 임대차와 소비대차를 결합한 것이라고 볼 수 있다. 전세금을 지불하고 그에 대한 반대급부로 해당부동산을 주거 또는 상업목적에 따라 사용하고 수익할 수 있는 권리이지만 농경지는 전세권의 대상이 되지 아니한다.

전세금은 전세권의 성립요건이며 보증금의 성질도 가지고 있다. 전세권이 소멸하면 전세금을 반환 받는다. 이를 확보하기 위해서 전세권자에게 경매청구권과 우선변제권이 있다. 이외에도 전세권자에게는 건물의 객관적 가치를 증가시키기 위한 유익비를 투입했을 때에는 집주인(전세권설정자)에 대하여 유익비상환청구권을 행사할 수 있으나 일상적인 건물보존을 위하여 지출된 비용을 회수하기 위한 필요비상환청구권은 행사할 수 없다.

전세기간은 최단 1년에서 최장 10년까지 존속한다. 당사자의 약정기간이 10년을 넘는 때에는 10년으로 단축되고 존속기간을 1년 미만으로 정한 때에는 1년으로 한다.

법원경매시 단독주택의 경우 건물에만 전세권을 설정한 때에는 건물부분에 대해서만 배당을 받는다. 그러나 공동주택(집합건물)의 경우는 건물에 대해서만 전세권을 설정하였을 경우라도 건물은 물론 토지에 대해서도 배당을 받게 된다. 저당권도 동일하다.

전세권등기는 전체 건물만 되는 것은 아니고 건물의 일부도 가능하다. 다만 부동산의 일부에 대한 전세권은 등기신청시 그 도면을 첨부하여야 한다. 건물일부의 전세권자는 건물 전체 배당에 대하여 우선변제권이 있다.

전세권은 시차에 따라 용익물권과 담보물권의 2가지의 권리를 가지고 있다. 전세권이 존속하고 있을 때에는 사용, 수익이 가능한 용익물권으로서의 성질이고, 또 하나는 전세권의 존속기간이 완료된 때에는 교환가치로서의 담보물권의 성질을 가지고 있는 것이다. 이때 전세금반환채권은 피담보채권으로 보며 전세권은 담보물권으로 본다.

4) 지상권

지상권은 크게 3가지로 나누어 볼 수 있는데 ① 법률행위에 의한 지상권(당사자간의 지상권설정계약에 의한 등기된 지상권) ② 현행 법률규정에 의한 법정지상권(등기안된 지상권) ③ 저당권실행 경매이외의 사유에 의한 관습법상 법정지상권(대법원 판례로 인정, 등기 안 된 지상권)으로 구분된다. 여기서는 민법에서 정한 법정물권인 당사간의 설정계약에 의해 등기부에 등기함으로써 성립하는 법률행위에 의한 지상권만을 설명하고 ②와 ③은 법정지상권으로써 부동산 관습상의 물권편에서 다룬다. 지상권의 성립여부는 ①은 등기부로 확인이 가능하고 ②와 ③은 등기를 요하지 않으므로 등기부에서 확인이 불가능하며 그 성립요건을 충족했을 때 권리가 발생한다.

등기부에 등기된 지상권은 법률행위(당사자간 설정계약)에 의한 취득이다. 즉 설정계약과 등기를 요한다. 지상권은 건물, 수목, 그 밖에 공작물[5] 등을 소유하기 위해 타인소유의 토지를 사용할 수 있는 권리를 말한다..

지상권은 물권으로서 채권보다 효력이 강하고 경매와 관련된 지상권은 주로 은행 등에서 나대지 등을 담보로 하여 대출하고 설정한 것이 대부분이다.

---

8) 공작물이란 다리, 전신주, 담장, 터널, 궤도, 지하철 등이 포함된다.

① 지상권은 존속기간의 최장기적인 제한은 없으나 최단기 제한은 있으므로 기간의 약정을 하고 계약하여야 하며 약정이 없는 지상권의 존속기간은 법이 정한 규정을 적용 받는다. 존속기간은 콘크리트 등 견고한 재질의 건물 30년이상, 기타 목재건물은 15년 이상, 공작물은 5년 이상 이다.

지상권의 법정 존속기간

석조(돌이나 대리석으로 시공한 집)	존속기간 30년
석회조(콘크리트조)	존속기간 30년
연와조(적벽돌, 기타 벽돌)	존속기간 30년
목조기와, 목조슬레이트 유사주택	존속기간 15년
공작물 (간판이나 모형물, 간이시설)	존속기간 5년

② 지상권은 설정기간의 약정이 없으면 법이 정한 범위 내에서 정해진 목적대로 토지를 사용 · 수익할 수 있는 권리를 갖는다.

③ 지상권자는 존속기간(법정 존속기간, 계약당시 약정한 기간)이 지나면 지상물을 철거 및 수거하여야 한다.

④ 지상권자가 계약시 지료에 대한 약정을 하였다면 지료를 지급하여야 하며 통상 지상권의 지료는 연세(1년 단위)로 지급하는데, 이때 2회(2년)이상 연체할 때에는 해당 지상권설정자인 소유자는 이를 이유로 지상권소멸 청구소송(지상권소멸청구권)을 하여 판결로써 지상권을 소멸(말소)시킬 수 있으며 동시에 지상권 목적물에 대한 철거소송을 통하여 해당 토지를 원상복구시킬 수 있다.

⑤ 지상권자는 존속기간이 만료되면 설정자인 소유자에게 갱신(재계약)하여 줄 것을 청구(지상권갱신청구권)할 수 있으며, 이때 지상권설정자(소유자)가 거절하면 지상물에 대하여 매수청구권(잔존가치매수청구권)을 행사할 수 있다.

⑥ 지상권은 말소기준등기(권리)보다 후순위이면 낙찰로써 말소되고 반대로 선순위이면 매수자가 인수한다.

5) 지역권

타인의 토지 등을 자신의 토지 등의 이익에 이용하는 권리이다. 통행, 용수, 전망 등에 필요하다(맹지 등의 토지 발생).

지역권은 요역지와 승역지의 권리로 나누어진다. 요역지는 편익을 얻는 토지를 말하는 것으로 반드시 1필의 토지이어야 하고, 승역지는 편익을 제공하는 토지로써 토지의 일부도 무방하다. 그러나 편익을 받는 것은 요역지의 사람의 편익이 아니라 반드시 토지의 편익이어야 한다는 것에 주의하여야 한다. 경매의 권리분석시 그다지 많이 등장하지 않는다.

6) 저당권 · 근저당권

사실상의 지배 없이(채무담보로 제공한 부동산을 인도받지 않음) 관념상의 지배권이며, 채무변제가 안될 시에는 별도의 소송 없이 강제집행하여 채무를 변제 받을 수 있는 권리이다. 채권자는 항상 저당권자가 되고, 채무자나 제3자인 물상보증인은 저당권설정자가 된다.

- 경매에서는 말소기준권리가 된다.
- 저당권의 대상은 소유권, 지상권, 전세권이다.
- 저당권 자체도 압류, 가압류의 목적이 될 수도 있다.

(1) 저당권(일반저당권)의 법적 성질

- 점유를 수반하지 아니한다. 즉 유치적 효력이 없다
- 약정담보물권이 원칙이다.
- 담보물권의 통유성인 부종성, 수반성, 불가분성, 물상대위성이 인정된다.
- 순위승진의 원칙이 적용된다.

(2) 담보물권의 통유성

- 부종성 : 채권이 소멸하면 담보물권도 소멸하고, 채권이 없으면 담보물권도 성립하지 아니한다.

- 수반성 : 담보물권은 그 채권이 양도되면 담보물권도 이에 수반하여 이전된다.

- 불가분성 : 채권의 일부를 변제했다고 해서 담보물권의 일부가 소멸되는 것이 아니라 전부 변제하여야 담보물권도 소멸한다.

- 물상대위성 : 담보의 목적물이 매각, 임대되거나 멸실, 훼손되어 매매대금, 임대료, 손해배상 등의 청구권을 취득하는 경우에 담보물권은 이러한 청구권상에 그대로 존속한다. 즉 물건위에 대신하는 성질이다.

(3) 근저당권

계속적인 거래관계로부터 발생하고 소멸하는 불특정 다수의 장래채권을 결산기에 계산하여 잔존하는 채무를 일정한 한도액의 범위내에서 담보하는 저당권을 말한다. 근저당권은 피담보채권[9]이 장래에 증감 변동한다는 점이 특색이 있다. 즉 채권자와 채무자의 기본관계가 종료할 때까지 그 피담보채권액은 항상 불확정적이다. 다시 말해 근저당권이 일반저당권과 다른 점은 피담보채권액이 확정될때까지는 담보물권의 통유성 중의 하나인 부종성이 완화되므로 적용되지 않는다. 반대로 설명하면 피담보채권이 확정되지 아니하면 채권이 소멸해도 근저당권이 소멸되지 않는다는 것이다.

---

9) 근저당권의 피담보채권이란 담보권을 설정한 근거가 되는 채권 또는 담보권에 관련된 채권을 말한다. 즉 금전채권이다.

결론적으로 근저당권은 피담보채권이 확정된 후에는 일반저당권으로 전환되어 부종성이 인정되므로 채권이 소멸하면 근저당권도 소멸한다.

또한 근저당권은 부종성의 완화로 인해 피담보채무가 확정되기 이전이라면 채무의 범위나 채무자를 변경할 수 있다. (대판 1999.5.14, 97다15777)

① 근저당권의 피담보채권 확정시기

- 근저당권의 설정계약에서 정한 결산기가 도래된 때

- 근저당권의 존속기간이 만료된 때

- 근저당권의 기본계약이 해지된 때

- 경매에서 경락대금(매각대금)의 완납시 또는 경매신청시

② 근저당권의 피담보채권 범위

- 피담보채권의 범위는 원본, 이자, 위약금, 채무불이행으로 인한 손해배상(지연배상), 저당권의 실행비용이다. 다만, 지연배상(지연이자)의 경우는 원본의 이행기일 경과 후 1년분에 한한다.

③ 일반저당권과 근저당권의 필요적 등기사항 비교

일반저당권	근저당권
◎ 피담보채권의 확정가액 등기	◎ 채권최고액 등기(피담보채권 미확정)
- 원본, 이자, 손해배상금(지연이자) 위약금은 반드시 등기	- 취지와 채권최고액은 반드기 등기 존속기간이나 결산기는 미등기도 무방하나 등기하면 보호됨(임의적 등기)

(4) 포괄근저당권

근저당권의 설정계약서에 은행의 여신거래로부터 생기는 모든 채무를 담보하기로 하는 포괄근저당권을 설정한다는 문언이 기재된 경우, 의사표시의 존재와 내용을 인정함으로써 성립한다(대판 2003.4.11, 2001다12430). 이때 피담보채무의 범위는 채권최고액은 물론 연대보증채무 및 신용카드채무 등으로까지 추가된다.

(5) 저당권 실행의 배당

● 저당권의 등기 및 배당

단독주택, 상가주택에서는 토지와 건물에 각각 등기를 설정하여야, 양쪽에서 배당을 받게 된다. 그런데 집합건물에 대해서는 각각 할 필요가 없다.

● 채권의 확장은 채권최고액까지이다. 경매가 된 경우 저당권의 채권최고액을 초과하는 금액에 대해서는 우선변제권이 없다.

● 저당권 실행으로 인한 미등기 대지권 아파트의 경매

대지권 미등기임에도 실제로는 대지권이 경매대상에 포함되어 경매에 나온 경우에는 낙찰된 후 대지권에 대한 소유권도 취득하게 된다. 이러한 경우 미등기 대지권의 금액을 포함 감정평가하여 경매가격을 정하게 되는 것이다.

(6) 개별저당과 공동저당

개별저당은 한 개의 부동산에 하나의 저당권을 설정한 경우이고, 공동저당은 하나의 채권의 담보로서 여러 개의 부동산 위에 저당권을 설정한 것을 말한다. 공동저당의 경우 목적물이 일괄매각이 되면 동시배당을 하고, 일부만 매각되면 이시배당을 한다.

7) 유치권(유치물건의 인도거절 권리, 반환거부 권리)

타인의 물건을 점유한 사람이 그 물건에 의하여 생긴 채무를 변제 받을 때 까지 유치할 수 있는(가지고 있을 수 있는) 권리이다(시계를 수리하고 수리비를 받을 때 까지 돌려주지 않아도 되는 경우와 같은 경우이다). 즉, 유치권자는 경락인에게 목적물의 인도를 거절할 수 있으나 경락대금으로부터 우선변제를 받을 수는 없다.

(1) 유치권은 물권이면서 등기를 요하지 않는다.

우선변제권은 없으나 낙찰자에게 부담되어 인수하여야 하는 권리이다. 이는 민사집행법상 문언해석으로 볼 때 낙찰자가 유치권(유치금액)을 인수하는 것 같이

보여지지만 판례(대판 1996.8.23, 95다8713)에 의하면 낙찰자는 경매시 유치채권에
대한 변제책임이 없다.

(2) 점유를 상실하면 유치권도 상실한다.

점유는 직접점유나 간접점유나 모두 인정된다. 이때 점유는 유치권의 성립요건
이 자 존속요건이다.

(3) 경매청구권은 있어도 우선변제권은 없다.

(4) 유치권의 성립요건

① 채권과 목적물 사이의 견련관계가 존재할 것
목적물에 지출한 필요비, 유익비와 건물신축공사로 인하여 생긴 공사금 채
권 등이 유치의 대상에 해당된다. 그러나 임차보증금과 상가 권리금 등은 유
치권이 인정되지 않는다.
② 채권이 변제기에 있을 것 : 변제기가 도래하기 전에는 유치권이 성립되지
않는다.
③ 유치권자는 적법한 점유자이어야 한다.
④ 유치권 배제특약이 존재하지 않아야 한다(유치권배제특약 부존재).
유치권은 임의규정이므로 당사자간의 유치권 발생의 배제특약이 있으면 유
효하다. 즉, 당사자간의 합의로 성립하지 않는다.

8) 질 권

돈을 빌려 주면서 물건을 질로 잡고 변제하지 않을 때는 해당물건을 처분하여 우
선변제 받을 수 있는 권리이다(전당포 영업행위 등). 부동산 경매의 권리분석과는
전혀 관련이 없는 물권이므로 이 정도만 알아두면 된다.

6. 관습상의 물권(관습법상 인정된 물권)

관습법에 의해서 인정되는 물권인 관습상의 물권으로는 법정지상권[10]
과 분묘기지권이 있다. 법정지상권은 다시 현행 법률의 규정에 의한 것과
저당권실행 경매이외의 사유(매매, 교환 등)에 의한 것이 있다.

1) 법률규정에 의한 법정지상권(등기 안 된 지상권)

법정지상권이란 토지와 건물의 소유자가 동일인이었다가 후에 건물소
유자와 토지소유자가 분리되어 각각 소유자가 달라졌을 경우에 발생하는
권리이다.

이와는 달리 당사자간의 설정계약에 의한 등기된 지상권은 등기부상 을
구에서 그 존재 여부를 알 수 있지만, 반면 현행법상 법률의 규정에 의한
법정지상권은 등기가 없음에도 법으로 인정받을 수 있는 권리이다. 따라
서 법률의 규정에 의한 법정지상권은 법에서 정한 발생요건만 갖추면 등
기없이도 그 효력이 발생한다. 즉 법정지상권은 법률의 규정에 의한 취득
으로써 설정계약도 필요없고 등기도 요하지 않는다.

(1) 현행법상 법률의 규정에 의한 법정지상권의 종류

① 민법 제305조에 기한 법정지상권 : 건물에 전세권을 설정한 때에는 대지소
유권의 특별승계인은 전세권설정자(건물소유자)에 대하여 지상권을 설정한
것으로 본다.

② 민법 제366조에 기한 법정지상권 : 저당물의 경매(담보권 실행)로 인하여 토
지와 그 지상건물이 다른 소유자에게 속한 경우에는 토지소유자는 건물소

---

10) 법정지상권은 경매에서 많이 접하는 것으로서 주로 지방에 많이 존재한다. 즉 옛날에는 미등기 무허가 건물이
많았기 때문이다.

유자에 대하여 지상권을 설정한 것으로 본다. 그러나 지료는 당사자의 청구에 의하여 법원이 이를 정한다.

③ 가등기담보법 제10조에 의한 법정지상권 : 토지 또는 건물에 대한 가등기담보권의 실행(소유권 취득, 담보가등기에 기한 본등기 행함)으로 토지 위에 지상권을 설정한 것으로 본다.

④ 입목법 제6조에 의한 법정지상권 : 경매 기타의 사유로 토지소유자는 입목소유자에 대하여 지상권을 설정한 것으로 본다.

(2) 저당물의 경매에 기한 법정지상권

현행법상 법률의 규정에 의한 법정지상권중 경매실무에서 가장 많이 접하는 민법 제366조의 담보권 실행에 의한 저당물의 경매로 발생하는 법정지상권에 대하여 알아본다.

이러한 법정지상권이 성립되기 위해서는 반드시 아래 내용의 요건들을 갖추어야만 성립이 인정되므로 경매인들은 반드시 성립여부를 미리 조사하여 이해득실을 판단하여야 한다.

저당물의 경매에 기한 법정지상권 발생요건

1. 저당권설정 당시 건물이 존재할 것(최선순위 저당권설정일 기준)
   – 이때 건물은 무허가 건물이든 미등기 건물이든 상관없다.
2. 저당권설정 당시 토지와 건물의 소유자가 동일할 것
3. 토지와 건물 양쪽 또는 어느 한쪽에 저당권이 설정될 것
4. 경매(담보권 실행의 임의경매)로 인하여 토지와 건물의 소유자 달라질 것
5. 저당권설정 당시 구건물이 존재하다가 멸실되어 재건축(신축 등)하였다가 경매로 토지와 건물의 소유자가 달라진 경우(건물신축과 관련된 판례)

① 법정지상권이 성립되기 위해서는 등기부상 근저당권이 설정될 당시에 이미 건물이 존재하여야 하며 설정 당시 토지와 건물의 소유자가 같아야 한다.

② 법정지상권은 근저당권 설정당시 구건물이 존재하다가 그 후 멸실되어 재건축(신축 등)하였다가 경매로 인하여 건물만 매각되어 토지와의 소유자가 달라진 경우에도 성립이 된다.

③ 법정지상권은 건물과 토지의 소유자가 달라지기 이전에 토지 또는 건물에 근저당권이 설정되어 있거나 혹은 토지와 건물 양쪽 모두 근저당이 설정되어 있어야만 성립이 된다.

④ 법정지상권은 임의경매로 매수자가 매각대금을 완납한 때부터 성립이 되며 석회조, 연와조, 석조건물과 수목의 경우 최장 30년, 그 외 주택은 15년, 기타공작물은 5년간 법정지상권이 유지된다.

⑤ 법정지상권은 토지 소유자가 건물의 소유자에게 지료에 관하여 협약이 있다면 협약대로, 없다면 토지의 사용이익 대가로 지료를 청구할 수가 있다. 이때 건물주가 거부한다면 토지 소유자는 법원을 통해 판결로써 결정을 구하는데 통상 판결은 토지가격(시세)의 7%이내 수준이다.

⑥ 법정지상권을 유지하는 데 꼭 필요한 진입로와 일정부분 필요한 공간까지도 사용효력이 있다.
목장 같은 경우에 진입로 및 건초저장고와 가축의 분뇨처리장 등의 공간도 포함되며, 그 밖에 주택일 경우에는 따로 떨어진 화장실 및 기타 건물에 필요한 작업공간 등도 포함된다.

2) 저당권실행 경매이외의 사유에 의한 관습법상 법정지상권[11]

(대법원 판례로 인정, 등기 안 된 지상권)

모든 관습법상의 법정지상권은 대법원 판례에 의해 인정된 것들이며 저당권실행 경매이외의 매매, 교환 등 기타 원인에 의해서 성립요건을 갖추

---

11) 관습법상의 법정지상권에 해당되는 물건은 경매입찰시 거의 없다.

었을 경우에 발생한다. 즉, 성립요건만 갖추면 등기없이도 관습법상의 법
정지상권을 취득한다.

☞ 저당권실행 경매이외의 기타 원인(사유) : 매매, 교환, 증여, 대물변제, 강제경매, 공
　매, 공유물 분할 등

최초에 토지와 건물의 소유자가 동일한 상태에서 강제경매, 증여, 공유
물분할, 국세징수법에 의한 공매 등으로 인한 매각으로 건물과 토지의 소
유자가 달라지게 된 때에는 법률의 규정에 의한 법정지상권은 성립되지
않으며, 관습법상의 법정지상권 만이 인정되는데 이때, 토지소유주와 건
물소유주가 일정한 기간을 정하여 건물을 철거하기로 약정하였다면 법률
의 규정에 의한 법정지상권이나 기타 관습법상의 법정지상권도 불성립되
는 것이다.

관습법상의 법정지상권의 성립시기는 강제경매시에는 매각허가결정
확정일이 시점 이라는 판례가 있으며, 그 밖에 매매행위나 기타 적법한 행
위로서는 소유권을 이전한 등기 시점이라는 판례도 있다.

저당권실행 경매이외의 사유에 의한 관습법상 법정지상권 성립요건

1. 토지와 건물이 처분당시 동일인의 소유에 속할 것
2. 토지와 건물중 어느 하나가 매매 기타의 원인으로 처분되어 토지소유자와
　건물소유자가 다르게 되었을 것
3. 당사자 사이에 건물을 철거한다는 특약이 없을 것

3) 분묘기지권

분묘기지권이란 지상권에 유사한 관습법상 물권으로써 다른 사람의 임야(혹은 전(田)에도 존재함), 토지 등에 해당 소유자의 승낙을 얻어 설치하여야 성립되며, 만약 소유자의 승낙없이 설치했다면 소유자의 소송 등으로 다투지 않은 상태에서 (평온)20년간 은밀하지 않게(공연하게) 해당분묘의 기지를 점유한 경우에 이때를 시점으로 분묘기지권의 시효를 취득한 것으로 본다.

> ☞ 분묘기지권 성립요건 : ① 토지 등의 소유자의 동의를 얻어 분묘를 설치한 때, ② 토지소유자의 동의없이 설치한 때에는 20년 점유로 시효취득한 때

분묘는 현재 시신이 안장되어 있음은 물론 봉분을 하여 분묘임을 누구나가 식별할 수 있어야 인정되며 '가묘' (예장) 또는 인식할 수 없이 평평하게 만든 묘(평장)와 몰래(암장)한 분묘는 기지권이 성립될 수가 없는 것이다. 여기서 봉분은 분묘의 공시기능을 하므로 등기를 요하지 않으며, 지료도 청구할 수 없다.

그 외 불성립 요건으로는 도시계획법상의 주거, 상업, 공업지역과 녹지내의 풍치지구 상수원보호구역, 국유림, 보안림, 채종림과 군작전에 필요하다고 국방부장관이 인정한 지역, 그 외 농지확대개발촉진법에 의한 농지와 개발대상 지역은 분묘기지권이 성립할 수가 없다.

분묘기지권이 일단 성립되고 나면 관리가 지속되어 분묘의 상태를 계속 유지하는 한 영원히 해당분묘를 이장할 것을 요구 또는 청구할 수가 없다.

분묘기지권의 효력으로는 분묘의 기지자체 뿐만 아니라 수호 및 제사에 필요한 범위내에서 분묘기지 주위의 공지를 포함한 지역에 까지 효력이 미치며, 기존 분묘이외에 추가설치는 인정되지 아니한다. 또한 후손들이

분묘를 수호, 봉사하는 동안은 그 효력이 존속한다.

임야라도 반드시 현장답사 후 입찰에 임해야만 분묘상태를 알 수 있다.

PART 3
주택임대차보호법

1. 주택임대차보호법의 적용 대상

임대차란

임대차(賃貸借)는 당사자 일방이 상대방에게 목적물을 사용, 수익하게 할 것을 약정(約定)하고 상대방이 이에 대하여 차임(借賃)을 지급할 것을 약정함으로써 그 효력이 생기는 것을 말한다(민법 제618조)

▶ 주택임대차의 법적용 순서 :
①계약당자사간 약정 → ②주택임대차보호법(민사특별법) → ③민법(임대차에 관한 규정)

『주거용건물(주택)의 전부 또는 일부의 임대차에 관하여 이를 적용한다. 그 임차주택의 일부가 주거외의 목적으로 사용되는 경우에도 또한 같다』라고 주임법 제2조에서 규정하고 있음을 비추어 볼 때 원칙적으로 주거용건물을 그 적용대상으로 하고 있다. 그러므로 주거용건물인지 비주거용건물인지의 구분은 아주 중요하다. 즉 주거용건물(주택)의 판단 기준은 임대차계약체결 당시를 기준으로 하여야 하며, 일상생활을 위한 주택을 사용·수익함에 있어서 공부(건축물대장 등)상의 용도가 아닌 사실상의 용도를 기준으로 한다. 다시 말해 사실상 주거용도로 사용되고 있다면 건물의 등기여부, 건축허가여부, 건축물의 사용승인여부 등과는 관계없이 본법의 적용대상인 것이다.

임차인이 보호받을 수 있는 건물의 종류

1. 등기된 건물　　2. 무허가 건물　　3. 미등기 건물　　4. 가건물
5. 사용승인을 받지 아니한 건물
6. 건물의 용도가 주거용은 아니나 구조나 용도를 변경해서 주거용으로 사용중인 경우
7. 주거용은 아니나 일부를 주거용으로 사용하는 경우 등

▶ 주거용건물과 비주거용건물의 구분은 임대차계약체결 당시를 기준으로 하여 행정관청에서 관리하는 공부상이 아닌 사실상의 용도를 기준으로 하여 판단한다.

(1) 주택의 주된 용도가 주거용인가 비주거용인가의 여부를 합목적적으로 판단하여 사실상의 용도를 결정하는 기준은 다음과 같다.

① 건물의 위치 및 구조

② 건물의 객관적 용도

③ 건물의 실제 이용관계

④ 임대차의 목적

⑤ 일상생활을 영위할 수 있는지 여부(취사, 숙식 등) 등

(2) 다음의 경우는 주거용 건물(주택)에 해당되어 주임법이 적용된다.

① 한 건물이 주거용부분이 주된 용도이고 비주거용부분이 부수적인 용도로 함께 임대차의 목적이 된 경우

② 임차주택이 미등기 건물인 경우

③ 허가를 받지 아니한 무허가 건물, 건축허가는 받았으나 건축물 사용승인을 받지 아니한 경우

④ 공부상 단층 및 근린생활시설로 표시되어 있으나, 실제 주거용과 비주거용으로 겸용되고 있고 임차인이 유일하게 주거로 사용하는 건물인 경우

⑤ 점포 딸린 주택의 경우

⑥ 건축물관리대장 등 공부상 용도가 상가, 공장 등으로 되어 있어도 건물의 내부구조 및 형태가 주거용으로 용도 변경되어 현재 주거로 사용하는 경우

⑦ 임대차계약체결 당시 주거형태를 갖춘 불법건축물인 옥탑을 주거용으로
   임차한 경우

(3) 다음의 경우는 주거용 건물에 해당되지 않으므로 주임법의 보호를 받을 수 없다.

임대차계약체결 당시 점포(상가)인 건물을 임차기간 중에 임차인이 임의로 주거용으로 개조한 경우

다만 임차인이 임대인의 승낙을 얻어 주거용으로 개조한 경우에는 개조한 시점부터 주거용 건물로 인정되어 주임법의 보호를 받을 수 있다.

주임법은 일시사용을 위한 임대차임이 명백한 경우에는 이를 적용하지 아니하며(법 제11조), 주택의 등기하지 아니한 전세계약(미등기 전세)에 관하여도 이 법을 준용하며, 이때에 전세금은 임대차의 보증금으로 본다(법 제12조)라고 규정하여 차임의 지급이 없어 임대차의 관계는 아니지만 미등기 전세에 대해서도 주임법을 적용하여 보호할 수 있도록 정책적으로 배려한 것이라고 볼 수 있다.

전세계약은 전세금을 주택소유자에게 지급하고 소유자의 동의를 얻어 건물등기부에 등기함으로써 전세권이라는 용익물권을 취득하여 민법상의 권리를 행사할 수 있어서 임대차의 범위에 포함되지는 않는다. 그러나 실제 전세에 있어서는 주택소유자가 동의해 주는 일이 드물기 때문에 미등기 전세의 형태로 주거에 제공되고 있어, 법적인 보호를 받지 못해 사회문제로 대두되어 그 대책이 필요했다.

이러한 전세문제를 해결하기 위해 주임법 제1차 개정(1983.12.30)때 등기하지 아니한 전세계약에 대해서도 주임법을 준용하여 적용될 수 있도록 주임법 제12조를 신설하여 미등기 전세권자를 보호하고 있다. 반면 주택소유자의 동의를 얻어 등기한 전세계약은 물권인 전세권으로서 민법으로 보호된다.

2. 주택임차인의 범위 및 승계

1) 주택임차인

　임대차(賃貸借)란 당사자 일방이 상대방에게 목적물을 사용, 수익하게 할 것을 약정(約定)하고 상대방이 이에 대하여 차임(借賃)을 지급할 것을 약정함으로써 그 효력이 생기는 임대차계약을 말하는 것으로서(민법 제618조) 주택임대차계약의 당사자 중 주택임차인은 주택임대차에 관하여 민법에 대한 특례를 규정한 민사특별법인 주택임대차보호법의 적용 대상으로서 보호를 받을 수 있다.

　임대차관계의 존속기간은 적어도 일정기간 이상은 계속되어야 하며, 일시사용을 위한 임대차임이 명백한 경우에는 이를 적용하지 아니한다.(법 제11조)

2) 주택전차인

　주택전차인은 주택임차인의 임차보증금 범위 내에서 주택임대차보호법의 적용을 받아 법원의 경매절차에서 배당을 받을 수 있으나, 주택임대차보호법상의 대항력을 갖추지 못했거나(법 제3조) 임차인(전대인)과의 주택전대차계약 시 임대인의 동의가 없었다면 민법 제629조에 의거 임대차계약의 해지 사유에 해당하므로 주택임대차보호법의 적용을 받지 못한다.

　또한 주택임차인이 임차주택에 직접 점유하여 거주하지 않고 간접 점유하여 자신의 주민등록을 이전하지 아니한 경우라 하더라도 임대인의 승낙을 받아 임차주택을 전대하고 그 전차인이 주택을 인도받아 자신의 주민등록을 마친 때에는 그때로부터 임차인은 제3자에 대하여 대항력을 취득한다.

▶주택임대차와 주택전대차의 당사자 구분

　주택 임대차(賃貸借) : 주택소유자(임대인) + 임차인(최초 임대)

　주택 전대차(轉貸借) : 주택임차인(전대인) + 전차인(재임대)

3) 주택임차인이 법인인 경우

　주택임차인이 주택임대차보호법 제3조의2 제1항(현행법에서는 제3조의2 제2항) 소정의 우선변제권을 주장하기 위하여는 같은 법 제3조 제1항 소정의 대항요건과 임대차계약증서상의 확정일자를 갖추어야 하고, 그 대항요건은 주택의 인도와 주민등록을 마친 때에 구비된다 할 것인 바, 같은 법 제1조는 "이 법은 주거용 건물의 임대차에 관하여 민법에 대한 특례를 규정함으로써 국민의 주거생활의 안정을 보장함을 목적으로 한다."라고 규정하고 있어 위 법이 자연인인 서민들의 주거생활의 안정을 보호하려는 취지에서 제정된 것이지 법인을 그 보호 대상으로 삼고 있다고는 할 수 없는 점, 법인은 애당초 같은 법 제3조 제1항 소정의 대항요건의 하나인 주민등록을 구비할 수 없는 점 등에 비추어 보면, 법인의 직원이 주민등록을 마쳤다 하여 이를 법인의 주민등록으로 볼 수 없으므로, 법인이 임차주택을 인도받고 임대차계약서상의 확정일자를 구비하였다 하더라도 우선변제권을 주장할 수는 없다(대판 1997.7.11, 96다7236).

　즉 법인은 주택의 임대차에 있어서는 주택임대차보호법의 보호를 받을 수 없다. 왜냐하면 주임법의 제정 목적이 자연인인 서민들의 주거안정에 있고 대항요건의 하나인 주민등록을 법인의 명의로 구비할 수 없기 때문이다. 그러나 후설하는 상가건물임대차보호법의 보호는 받는다.

4) 주택임차인이 외국인인 경우

주택임차인이 외국인인 경우에는 주택임대차보호법의 보호를 받을 수 없다. 출입국관리법 제31조에 의해 외국인이 국내에 90일 이상 체류시에는 외국인등록을 하여야 하고, 제36조에 의거 등록 외국인이 체류지를 변경한 때에는 신체류지에 전입신고를 하여야 한다고 규정하고 있으며, 종전(1999.7.22이전)의 주민등록법 시행령 제6조[12]에 의해서 외국인의 주민등록에 관한 신고는 출입국관리법에 의한 외국인등록으로 갈음하도록 규정되어 있어서 임차한 주택에 입주를 하고 외국인등록을 하면 주택임대차보호법의 보호를 받을 수 있었다.

그러나 1999. 7. 23일자로 주민등록법 시행령의 동 규정이 개정되면서 삭제되어 현재는 주택임차인이 외국인인 경우에는 주택임대차보호법의 보호를 받을 수 없다. 다만 외국의 국적을 취득한 재외동포의 경우에는 임차한 주택에 입주를 하고 『재외동포의 출입국과 법적지위에 관한 법률』제9조[13]에 의거 국내거소신고를 임차주택의 소재지 지번으로 하였다면 주택임대차보호법의 보호를 받을 수 있다.

5) 임차권의 승계

임차인과 가정공동생활을 하면서 사실상의 혼인관계(사실혼관계)에 있었던 자(배우자) 또는 그 가족 등은 임차인이 사망하였을 경우에는 임차인의 지위를 승계받아 주택임대차보호법의 보호를 받을 수 있다. 임차인의

---

12) 주민등록법 시행령 제6조 (외국인에 대한 예외) 외국인의 주민등록에 관한 신고는 출입국관리법에 의한 외국인등록으로써 갈음하며, 외국인의 주민등록표는 출입국관리법에 의한 외국인등록표로써 갈음한다.(1999.7.22 이전 규정)

13) 재외동포의 출입국과 법적지위에 관한 법률 9條 (住民登錄 등과의 관계) 法令에 規定된 각종 節次와 去來關係 등에 있어서 住民登錄證, 住民登錄謄·抄本, 外國人登錄證 또는 外國人登錄事實證明을 요하는 경우에는 國內居所申告證또는 國內居所申告事實證明으로 이에 갈음할 수 있다.

사망시 상속권자의 유무에 따라 다음과 같이 나누어진다.

① 임차인의 상속권자가 없는 경우에는 임차주택에서 가정공동생활을 하던 사실상의 혼인관계에 있는 자가 임차인의 권리와 의무를 승계한다.(법 제9조 제1항)

② 임차인이 상속권자가 있는 경우 사망당시 상속권자가 그 주택에서 가정공동생활을 하고 있지 아니한 때에는 그 주택에서 가정공동생활을 하던 사실상의 혼인관계에 있는 자와 2촌이내의 친족이 공동으로 임차인의 권리와 의무를 승계한다.(법제9조 제2항)

다만 위의 ① 및 ②의 경우 "임차인이 사망한 후 1개월이내에 임대인에게 ①과 ②의 승계대상자가 반대의사를 표시한 때에는 그러하지 아니하고, 임차인의 권리와 의무를 승계한 경우에는 임대차관계에서 생긴 채권·채무도 승계인에게 귀속한다 라고 규정하고 있다.

주택임차인에 해당하는 자
– 주택임대차보호법으로 보호

1. 주택의 임차인으로서 임차건물의 소재지에 주민등록(전입신고 갈음)을 마친 자
2. 전대차 임차인(임대인의 동의를 얻어서 전대차계약을 하고 주택점유 및 전입신고를 마친 자)
3. 주택임차권의 승계 임차인(법적인 상속인이나 사실상의 동거로서 사실혼 관계의 배우자)은 임차인이 사망하는 때에 보호를 받는다.

3. 임차인의 대항력

1) 대항력의 의의

대항력이란 주택의 임대차 기간 중에 주택소유권의 변동이 생기더라도 임차인이 주택의 새로운 소유자에게 임차권의 승계존속을 주장하여 그 주택을 계속하여 사용, 수익할 수 있는 효력을 말한다.

2) 대항요건 및 대항력의 발생

(1) 대항요건(주택인도 + 주민등록, 전입신고)

주택의 임대차는 그 등기가 없는 경우에도 임차인이 주택의 인도와 주민등록을 마친 때에는 그 익일부터 제3자에 대하여 효력이 생긴다. 이 경우 전입신고를 한 때에 주민등록이 된 것으로 본다(법 제3조 제1항)라고 규정하여 대항요건으로 주택의 인도와 주민등록을 마칠 것을 요구하고 있다. 따라서 경매실무에서는 대항요건인 전입신고와 주택점유 중에서 현실적으로 전입일을 기준으로 하여 대항력의 유무를 판단한다.

① 주택의 인도(입주, 이사)

주택의 인도란 주택의 소유자인 임대인이 세입자인 임차인에게 주택의 점유를 이전하여 주는 것으로써 점유의 현황을 외관으로 파악할 수 있게 하여 공시의 기능을 갖게 한다. 즉 인도는 현실인도, 간접점유, 점유보조를 통해서도 이루어진다. 통상적으로는 임차인이 임차주택에 거주하든지 이삿짐을 옮기든지 아니면 주택의 열쇠를 넘겨받는 등의 형식으로 이루어지는 현실인도가 대부분이다.

② 주민등록(전입신고로 갈음)

주민등록법에 의거 임차인이 임차주택의 소재지 지번[14](공동주택의 경우는 공동주택 명칭, 동·호수)에 주민등록(전입신고)을 하여 거래의 안전을 위하고 임대차의 존재를 제3자가 명백히 인식할 수 있게 하는 공시의 기능을 갖도록 하는 것으로서 주민등록은 주민등록부에 기재되지 않는 경우라 하더라도 주택 임대차보호법 제3조 제1항에 의거 주민등록은 전입신고로 갈음하게 되어 있으므로 임차인이 전입신고만 하면 전입신고시에 그 대항요건의 효력이 발생한다.

판례에 의하면,

첫째, 임차인 자신은 전입신고를 하지 아니하고 동거가족만 전입신고를 한 경우에도 임차인이 대항요건을 갖춘 것으로 본다.

둘째, 주택임차후 임차주택의 지번이 아닌 다른 지번에 전입신고를 하였거나 지번을 잘못 기재한 경우에는 임차주택의 실제지번에 전입신고를 한 때부터 대항요건을 갖춘 것으로 본다.

셋째, 주택임차인이 주택의 인도와 전입신고를 마쳐 임차권의 대항력을 취득한 후 어떤 사정에 의해 가족과 함께 일시적으로 주민등록을 다른 곳으로 옮겼다가 다시 재전입한 경우에는 대항요건은 전출 당시 상실되므로 대항력은 소멸되어 당초로 소급되는 것이 아니고 재전입한 다음날부터 새로운 대항력이

---

14)임차주택의 소재지 지번(공동주택의 명칭, 동·호수)으로의 전입신고시 대항력의 존속을 위하여 유의할 사항은 주택임대차계약시 반드시 건물등기부등본상 소재지의 지번으로 임대차계약을 하고 전입신고도 임대차계약서상의 지번으로 신고하여야만 대항력을 주장할 수 있어 임차보증금을 보호받을 수 있다.

재차 발생한다.

넷째, 주민등록이라는 대항요건은 임차인 본인뿐만 아니라 그 배우자나 자녀 등 가족의 주민등록을 포함하므로 임차인이 가족의 주민등록을 그대로 둔 채 임차인 자신만 주민등록을 일시적으로 다른 곳으로 옮긴 경우라면 주민등록의 이탈이라고 볼 수 없으므로 대항력은 그대로 유지된다.

(2) 대항력의 발생

대항력의 발생은 주택임대차보호법 제3조 제1항에서 주택의 인도와 주민등록을 모두 마쳤을 경우 그 익일부터 제3자에 대하여 효력이 발생한다고 규정되어 있으나, 이는 주민등록을 위한 전입신고가 주택의 인도와 같은 날 마쳤을 경우 그 익일부터 효력이 발생하는 것으로 해석된다.

만약 전입신고를 마치고 그 다음날 인도를 하였다면 인도일 익일에 대항력이 발생하는 것이 아니고 인도일 당일, 즉 인도 즉시 대항력이 발생한다. 그러나 인도일 보다 전입신고일이 뒤에 이루어졌다면 전입신고한 익일에 대항력이 있다(대판 1997.12.12, 97다22393). 또한 주택임대차보호법 제3조의 임차인이 주택의 인도와 주민등록을 마친 때에는 그 익일부터 제3자에 대하여 효력이 생긴다고 함은 익일 오전 0시부터 대항력이 생긴다는 취지이다(대판 1999.5.25, 99다9981).

> ▶ **주택인도일과 주민등록일의 선후대비 대항력발생 시점**
>
> ① 주택인도 + 주민등록(동시, 같은 날) = 익일 0시부터 대항력발생
>
> ② (선)주민등록 + (후)주택인도 = 주택인도 당일(인도즉시) 대항력발생
>
> ③ (선)주택인도 + (후)주민등록 = 전입신고 익일 0시부터 대항력발생

3) 대항력의 존속기간

주택의 임차인이 법원의 경매절차에서 최우선변제 및 우선변제를 받기

위한 대항력의 존속기간은 적어도 경매법원에서 정한 『배당요구의 종기』[15]까지 주택의 점유와 주민등록의 대항요건을 구비하여 계속해서 대항력을 유지하고 있어야 배당을 받는다(신법, 민사집행법 제88조).

4) 대항력의 내용

전술한 바와 같이 주택임대차보호법 제3조에 의거 임차인이 임차주택의 양수인에 대하여 대항력이 있는 경우 양수인에게 임대인의 지위가 당연히 승계되는 것이다. 다시 말해 임차인이 대항력을 가질 경우에는 임차주택의 양수인이 임대인의 지위를 승계하므로 임대기간 동안 계속하여 거주할 수 있고 임대기간이 종료될 때에는 양수인에게 임차보증금의 반환을 청구할 수 있다. 또한 양수인은 매매, 증여, 상속, 경매, 공매 및 미등기 무허가건물의 소유권을 사실상 양수한 경우도 모두 포함한다.

여기서 임차주택이 매매되는 경우와 경매되는 경우에 그 대항력의 효력은 서로 달라진다.

① 임차주택이 제3자에게 매매되어 소유권이 이전되는 경우 선순위 저당권의 유무에 관계없이 대항력있는 임차인은 임차권을 주장하여 전 소유자와 계약한 임차기간 동안은 살 수 있고 임차기간이 끝난 때에는 양수인(새로운 주택의 소유자)에게 임차보증금의 반환을 청구할 수 있다.

② 임차주택이 경매되는 경우에는 임대차와 저당권설정 전후에 따라 대항력의 효력 유무가 달라지는데 저당권이 임차권보다 선순위로 존재할 때에는 대항력이 없어 경매절차의 진행으로 임차권은 소멸되며, 낙찰자가 임차보증금을 인수하지 않는다.

반면 임차권이 저당권보다 선순위로 존재하는 때에는 대항력이 유지되기 때

---

15) 구법(민사소송법 제605조)에서는 배당을 받기 위하여 대항력을 매각허가결정기일까지 계속 갖추고 있어야 했다.

문에 경매절차의 진행으로 임차권이 소멸하지 않으므로 매수인은 임차보증금을 인수하여야 하고 임차인은 보증금을 받을 때까지 전소유자와 계약한 임차기간 동안은 살 수 있다.

5) 대항력 없는 임차인의 대항력 취득(대위변제)

담보권의 실행을 위한 부동산의 경매절차에 있어서 주택임대차보호법 제3조에서 규정한 대항요건을 갖춘 임차권보다 선순위의 근저당권이 있는 경우에는 낙찰로 인하여 선순위 근저당권이 소멸하면 후순위의 임차권도 함께 소멸한다.

그러나 낙찰로 인하여 근저당권이 소멸하고 최고가매수인(낙찰인)이 소유권을 취득하게 되는 시점인 매각잔금지급기한 이전에 선순위 근저당권이 다른 사유로 소멸한 때에는 후순위로 존재하던 임차권이 선순위가 되므로 대항력을 취득하게 된다. 즉 선순위 근저당권이 없게 되므로 임차권의 대항력이 소멸하지 않는다.

4. 확정일자와 우선변제권

1) 확정일자(確定日字)[16]

임차인의 임대차계약서상의 확정일자란 『확정일자 부여기관이 사문서에 기입하는 날짜로서 그 일자 현재에 그 문서가 존재하고 있었다는 사실을 증명하기 위한 것』으로서 임대차계약서의 여백에 기부(記簿)번호를 기입하고 확정일자인을 찍어 주는 것을 말하며, 확정일자를 부여 받은 후 그 문서를 작성한 당사자라 할지라도 계약서의 내용을 임의로 변경할 수 없

는 확정된 일자를 말한다.(대판 1998.10.2, 98다28879, 민법 부칙 제3조)

주택임대차보호법에서 확정일자를 요구하는 취지는 임대인과 임차인 사이의 담합으로 임대계약일자를 사후에 변경하는 것을 방지하기 위함이다.

대항요건과 임대차계약증서상의 확정일자를 갖춘 임차인은 민사집행법에 의한 경매 또는 국세징수법에 의한 공매시 임차주택(대지 포함)의 환가대금에서 후순위권리자 기타 채권자보다 우선하여 보증금을 변제받을 권리가 있다.(법 제3조의2 제2항) 즉 임차인의 우선변제권이 발생하여 보증금의 액수에 관계없이 자신보다 나중에 담보권 등을 설정한 사람에 우선하여 보증금을 변제받을 수 있는 권리이다.

① 확정일자부 임차인과 담보권자와의 우선순위는 대항요건 및 확정일자를 모두 구비한 최종시점과 담보권설정등기시점을 기준으로 판단한다.

② 확정일자부 임차인의 우선변제권은 임차주택의 소유권이 경매·공매에 의하여 변경된 경우에만 적용되고 매매·증여 등 법률행위에 의하여 양도된 경우에는 인정되지 않는다.

---

16) 임대차계약 확정일자 부여업무는 사법부(법원) 고유의 공증업무로서 법원, 등기소, 공증기관 등 사법부의 소속 기관에서만 취급하던 것을 민법 부칙 제3조 제4항에 의거 주민의 편익증진과 주택임대차보호를 통한 국민주거생활의 안정에 기여하기 위해 행정부 소속의 일선행정기관인 읍·면·동사무소에서도 대행 처리할 수 있도록 처리기관을 확대하여 1997.9.1부터 시행해 오고 있다. 읍·면·동사무소에서의 확정일자 부여 업무범위는 주택을 임차한 세입자가 주택소재지의 관할 읍·면·동사무소에 주민등록전입신고를 마친 때에만 사문서인 주택임대차계약서에 확정일자를 부여할 수 있으며, 전입신고와 관련이 없는 사문서는 법원, 등기소, 공증인사무소에서 확정일자를 부여 받아야 한다. 이와 같이 주택임대차계약서 등 사문서에 확정일자를 받으면 민법 부칙 제3조 제1항의 규정에 의거 공증력(公證力)이 있다.

《확정일자와 공증력 관련 법적 근거》
민법 부칙 제3조 제1항 : 공증인 또는 법원서기의 확정일자인있는 사문서는 그 작성일자에 대한 공증력이 있다.
민법 부칙 제3조 제4항 : 공정증서에 기입한 일자 또는 공무소(읍·면·동사무소 등)에서 사문서에 어느 사항을 증명하고 기입한 일자는 확정일자로 한다.
시·군·구 주택임대차계약서 확정일자부여 업무처리규칙 : 민법 부칙 제3조 제4항의 규정에 의거 시장·군수·구청장이 제정 시행하고 있으며 확정일자 부여 업무의 실무지침이다.

2) 확정일자 청구 및 부여방법

　확정일자의 부여기관으로는 ① 전국 지방법원 또는 지원의 등기과, 등기소 ② 공증기관(공증인사무소, 법무법인, 공증인가합동법률사무소) ③ 읍 · 면 · 동사무소 등에서 확정일자인을 찍어 주는 세 가지 방법이 있다.

　그런데 일반적으로 많이 이용하는 방법은 세 번째 방법으로 인근 읍 · 면 · 동사무소를 이용하여 주민등록전입신고를 하면서 동시에 임대차계약서에 확정일자를 부여 받을 수 있으므로 시간과 노력을 절약할 수 있다.

　그리고 임대차계약서의 확정일자는 임대인의 동의 없이 임차인 또는 계약서 소지인이 언제든지 계약서 원본을 제시하고 구두로 청구하면 받을 수 있고 수수료[17]는 1건당 600원(사문서의 일자확정청구 수수료 규칙 제2조 제1항, 공증기관의 경우는 공증인수수료규칙 제22조의 규정에 의하여 1,000원임)이다. 또한 공증인사무소, 법무법인 또는 공증인가합동사무소 등 공증기관에서 임대차계약서를 공정증서로 작성하여도 확정일자를 받은 것과 같은 동일한 효력이 있다. 아울러 확정일자를 청구하는 임대차계약서는 임대인, 임차인의 서명, 기명날인이 있는 문서의 원본으로서 완성된 문서이어야 하며 일부에 공란이 있는 경우 그 부분을 지우고 문서 작성인이 날인된 것이어야 한다.

　확정일자를 받지 않으면 선순위 담보권자 등이 있는 경우 매각으로 임차권이 소멸하여 매수인에게 대항하지 못하고 소액임차인이 아닌 한 배당을 받을 수 없으나, 확정일자를 받아두면 후순위 담보권자나 일반채권자에 우선하여 배당받을 수 있다. 따라서 확정일자는 임차인에게 우선변제권을 인정하는 반면 그 절차가 간단하고 비용도 거의 들지 않기 때문에

---

17)확정일자 부여 수수료는 당해 지방자치단체(시 · 군 · 구)의 수입증지로 징구한다.

3) 확정일자부 임대차계약서(원본) 보관

확정일자를 부여 받은 확정일자부 임대차계약서의 원본은 임대차 기간이 종료되어 보증금의 전액을 회수할 때까지 분실이나 훼손되지 않도록 잘 보관하여야 한다. 만일 계약서 원본을 분실하는 경우는 임차한 당해주택이 경매가 진행될 때 입증할 만한 서류가 없기 때문에 경매법원에 배당요구를 하는데 곤란을 겪을 수 있다.

이때에 최선의 방법은 임대인의 동의하에 임대차계약서를 다시 작성하여 현재의 시점에서 새로 확정일자를 부여받아 배당요구를 하는 방법도 있지만 확정일자가 현재의 시점이므로 배당순위가 뒤로 밀려서 보증금의 회수에 어려움이 있다. 그러나 확정일자를 받은 사실은 임대차계약서로만 입증하여야 하는 것은 아니고 공정증서대장 등 다른 방법으로 입증할 수 있다(대판 1996.6.25, 96다12474).

4) 확정일자 임차인의 우선변제권[18]

주택임차인의 임차보증금 우선변제권이나 상가건물임차인의 임차보증금 우선변제권은 그 요건이나 효력이 거의 비슷하고, 다만 임차한 건물이 주거용건물인가 상가건물인가, 보호대상인 임차보증금의 상한에 제한이 있는지 여부, 소액보증금 최우선변제의 범위가 목적물가액의 2분의 1인지 3분의 1인지 여부, 법인도 적용대상인지의 여부에 대한 차이가 있을 뿐이다. 임대차의 종료나 임차건물의 명도는 요건이 아니다.

---

18) 우선변제권은 확정일자부 임차인의 우선변제권과 소액임차인의 최우선변제권의 2가지 권리로 나눈다.

여기서는 확정일자를 갖춘 임차인에 대해서만 설명하고 나머지 사항에 대하여는 후술하고자 한다.

(1) 확정일자를 갖춘 임차보증금(임차인)의 우선변제권의 요건

① 배당요구의 종기까지 배당요구를 하여야 한다
② 배당요구의 종기까지 대항력을 유지하여야 한다
③ 임대차계약서에 확정일자를 갖춰야 한다
④ 첫 경매개시결정등기 전후에 대항요건을 갖춰도 무방하다

※ 주의 : 소액보증금 최우선변제권의 경우는 첫 경매개시결정등기 이전에 대항요건을 갖춰야 한다.

(2) 우선변제권 성립(발생)시기

주택의 인도와 주민등록(전입신고)을 마치고(대항요건 취득) 임대차계약증서상의 확정일자를 갖춘 임차인은 민사집행법에 의한 경매 또는 국세징수법에 의한 공매시 임차주택(대지 포함)의 환가대금에서 후순위권리자 기타 채권자보다 우선하여 보증금을 변제받을 권리가 있다고 주택임대차보호법 제3조의 2 제2항에서 규정하고 있으므로 『주택임차인이 주택의 인도(점유)와 주민등록을 마친 당일 또는 그 이전』에 임대차계약증서상에 확정일자를 갖춘 경우 법 제3조의2 제2항에 의한 보증금에 대한 우선변제권은 법 제3조 제1항에 의해 익일부터 제3자에 대하여 발생하는 대항력과 마찬가지로 주택의 인도와 주민등록을 마친 다음날을 기준으로 발생한다(대판 1998.9.8, 98다26002).

즉 확정일자에 의한 우선변제권의 발생요건은 대항요건(주택인도와 주민등록)을 갖출 것을 전제조건으로 하고 있기 때문에 대항요건의 구비 없이 확정일자만을 받아서는 우선변제권이 발생하지 않는다. 그러므로 우선 변제적 효력은 확정일자를 받은 날을 전후해서 대항요건을 갖추든가 아니면 대항요건을 갖춘 날 또는 그 날을 전후해서 확정일자를 갖추면 보증금의 회수를 위한 우선변제권을 행사할 수 있다.

여기서 우선변제권의 발생시기는 대항요건과 확정일자 중 맨 나중에 갖춘 날을
기준으로 그 효력이 발생하며, 대항요건과 확정일자를 같은 날에 동시에 갖추었
다면 그 익일 오전 영시부터 발생한다.

▶ 대항요건과 확정일자 선후대비 우선변제권 발생시점

① (선)대항요건 + (후)확정일자 = 확정일자 받은 당일 우선변제권 발생

② (선)확정일자 + (후)대항요건, 대항요건 + 확정일자(동시) = 익일 오전 0시
  부터 우선변제권 발생

※ 대항요건이란 임차주택의 인도(입주) + 임차주택 소재지로의 주민등록(전입신고)을
  마치는 것을 말한다.(법 제3조 제1항)

(3) 우선변제권의 권리행사

확정일자를 갖춘 임차인이 경매절차에서 우선변제권을 행사하기 위해서는 주택
의 인도(입주)와 주민등록(전입신고)이라는 대항요건과 임대차계약증서상의 확정
일자를 갖출 것을 법 제3조의2 제2항에서 규정하고 있다. 이러한 대항요건은 배
당요구 종기일까지 계속해서 유지하여야 한다.

법 제3조의2 제3항에 의거 임차인이 임차보증금을 수령하기 위해서는 임차주택
을 양수인에게 인도하여야 하며, 배당금(임차보증금)의 수령과 주택의 인도는 동
시이행의 관계이나 통상적으로 임차인은 낙찰자명의의 인감증명서가 첨부된 명
도확인서와 임차인의 주민등록등본을 법원에 제출하고 배당금을 수령하고 있다.

(4) 우선변제권의 내용

① 대항요건 및 확정일자를 갖춘 임차인은 후순위 권리자 기타 채권자보다 우선
  하여 보증금을 변제받을 권리가 있는 바, 이는 배당절차에 있어서 확정일자를
  갖춘 임차인은 담보물권자와 유사한 지위를 가지고 있다.[19] 따라서 확정일자
  를 갖춘 임차인이 여러 명 있고 이들이 모두 저당권자에 우선하는 경우에는 각

---

19) 대판 1992.10.13, 92다30597

임차인별로 우선변제권을 인정하되, 그들 상호간에는 대항력 및 확정일자를 최종적으로 갖춘 순서대로 우열관계를 정하고, 선순위 가압류권자가 있는 경우에는 확정일자를 갖춘 임차인은 가압류권자에게 우선권을 주장할 수 없고 평등배당을 받는다.[20]

조세와 저당권 및 전세권의 피담보 채권액과의 우선순위는 조세의 법정기일과 저당권·전세권의 설정등기일 및 확정일자를 갖춘 임차인의 우선변제권 발생일의 선후를 따져 정한다.[21]

② 우선변제권에 의한 우선 변제금액의 범위는 최우선변제권자인 소액임차인(주택가액의 2분의 1의 범위내에서 우선변제)과는 달리 금액에 제한이 없다. 따라서 근저당권자 등 채권자와 같이 전체 주택가액에서 순위에 따른 우선변제를 받을 수 있다. 또 건물만의 확정일자 임차인이라 하더라도 대지의 낙찰대금을 포함한 금액에서 우선 변제를 받을 수 있다.

5. 소액임차인과 최우선변제권

1) 소액임차인

주택임대차관계에 있어서 소액임차인이란 최우선변제권을 행사할 수 있는 임차보증금이 일정금액 이하(소액보증금)인 임차인을 말하며, 소액보증금 중 일정액은 다른 담보물권보다 최우선하여 임차주택가액(대지의 가액 포함)의 2분의 1의 범위내에서 배당을 받을 수 있다.

---

20) 대판 1992.10.13, 92다30597
21) 대판 1992.10.13, 92다30597

2) 최우선변제권

　최우선변제권이란 소액보증금 중 일정한 금액(수도권중 과밀억제권역 6천만원중 2천만원)을 최선순위(1순위)의 담보물권(저당권 등)자보다 최우선하여 임차주택의 경매시 변제 받을 수 있는 권리를 말한다. 이 경우 경매개시결정 등기일 이전에 대항력(주택의 인도와 주민등록 이전)을 갖춘 소액임차인에 한하며, 임대차계약서상의 확정일자인의 유무와는 관계없이 최우선변제권이 인정된다.

　즉 소액임차인의 최우선변제권이란 주택임차인이 선순위 담보물권자보다 나중에 임대차계약을 하고 주택의 인도와 주민등록전입신고를 하였다 하더라도 소액임차보증금에 대해서는 선순위권리자 및 후순위권리자보다 우선하여 주택의 경매시 언제나 배당을 받을 수 있는 권리이다.

▶ 최우선변제권의 발생요건

　① 주택의 인도 + 주민등록 + 소액보증금 해당 = 최우선변제권 발생
　　(경매개시결정등기 이전 갖춤)
　② 주택의 인도 + 주민등록 + 소액보증금 해당 + 확정일자
　　= 최우선변제권과 우선변제권 동시 발생

3) 소액보증금의 적용기준

　소액임차보증금의 범위는 주택임대차보호법이 개정될 때마다 보증금의 금액이 증액되면서 변경되었다. 주택임차인이 소액보증금에 대하여 최우선변제를 받기 위해서는 주택의 인도와 주민등록전입신고일이나 확정일자를 기준으로 소액보증금의 해당여부를 판단하는 것이 아니라 당해 경매부동산에 선순위 담보물권(저당권 등)설정일자를 기준으로 하여 소액보증금에 해당되는지의 여부를 판단하여야 한다.(주택임대차보호법 시행령

부칙 제2항)[22]

  따라서 현재의 주택임대차보호법 시행령 제4조의 규정에 의거 소액임
차인에 해당된다고 하더라도 당해 경매부동산의 선순위(1순위) 저당권 등
의 설정 당시로 소급하여 소액보증금의 범위에 해당되지 아니하면 소액
임차인의 권리를 주장할 수 없다. 즉 당해 경매부동산의 1순위 저당권자
등 에게는 소액임차인의 최우선변제권을 행사할 수 없는 것이다. 주택임
대차보호법의 개정에 따라 여러 차례 변경된 최우선변제를 받는 소액임
차보증금의 범위는 다음의 표와 같다.

▶ 소액보증금의 해당여부 적용기준

　① 적용방법 : 선순위 담보물권(저당권 등) 설정일자를 기준으로 한다.
　　주택의 인도, 주민등록전입신고, 확정일자의 기준이 아니다.
　② 최우선변제 한도 : 주택 낙찰가격의 1/2범위내(대지가액 포함)
　③ 선순위 담보물권의 설정이 없는 경우에는 전입과 점유를시작한 날(전입신
　　고일)이 기준이 된다.

---

22) 부칙 제2항(소액보증금의 범위변경에 따른 경과조치)이 영 시행전에 임차주택에 대하여 담보물권을 취득한
자에 대해서는 종전의 규정에 의한다.

● 최우선변제를 받는 소액임차보증금의 범위 및 변천과정

시행일자 (선순위 담보물권 설정일)	해당지역	소액임차인의 기준 (임차보증금의 범위)	최우선변제액
① 1984.1.1부터	특별시 및 광역시	300만원 이하	300만원 한도
1987.11.30까지	기타 지역	200만원 이하	200만원 한도
② 1987.12.1부터	특별시 및 광역시	500만원 이하	500만원 한도
1990.2.18까지	기타 지역	400만원 이하	400만원 한도
③ 1990.2.19부터	특별시 및 광역시	2,000만원 이하	700만원 한도
1995.10.18까지	기타 지역	1,500만원 이하	500만원 한도
④ 1995.10.19부터 2001.9.14까지	특별시 및 광역시 (군지역은 제외)	3,000만원 이하	1,200만원 한도
	기타 지역	2,000만원 이하	800만원 한도
⑤ 2001.9.15부터 2008.8.20까지	수도권 중 과밀억제권역	4,000만원 이하	1,600만원 한도
	광역시(군지역과 인천광역시 제외)	3,500만원 이하	1,400만원 한도
	기타 지역	3,000만원 이하	1,200만원 한도
⑥ 2008.8.21부터 현재까지	수도권 중 과밀억제권역	6,000만원 이하	2,000만원 한도
	광역시(군지역과 인천광역시 제외)	5,000만원 이하	1,700만원 한도
	기타 지역	4,000만원 이하	1,400만원 한도

☞ **수도권정비계획법에 의한 수도권 중 과밀억제권역**(수도권정비계획법시행령 제9조 별표 1)

▷ 서울특별시
▷ 인천광역시(강화군, 옹진군, 중구 : 운남동 · 운북동 · 운서동 · 중산동 · 남북동 · 덕교동 · 을 왕동 · 무의동, 서구 : 대곡동 · 불노동 · 마전동 · 금곡동 · 오류동 · 왕길동 · 당하동 · 원당동, 연수구 송도매립지(인천광역시장이 송도신시가지 조성을 위하여 1990년 11월 2일 송도 앞 공유수면매립공사면허를 받은 지역을 말한다), 남동유치지역을 제외한다.
▷ 의정부시, 구리시
▷ 남양주시(호평동 · 평내동 · 금곡동 · 일패동 · 이패동 · 삼패동 · 가운동 · 수석동 · 지금동 및 도농동에 한함)
▷ 하남시, 고양시, 수원시, 성남시, 안양시, 부천시, 광명시
▷ 과천시, 의왕시, 군포시, 시흥시(반월특수지역은 제외한다)

6. 임대차 기간의 보장

1) 임대차의 존속기간

주택을 임대차하면서 기간의 정함이 없거나 기간을 2년미만으로 정한 임대차는 그 기간을 2년으로 본다.(임대차 최단기간 적용) 다만 임차인은 2년미만으로 정한 기간이 유효함을 주장할 수 있지만 임대인은 그 유효함을 주장할 수 없다.

또한 임대차가 종료한 경우에도 임차인이 보증금을 반환받을 때까지는 임대차관계는 존속하는 것으로 본다.(법 제4조)

▶ **주택임대차의 법정 존속기간**

　① 법정 최단기간 : 2년(주택임대차보호법 제4조), 2년미만은 2년으로 간주

　② 법정 최장기간 : 20년(민법 제651조), 20년초과시 20년으로 단축

2) 계약의 갱신

① 임대인이 임대차기간 만료전 6월부터 1월까지에 임차인에 대하여 갱신거절의 통지 또는 조건을 변경하지 아니하면 갱신하지 아니한다는 뜻의 통지를 하지 아니한 경우에는 그 기간이 만료된 때에 전임대차와 동일한 조건으로 다시 임대차한 것으로 본다. 임차인이 임대차기간 만료전 1월까지 통지하지 아니한 때에도 또한 같다. 이 경우 임대차의 존속기간은 정함이 없는 것으로 보며 묵시적 갱신이라 한다.(법 제6조)

② 임차인이 2기의 차임액에 달하도록 차임을 연체하거나 기타 임차인으로서 의무를 현저히 위반한 경우에는 묵시적 갱신이 인정되지 아니하므로 임대인은 계약을 해지할 수 있다.

③ 묵시적 갱신의 경우 임차인은 언제든지 임대인에 대하여 계약해지의 통지를

할 수 있고, 임대인이 그 통지를 받은 날부터 3월이 경과하면 그 효력이 발생한다. 즉 임대차계약이 해지된다.

3) 경매에 의한 임차권의 소멸

주택임차권은 임차주택이 민사집행법에 의한 경매가 행하여진 경우에는 그 임차주택의 경락에 의하여 소멸한다. 다만 대항력있는 임차인의 임차권은 임차보증금이 전액 변제될 때까지 계속해서 존속한다.

7. 임차권등기명령제도

임차권등기명령절차는 주택임대차 종료 후 상대적 약자인 임차인이 임차보증금을 반환받지 못한 경우에 임차권등기를 관할법원에 직접 신청하여 경료할 수 있도록 함으로써 주거의 이전을 자유롭게 보장해 주기 위한 절차이다.

임차권등기명령제도가 도입되기 이전(1999.3.1)에는 임차인이 임대차계약이 종료된 후 보증금을 돌려받지 아니한 상태에서 주민등록을 전출하거나 다른 주택으로 이사를 하게 되면 임차인이 가지고 있던 대항력과 우선변제권(또는 최우선변제권)이 상실되어 보증금을 돌려받을 수 없었다. 이러한 문제점을 해결하기 위하여 주택임대차보호법에 임차권등기명령절차를 도입·개정하여 1999년 3월 1일부터 시행하고 있다.

따라서 임대차가 종료된 후 임차보증금을 반환받지 못한 임차인이 법원에 임차권등기명령을 신청하여 임차권등기가 경료되면 등기와 동시에 임차인은 대항력 및 우선변제권을 취득하게 된다. 다만 임차인이 임차권등기 이전에 이미 대항력 또는 우선변제권을 취득한 경우에는 그 대항력 또는 우선변제권은 그대로 유지되며 임차권등기 이후에는 대항요건(주택의 점유와 주민등록)을 상실하더라도 이미 취득한 대항력 또는 우선변제권은 상실하지 않고 계속해서 유지된다.

그러므로 임차인이 임대차가 종료되어 임차보증금을 돌려받지 못한 상태에서도 다른 곳으로 이사를 가거나 주민등록을 전출하는 등 주거를 이전해도 임대인으로부터 임차보증금을 반환받을 수 있다. 여기서 주의할 점은 임차권등기명령신청 후 반드시 임차권등기가 경료되었는지 여부를 등기부등본에 의거 확인한 후 이사를 하여야 한다. 그렇지 아니하면 임차주택의 경매절차에서 임차보증금의 배당을 받을 수 없게 된다. 즉 임차권등기의 효력은 등기가 마쳐진 시점부터 발생하기 때문에 임차권등기명령을 신청하고 그 등기가 경료되기 이전에 바로 이사를 하거나 주민등록전출을 하여서는 안되므로 반드시 이사를 하기 전에 등기가 경료된 사실을 등기부등본으로 확인하여야 한다.

임차권등기명령신청은 임차주택의 소재지를 관할하는 지방법원, 지방법원지원 또는 시·군법원에 신청할 수 있고, 신청서에 임차주택의 등기부등본, 주민등록등본, 임대차계약서 사본을 첨부하여 신청하면 된다. 또한 임차권등기명령신청 및 그에 따른 임차권등기와 관련하여 소요된 비용은 임차인이 임대인에게 청구할 수 있다.

임차권등기명령의 집행에 의한 임차권등기가 경료된 주택(임대차의 목적이 주택의 일부분인 경우에는 해당부분에 한한다)을 임차한 임차인은 최우선변제권이 없다. 다시 말해 보증금이 소액이라 하더라도 소액임차인으로 보호되지 않는다.

▶ **임차권등기명령에 의한 임차권등기 경료의 효력**(등기와 동시 발생)

　　① 대항력(주택인도, 주민등록)과 우선변제권(확정일자) 취득

　　② 임차권등기 이전에 취득한 대항력과 우선변제권은 그대로 유지

8. 우선변제권과 최우선변제권의 배당요건

① 확정일자에 의한 우선변제권과 소액보증금에 의한 최우선변제권을 가진 임차인은 배당요구 종기까지 권리신고 및 배당신청을 하여야 한다. 즉 임대차보증금반환채권은 현행법상 배당요구가 필요한 『배당요구채권』에 해당하기 때문이다. 즉 배당신청을 하지 않은 임차인은 법원경매 후 배당절차에서 배당을 해 주지 않는다.

② 임차인은 임차주택을 양수인에게 인도하지 아니하면 우선변제권에 의한 보증금을 수령할 수 없다(법 제3조의2 제3항)

③ 대항력과 우선변제권을 겸유하고 있는 경우

　선순위 주택임차인이 대항력(주택점유 및 주민등록)과 확정일자에 의한 우선변제권의 두 가지 권리를 가지고 있는 경우에는 임차인은 두 가지 권리를 경매법원에서 정한 배당요구종기까지 행사(배당신청)하여야 한다. 임차인이 배당신청을 하지 않았을 때에는 낙찰자(최고가매수인)가 선순위 임차보증금 전액을 인수하게 되고, 임차보증금 전액을 배당신청한 때에는 배당절차에서 배당받은 금액을 공제한 배당받지 못한 잔액을 낙찰자가 인수한다. 그러므로 경매에서는 후순위 임차인은 그 권리가 소멸하므로 낙찰자의 부담이 없으나 선순위 임차인이 있을 경우에는 배당신청 유무

를 잘 파악하여 보증금의 인수여부를 판단한 후 입찰참가여부를 결정하여야 한다.

9. 대항력 · 우선변제권 · 최우선변제권의 비교

권리 구분 (임차인이 갖는 권리)	대항요건	대항요건 및 효력발생 취득시점
대항력	점유+전입신고	○ 법원경매시 대항요건을 말소기준권리에 앞서서 갖추어야 함 ○ 익일 0시부터 효력발생
우선변제권	점유+전입신고 +확정일자	○ 대항요건과 확정일자 중 뒤의 일자를 기준으로 우선변제권이 발생하는 것임 ○ 확정일자 받은 당일 또는 익일 오전 0시부터 효력발생
최우선변제권	점유+전입신고	○ 소액임차인에 해당해야 함 ○ 대항요건은 경매개시기입등기 이전에 갖추어야 함 ○ 소액보증금 해당시 효력발생 ○ 소액보증금 해당되고 확정일자 받은 경우에는 최우선 변제권과 우선변제권의 효력이 동시 발생

주) 주택점유(인도) + 주민등록(전입신고)이 대항요건임

10. 주택임차보증금 인수여부 판단

(1) 대항력만 갖춘 경우 : 매수자(낙찰자) 인수

① 주택점유+전입신고	② 근저당권(말소기준권리)		배당신청권(우선변제) 없음 (이유 : 확정일자 없음)

(2) 대항력과 확정일자를 갖추고 배당신청 안함 : 매수자 인수

① 점유+전입신고+확정일자	② 근저당권(말소기준권리)		배당신청 안함

(3) 전입신고는 빠르고 확정일자가 늦은 경우 : 매수자 인수

① 점유+전입신고	② 근저당권(말소기준권리)	③ 확정일자	배당신청함

풀이

① 선순위 임차인은 배당신청 유무에 관계없이 임차보증금의 피해가 없다. 그러나 배당신청을 하였는데도 불구하고 배당을 일부만 받게 되고 남은 차액이 있을 경우에는 매수자(낙찰자)는 차액을 인수하게 된다.

▶**선순위 임차인이란** : 말소기준권리 이전에 대항력을 갖춘 임차인으로서 경매에서는 통상 "대항력이 있다"로 말하며, 임차보증금 전액을 돌려받을 수 있는 임차인을 말한다(임차권인수 : 법원배당 또는 매수자 인수).

② 후순위 임차인은 소액 최우선 배당금을 받을 수 있는 대상과 받을 수 없는 임차인이 있는데(소액임차인의 범위 참조) 소액에 해당되지 않는 임차인은 매각대금의 여유가 없는 한 배당을 전혀 받지 못하며 매수자에게 대항할 수도 없다. 즉, 인도명령 대상이 된다

▶**후순위 임차인이란** : 말소기준권리 이후에 대항력을 갖춘 임차인으로서 통상 "대항력이 없다"라고 말하며, 소액에 해당하거나 매각대금의 여유가 없는 한 임차보증금을 한 푼도 돌려받을 수 없다(임차권 소멸).

③ 한 푼도 배당받지 못하는 임차인은 소정의 이사비용을 주고 원만하게 협의하여

명도 받는 것이 오히려 비용과 시간을 절약하는 결과가 된다

이사비용은 평수에 따라 다르지만 최저 30만원에서 최대 100만원 사이에서 상황에 따라 조정하여 지급하는 것이 통상적 관례이다.

④ 소액 최우선 변제대상 임차인(최우선변제권)은 선ㆍ후순위 관계없이 적용되므로 권리분석시 소액 임차인의 일부 배당유무를 살펴 둘 필요가 있다. 소액 임차인은 배당신청을 반드시 하여야만 소액 최우선 변제금을 받게 되므로 소액 임차인의 배당신청 유무도 살펴보아야 할 사항이다.

11. 주택임차인 문제 정리

경매는 주로 임차인 문제에 관련된 것이 많고 복잡하다.

경매의 권리분석 중에서 임차권의 권리분석이 가장 어렵고 난해하다. 그 이유는 등기부에서 권리를 확인할 수 없고 전입신고 등의 방법에 의해서 임차권이 공시되기 때문인 것이다. 임차권 분석시 혼동하기 쉬운 것은 다음과 같다.

⑴ 임차인의 전입일과 근저당설정 일자가 같으면 근저당이 앞선 권리(선순위)가 된다.

즉, 근저당권은 등기소의 업무개시 시간인 당일 오전9시부터 권리를 인정하고 있으며, 임차인의 주택점유와 전입일을 기준으로 하여 발생하는 대항력은 다음날(익일) 오전 0시부터(전입일 밤 12시) 발생하기 때문에 근저당이 임차인의 대항력을 앞서는 권리가 되는 것이다. 다시 말해서 임차인의 대항력은 후순위가 된다.

⑵ 임차권등기가 이미 경료된 주택에 새로 소액 임차한 임차인은 소액일지라도

최우선변제권의 효력이 인정되지 아니한다.

(3) 대항력(점유+전입신고)을 갖추지 않고 확정일자만 받은 임차인은 대항효력이 없다. 즉, 확정일자의 우선변제권은 대항요건을 갖출 것을 전제로 하는 권리이다.

(4) 소액최우선 변제 대상자는 선·후순위를 불문하고 타 담보권자나 조세채권 등 그 밖의 타 권리보다도 우선하여 규정된 소액배당금을 받을 수 있다.

(5) 임금채권(최근 3개월간의 월급과 최종 3년간의 퇴직금)은 소액 최우선변제권과 동순위로서 최우선 배당을 받게 되며, 소액임차인이 많을 경우에는 주택 매각대금에서 경매 집행비를 제외한 나머지 금액 중 2분지 1의 범위 내에서 임금채권과 소액 임차인이 비율로 배당을 받게 된다. 소액 임차인이 없을 경우에는 임금채권이 최우선 배당을 받을 수 있다.

(6) 선순위 임차인이 대항력과 확정일자를 부여받고 그 이후 근저당권이 설정되고, 임차기간이 만료됨에 따라 재계약시 임차보증금을 증액하였다면, 이때에는 최초 증감 전의 임차보증금액은 보호되지만 그 이후 증액분에 대하여는 매수자에게 대항하지 못한다.

(7) 선순위 임차인이 사망하였을 때에는 그 상속인에게 배당이 된다.

(8) 선순위 임차인이 사망하였으나 직계상속인이 없고 사실혼(동거)관계에 있는 배우자라 하더라도 임차권의 승계제도에 의하여 보호 받을 수 있다.

(9) 임차인이 경매에 참여하여 매수자가 되면 자신이 배당받을 금액만큼은 상계하여 처리할 수가 있다. 매수금액이 배당액보다 크면 차액만 납부하면 된다.

(10) 임차인이 아닌 일반 채권자도 입찰하여 배당액 만큼 상계처리가 가능하다.

(11) 미등기 옥탑방의 임차인도 조건을 갖추면 대항력이 유지된다. 미등기 창고를 주택으로 개조하여 주거하는 경우에도 대항력이 유지된다. 무허가 단독주택(구옥 등)의 임차인도 대항력을 갖추면 보호된다.

⑿ 선순위 임차인이 타 지역으로 주민등록을 옮겼다가 재전입하면 재전입일이 대항력 발생시점이 되어 자칫 대항력을 잃은 것으로 판단하기 쉬우나 만일 임차인 본인만 타 지역으로 전출하였다가 재전입하고 임차인의 가족(부모, 처, 자녀, 형제)은 그대로 주민등록을 유지하고 있었을 경우에는 비록 경매 정보지상 후순위로 판단되는 임차인이기는 하나, 이 경우 가족중 단 한사람이라도 말소기준등기(권리)보다 빠른 사람이 있다면 이는 선순위 임차인으로 인정되므로 매수자(낙찰자) 인수사항이 되는데, 만약 배당신청요구를 하여 배당을 받게 되면 이는 매수자가 인수하지 않고 소멸되는 것이다.

⒀ 또한, 경매정보지상에 분명히 후순위 임차인임에도 불구하고 주민등록상 그의 가족(부모, 처, 자녀, 형제)중 한 사람이 말소기준권리보다 앞서 전입한 사람이 있다면 이는 선순위로 둔갑하여 매수자 인수사항이 된다.
때문에 동주민센터(구, 동사무소)에서 세대열람은 물론 법원기록열람 등을 통하여 반드시 가족들의 전입일자도 꼼꼼히 살펴보아야 할 것이다. 이 경우도 배당신청을 하여 배당 받으면 소멸되지만 배당을 못 받거나 일부만 배당처리될 경우 잔액을 인수한다.

※임차인의 가족(점유보조자)의 범위 : 배우자, 자녀, 동생, 부모, 형제 등

⒁ 임차인이 다가구주택의 일부만 임차하여 몇층 몇호를 기재하지 아니하고 번지(지번)만 기재하여 전입신고를 마쳤다 하더라도 대항력을 유지할 수 있다.
반대로 아파트, 연립, 빌라(다세대)등 구분 등기된 주택은 반드시 명칭, 동, 호수를 기재(주민등록법 시행령 제9조 제3항 규정)하여 전입신고를 하여야만 대항력이 발생한다.

⒂ 예외적으로 최초에 다가구주택으로 건축된 주택을 임차하여 임차인이 지번만 기재하여 전입을 마치고 살던 중에 이 주택을 다시 구분하여 다세대로 변경한 후에 호수별로 개별경매를 하는 경우가 많은데 이 경우에 지번만 기재하여 전입을 하였을지라도 충분히 보호받을 수 있다.

주민등록(전입신고)의 유효여부

판례에 의하면 주택임대차의 공시방법으로 주민등록(전입신고)에 따르도록 하고 있기 때문에 그 유효여부에 대하여 확인하는 것은 아주 중요하다.

① **직권말소** : 주택임차인의 의사에 기하지 아니하고 관련규정에 따라 직권 말소된 경우 원칙적으로 그 대항력은 상실된다. 그러나 직권말소 후 같은 규정(주민등록법 등)의 소정의 이의절차에 따라 그 말소된 주민등록이 회복되거나 재등록이 이루어짐으로써 주택임차인에게 주민등록을 유지할 의사가 있었다는 것이 명백히 드러난 경우에는 소급하여 그 대항력이 유지된다.
다만, 관련규정 소정의 이의절차에 의하여 회복된 것이어야 한다.

② **담당공무원의 착오** : 임차인이 지번을 올바르게 기재하여 전입신고를 하였으나, 담당공무원이 착오로 지번을 잘못 기입한 후 임차인의 요청으로 담당공무원이 착오를 정정한 경우에는 전입신고는 적법한 것이어서 대항력이 있다(대판 1991.8.13. 91다18118).

예) 임차인이 "안양동 545의 5"로 바르게 기재 → 담당공무원이 "안양동 545의 2"로 잘못 기입 후 임차인의 요청으로 정정한 사례

③ **제3자(임대인)의 주민등록 임의이전** : 주민등록이 임차인의 의사에 의하지 아니하고 제3자에 의하여 임의로 이전되었고, 이에 대하여 임차인에게 책임을 물을 만한 사유도 없는 경우는 임차인이 이미 취득한 대항력은 그대로 유지된다(대판 2000.9.29. 2000다37012).

12. 주민등록 · 가족관계등록부 · 가족제도

1) 주민등록

주민등록은 주민의 거주관계를 파악하고 인구동태를 명확히 하여 행정사무의 적정한 처리를 도모하는 데 그 목적이 있다. 모든 주민은 30일 이상 거주할 목적으로 그 관할구역 안에 거주지를 가지는 때에는 그 날로부터 14일 이내에 관할 동주민센터에 주민등록(전입신고)을 하여야 한다. 주민등록을 전출하는 때에는 전출지에서는 신고하지 않고 신거주지인 전입지에서만 전입신고를 하면 주민등록이 정리된다.

주민등록표는 개인별과 세대별의 두 종류를 작성 비치한다. 주민등록등본은 주소를 중심으로 세대주와 세대원 그리고 가족관계가 아니라도 세대원(동거인)으로 등재시킬 수 있다.

임차인의 대항력 등을 확인하기 위한 세대열람은 세대별 주민등록표에 의거 세대주의 전입일자와 세대원 중에서 최초로 전입한 자의 전입일자만 확인이 가능하다.

주민등록에서 전입신고일자는 부동산 경매에 있어서 임차인의 대항력 유무를 판단하는 중요한 기준이 되므로 주의를 기울여야 한다. 주민등록표상 전입신고일자는 변동일란에 기재된 날자가 아니고 전입일란에 기재된 날자가 전입신고일이다.

○ 주민등록등본 : 주소지의 세대주와 세대원들의 인적사항이 모두 기재된 증명서

○ 주민등록초본 : 등본과 달리 세대원 개개인의 인적사항만 기재된 증명서

2) 가족관계등록부

2008년 1월 1일부터 호적이 가족관계등록부로 그 제도가 바뀌었다.

1960년 1월 1일에 시행되어 그 동안 가족관계를 규율하여 왔던 『호적법』이 2007년 12월 31일자로 폐지되고 2008년 1월 1일자로 새로운 『가족관계의 등록 등에 관한 법률』이 제정ㆍ시행되었다.

종전의 호적제도는 호적등ㆍ초본의 1가지 증명서로 가족관계를 증명함에 따라 동일 호적 내 가족 구성원 모두의 인적사항이 나타나 불필요한 개인정보가 노출되었으나 현재 시행되고 있는 가족관계등록제도는 증명하는 목적에 따라 5가지 증명서로 세분화 하여 개인정보의 공개를 최소화할 목적으로 가족관계 제도를 바꾼 것이다.

즉, 1960년 이래 수십 년 동안 유지되어 온 호적제도가 폐지되고 새로운 개인별 가족관계등록제도가 신설되어 호적을 대신하게 된 것이다.

2008년 1월 1일부터 시행된 개인별 가족관계등록제도의 주요내용은 다음과 같다.

(1) 개인별 가족관계등록부 작성

① 호적은 호주를 중심으로 가(家)단위로 작성되지만 새로운 제도에서는 가족구성원 한 사람마다 별도의 가족관계등록부가 작성된다.

② 증명서는 증명목적에 따라 가족관계증명서, 기본증명서, 혼인관계증명서, 입양관계증명서, 친양자입양관계증명서 등 5종류로 나누어 증명해 줌으로써 개인정보의 보호를 강화시켰다.

③ 가족관계증명서에 나타나는 가족관계는 본인의 부모, 배우자 및 자녀의 3대에 한하고, 그들의 이름, 생년월일 등 가족관계 특정에 필요한 사항으로 한정된다. 가족들의 자세한 신분사항은 가족 개개인의 가족관계등록사항별 증명서를 통해서만 확인이 가능하다.

(2) 본적 폐지, 등록기준지 개념 도입

① 본적이 폐지되고, 본적 대신에 등록기준지 개념이 도입되었다. 종전의 호적제도에서는 가족들은 호주의 본적을 따랐지만 새로운 가족관계등록부에는 등록하고 싶은 장소를 자유롭게 선택할 수 있는 등록기준지 제도가 시행되고, 본적 제도는 없어졌다.

② 호적이 있는 사람의 최초 등록기준지는 그 호적의 본적지가 되나 아무런 제한 없이 자유롭게 변경할 수 있다. 2008년 1월 1일 이후 출생신고를 하는 경우에는 신고인이 임의로 등록기준지를 정하거나 부 또는 모의 등록기준지로 정하여 신고할 수 있다.

(3) 증명서 교부청구권자 및 교부사유 제한

① 호적법에서는 자신의 호적이 아니라도 본적만 알고 있으면 부당한 목적이 없는 한 누구나 다른 사람의 호적등 · 초본을 발급받을 수 있었으나 새로 바뀐 가족관계등록부의 각 증명서는 본인, 직계존속, 직계비속, 배우자, 형제자매의 경우에만 발급받을 수 있다. 단, 제3자는 법률에서 특별히 허용한 경우를 제외하고는 위 발급권자들의 위임을 받아야 발급받을 수 있는 것이다.

② 새로운 증명서를 발급받기 위해서는 성명과 등록기준지를 알아야 발급받을 수 있다. 다만, 본인, 배우자, 직계혈족의 경우에는 성명과 주민등록번호만으로도 발급 받을 수 있다.

(4) 신고지 직접처리 시행(본적지 처리 원칙 폐지)

① 종전의 호적은 본적지의 시(구) · 읍 · 면장이 호적업무를 담당하여 혼인신고를 본적지가 아닌 곳에서 하더라도 반드시 본적지로 이송되어 혼인신고를 처리함에 따라 많은 불편이 있었으나 가족관계등록제도는 설령 서울에 등록기준지를 둔 사람이라도 제주도에 신혼여행을 가서 서귀포시청에 혼인신고를 하면 혼인요건이 충족 되었을 경우에는 바로 가족관계등록부에 기록이 되어 즉

시 혼인관계증명서의 발급이 가능해졌다.

② 이와 같이 가족관계등록 신고시 본적지 처리 원칙이 폐지되고 신고지에서 곧 바로 처리되는 제도로 바뀌어 민원인의 불편이 대폭 해소되었다.

●가족관계 등록사항별 증명서 종류 및 증명사항

증명서 종류	기 재 사 항	
	공통사항	개별사항
가족관계증명서	본인의 등록기준지 -성 명	부모, 배우자, 자녀의 인적사항 (기재범위 : 3대에 한함)
기본증명서	-성 별 -본	본인의 출생, 사망, 개명 등의 인적사항 (혼인, 입양여부 별도)
혼인관계증명서	-출생년월일 및 주민등록번호	배우자 인적사항 및 혼인, 이혼에 관한 사항
입양관계증명서		양부모 또는 양자 인적사항 및 입양, 파양에 관한 사항
친양자입양관계증명서		친생부모, 양부모 또는 친양자 인적사항 및 입양, 파양에 관한 사항

3) 민법상 혼인신고시 모(母)의 성(姓)과 본(本)을 따르기로 하는 가족제도의 신설

2008년 1월 1일부터는 혼인신고시에 자녀의 성과 본을 어머니의 성과 본으로 미리 정할 수 있다.

① 가족제도는 원칙적으로 자녀의 성과 본은 부의 성과 본을 따르되 예외적으로 혼인 신고시에 장차 태어날 자녀의 성과 본에 대하여 어머니의 성과 본을 따르기로 서로 협의하면 자녀에 대한 출생신고를 할 경우에 어머니의 성과 본으로 가족관계등록부에 기록하게 된다.

② 다만, 어머니의 성과 본을 따르기로 하는 협의 없이 혼인신고를 한 후에는 법
   원의 허가를 받아야 어머니의 성과 본으로 변경할 수 있다.

가족관계등록부는 그야말로 혈족에 의한 가족관계를 알아볼 수 있는 유일한 공부(公簿)인 것이다. 그렇다고 모든 친척이 나타나는 것은 아니다. 부모와 자녀, 형제자매 등의 가족관계가 본인을 기준으로 3대만 표시된다. 이외에도 결혼과 이혼, 입양과 파양, 출생과 사망, 본관 등의 인적사항을 파악할 수 있다. 이 모든 인적사항을 종전에는 호적등본 하나로 알 수 있었지만 2008년 1월 1일 이후에는 가족관계증명서 등 5종류의 가족관계 등록사항별 증명서를 각각 떼어 보아야 파악이 가능하게 되었다.

증명서의 발급신청도 호적등본은 제3자가 본적지만 알면 가능했으나 가족관계등록부는 제3자가 증명서를 발급받기 위해서는 본인 및 배우자 등의 위임을 받아야 발급받을 수 있다. 이러한 증명서에 의해서 비록 가족이 다른 주소에 떨어져 산다고 해도 가족관계등록부로 가족인지 아닌지 알 수 있는 것이다.

예컨대 주민등록등본은 누구와 같이 거주하는가를 판단하는 기준이 되며, 가족관계등록부는 누구와 혈족, 가족관계에 있는가의 여부를 판단하는 기준이 된다.

정리하면 주민등록과 가족관계등록부에 대해서 그 제도의 목적과 증명서를 보고 그 내용 파악이 가능해야만 주택임대차의 임차권을 쉽게 분석할 수 있다. 또한 2008년 1월 1일부터는 자녀가 어머니의 성과 본을 따를 수 있다는 것을 감안하여 가족관계를 파악할 때 자녀의 성이 아버지의 성과 다를 수 있다는 점을 주의하여야 한다.

PART 4
상가건물임대차보호법

1. 상가건물 임대차 적용범위

상가건물임대차보호법은 상가건물(제3조 제1항의 규정에 의한 사업자등록의 대상이 되는 건물을 말한다)의 임대차(임대차 목적물의 주된 부분을 영업용으로 사용하는 경우를 포함한다)에 대하여 적용한다. 다만, 대통령령이 정하는 보증금액을 초과하는 임대차에 대하여는 본법이 적용되지 아니한다.

보증금액을 정함에 있어서는 당해 지역의 경제여건 및 임대차 목적물의 규모 등을 감안하여 지역별로 구분하여 규정하되, 보증금외에 월차임이 있는 경우에는 그 월차임액에 은행법에 의한 금융기관의 대출금리 등을 감안하여 대통령령이 정하는 비율(1분의 100)을 곱하여 환산한 금액을 포함하여 보증금의 범위를 정한다. 계산방법은 다음과 같다.

① 월차임(월세)의 보증금 환산방법(환산보증금) = 월세×100
② 상가건물 임차보증금 = 상가보증금 + (월세×100)
　　예를 들어 음식점의 보증금이 5,000만원이고, 월세가 100만원이면 임차보증금은 1억 5,000만원이 된다
　　5,000만원+(100만원×100) = 1억 5,000만원

보호되는 상가임대차 보증금의 범위는 아래의 표와 같다.

●보호대상 상가임대차 보증금의 범위(보호상한액)

해당시역	보증금액범위	시행일자
서울특별시	2억 4천만원 이하	2002. 11. 1부터 2008. 8. 20까지
수도권정비계획법에 의한 수도권중 과밀억제권역(서울특별시 제외)	1억 9천만원 이하	
광역시(군지역과 인천광역시지역 제외)	1억 5천만원 이하	
그 밖의 지역	1억 4천만원 이하	
서울특별시	2억 6천만원이하	2008. 8. 21부터 현재까지
수도권정비계획법에 의한 수도권중 과밀억제권역(서울특별시 제외)	2억 1천만원이하	
광역시(군지역과 인천광역시지역 제외)	1억 6천만원이하	
그 밖의 지역	1억 5천만원 이하	

☞ **수도권정비계획법에 의한 수도권 중 과밀억제권역**

> ▷ 서울특별시
> ▷ 인천광역시(강화군, 옹진군, 중구 : 운남동 · 운북동 · 운서동 · 중산동 · 남북동 · 덕교동 · 을
>   왕동 · 무의동, 서구 : 대곡동 · 불노동 · 마전동 · 금곡동 · 오류동 · 왕길동 · 당하동 · 원당동,
>   연수구 송도매립지(인천광역시장이 송도신시가지 조성을 위하여 1990년 11월 2일 송도 앞
>   공유수면매립공사면허를 받은 지역을 말한다), 남동유치지역을 제외한다.
> ▷ 의정부시, 구리시
> ▷ 남양주시(호평동 · 평내동 · 금곡동 · 일패동 · 이패동 · 삼패동 · 가운동 · 수석동 · 지금동 및
>   도농동에 한함)
> ▷ 하남시, 고양시, 수원시, 성남시, 안양시, 부천시, 광명시
> ▷ 과천시, 의왕시, 군포시, 시흥시(반월특수지역은 제외한다)

위의 표와 같이 일정보증금액을 초과하는 상가건물 임대차에 대하여는 상가건물임대차보호법의 보호를 받지 못하며, 상가임차보증금은 보증금과 월세금액을 환산한 보증금을 합하여 상가보증금을 산정하기 때문에 법을 적용함에 있어서 주의하여야 한다. 그리고 일정보증금액을 초과하는 상가건물과 동창회사무실, 친목모임 등을 목적으로 하여 임대차한 사무실은 상가건물임대차보호법의 보호대상이 아니므로 일반법인 민법의 채권법 중 임대차 규정(민법 제618조 내지 제654조)이 적용된다.

또한 상가건물임대차보호법 부칙 제2항의 적용례에 의거 "이 법 시행(2002.11.1)후 체결되거나 갱신된 임대차부터 적용한다" 라고 규정되어 있으므로 제3조(대항력) · 제5조(우선변제권) 및 제14조(최우선변제권)의 규정은 이 법 시행당시 존속중인 임대차에 대하여도 이를 적용하되, 이 법 시행 전에 물권을 취득한 제3자에 대하여는 그 효력이 없다.

2. 상가임차인의 대항력

1) 대항요건

임대차는 그 등기가 없는 경우에도 임차인이 건물의 인도와 부가가치세법 제5조, 소득세법 제168조 또는 법인세법 제111조의 규정에 의한 사업자등록을 신청한 때에는 그 다음날부터 제3자에 대하여 효력이 생긴다(법 제3조 제1항).

매매의 경우에는 새로 인수한 제3자에게 항상 대항력이 있으나, 경매의 경우에는 매각으로 소멸하게 되는 최선순위의 권리보다 앞에 있어야 매수인에게 대항력을 주장할 수 있다. 즉 상가임차인이 매각으로 소멸하는 최선순위의 저당권, 압류, 가압류 등기일자보다 앞서 입주와 사업자등록을 신청한 경우에 매수인에게 대항력이 있다.

<u>건물 인도(입점) + 사업자등록</u> = 사업자등록신청 익일 대항력 발생
       (대항요건)

2) 대항력의 효력

대항력이란 상가건물의 임대차 기간 중에 건물의 소유권이 변동되어도 임차인이 건물의 새로운 소유자에게 임차권을 주장하여 당해 건물을 계속하여 사용, 수익할 수 있는 효력을 말한다. 즉 법 제3조 제2항의 규정에 의거 임차건물의 양수인은 임대인의 지위를 승계하므로 임차인은 임대차 계약기간 동안은 임차권지위의 유지와 임대보증금반환시까지 계속해서 영업이 가능하다.

대항력을 취득하기 위해서는 소유자와 적법한 유상임대차계약을 체결하여야 하고, 상가의 사용과 수익을 위한 건물의 인도(입점)가 있어야 하고, 당해 소재지를 관할하는 세무서에 사업자등록을 신청하여야 한다. 사업자등록을 신청한 다음날부터 대항력을 취득한다.

3. 확정일자와 우선변제권

1) 우선변제권

상가건물임대차보호법 제3조 제1항의 대항요건(입점+사업자등록)을 갖추고 관할세무서장으로부터 임대차계약서(원본)상의 확정일자를 받은 임차인은 민사집행법에 의한 경매 또는 국세징수법에 의한 공매시 임차건물(임대인 소유의 대지를 포함한다)의 환가대금에서 후순위권리자 그 밖의 채권자보다 우선하여 보증금을 변제받을 권리가 있다(법 제5조 제2항).

다시 말해 상가건물임대차계약서상에 확정일자를 받아 놓으면 확정일자를 받은 날짜를 기준으로 하여 후순위 권리자 또는 다른 채권자보다 우선하여 보증금을 변제받을 수 있다. 여기서 주의할 점은 대항요건을 먼저 갖춘 상태에서 확정일자를 받아야 그 변제 효력이 발생하는 것이지 대항요건을 갖추지 않은 상태에서 확정일자만 받았다면 아무런 효력이 발생하지 않는다.

우선변제권 발생 = 건물의 인도(입점) + 사업자등록 + 확정일자
(대항요건)선행요건 　　　　　　　 후행요건

2) 확정일자 신청시기 및 방법

(1) 확정일자 부여기관 : 임차상가건물의 소재지 관할세무서

(2) 신청시기 및 신청방법

새로 사업자등록을 하는 임차인은 다음의 서류를 구비하여 관할세무서에서 사업
자등록과 동시에 확정일자를 신청하여 받으면 된다.

① 임대차계약서 원본

② 사업자등록신청서

③ 확정일자 신청서

④ 사업허가 · 등록 · 신고필증(법령에 의하여 허가 · 등록 · 신고대상인 경우)

⑤ 사업장(건물) 도면(건물공부상 구분등기 표시된 부분의 일부만 임차한 경우)

⑥ 본인 신분증(대리신청은 위임장과 대리인 신분증 지참)

이미 사업자등록을 하고 영업중인 임차인은 계약내용이 변경 또는 갱신
된 경우에 한하여 위의 6가지 서류 중에서 ②번과 ④번의 서류 대신으로
사업자등록증을 포함한 ①, ③, ⑤, ⑥번의 서류를 구비하여 다시 확정일
자를 신청하면 된다.

4. 소액임차인의 최우선변제권

상가건물의 경매시 임차인이 건물에 대한 경매신청의 등기 전에 법 제3
조 제1항의 대항요건(건물의 인도 및 사업자등록)을 갖추었다면 보증금중 일
정액을 다른 담보물권자보다 우선하여 임대건물가액(임대인 소유의 대지
가액 포함)의 3분의 1의 범위 안에서 변제받을 권리가 있다. 다만, 경매신
청기입등기 이후에 대항력을 갖춘 때에는 소액임차인에 해당된다 하더라
도 최우선변제를 받지 못한다.

즉 최우선변제권이란 경매신청기입등기 이전에 대항력을 갖추고 소액

보증금에 해당되는 경우에 한하여 다른 담보물권자(선순위 포함) 보다 최우선하여 보증금중 일정액을 경매시 변제받을 수 있는 권리를 말한다.

최우선변제권 발생 = <u>건물 인도</u> + <u>사업자등록</u> + 소액보증금 해당
(경매신청기입등기 이전 갖춤)

상가건물임대차보호법 시행령 제7조 제1항에 의한 최우선변제를 받을 보증금중 일정액의 범위는 다음과 같다.

● 최우선변제를 받는 소액임차보증금중 일정액의 범위

해당지역	소액임차보증금액 범위	최우선변제액
서울특별시	4,500만원 이하	1,350만원 한도
수도권중 과밀억제권역(서울시 제외)	3,900만원 이하	1,170만원 한도
광역시(군지역과 인천시 제외)	3,000만원 이하	900만원 한도
그 밖의 지역(기타지역)	2,500만원 이하	750만원 한도

최우선변제금액의 적용기준은 당해건물에 설정된 선순위 근저당권 설정일을 기준으로 하여 소액보증금의 해당여부를 판단하며 임차인의 사업자등록신청일이나 확정일자를 받은 날짜가 아니라는 것에 주의하여야 한다. 따라서 현재의 시점에서 상가건물을 임차했더라도 건물등기부등본상 근저당설정(1순위 저당)일자가 상가건물임대차보호법 시행(2002.11.1) 이전이라면 저당권자보다 최우선하여 소액임차보증금을 변제받지 못한다. 즉 상가건물임대차보호법 부칙 제2항의 규정에 의거 동법 시행 이전에 물권(저당권 등)을 취득한 제3자에 대하여는 그 효력이 없기 때문이다.

소액보증금의 변제한도도 건물낙찰가격의 3분의 1의 범위 내에서 변제받으며, 소액임차인이 여러 명인 때에는 3분의 1의 범위 내에서 소액보증금의 비율에 따라 안분 배당한다.

5. 상가 임대차의 기간

1) 임대차의 존속기간

임대차기간의 정함이 없거나 기간을 1년 미만으로 정한 임대차는 그 기간을 1년(최단기간)으로 본다. 다만, 임차인은 1년 미만으로 정한 기간이 유효함을 주장할 수 있다. 또한 임대차가 종료한 경우에도 임차인이 보증금을 반환받을 때까지는 임대차 관계는 존속하는 것으로 본다.(법 제9조)

2) 계약갱신요구권

① 임대인은 임차인이 임대차기간 만료전 6월부터 1월까지 사이에 행하는 계약갱신 요구에 대하여 정당한 사유없이 이를 거절하지 못한다. 다만, 임차인이 3기의 차임액에 달하도록 차임을 연체한 사실이 있는 경우 등 아래와 같은 사유에 해당하는 경우에는 계약갱신요구권이 인정되지 아니한다.

계약갱신요구권 거절 사유

㉠ 임차인이 3기의 차임액에 달하도록 차임을 연체한 사실이 있는 경우

㉡ 임차인이 거짓 그 밖의 부정한 방법으로 임차한 경우

㉢ 쌍방 합의하에 임대인이 임차인에게 상당한 보상을 제공한 경우

㉣ 임차인이 임대인의 동의 없이 목적 건물의 전부 또는 일부를 전대한 경우

㉤ 임차인의 임차한 건물의 전부 또는 일부를 고의 또는 중대한 과실로 파손한 경우

㉥ 임차한 건물의 전부 또는 일부가 멸실되어 임대차의 목적을 달성하지 못할 경우

㉦ 임대인이 목적 건물의 전부 또는 대부분을 철거하거나 재건축하기 위해 목적 건물의 점유 회복이 필요한 경우

◎ 그 밖에 임차인이 임차인으로서의 의무를 현저히 위반하거나 임대차를 존속하기 어려운 중대한 사유가 있는 경우

② 임차인의 계약갱신요구권은 최초의 임대차기간을 포함한 전체 임대
차기간 이 5년을 초과하지 않는 범위 내에서만 행사할 수 있다.

③ 갱신되는 임대차는 전임대차와 동일한 조건으로 다시 계약된 것으로
본다. 다만, 차임과 보증금은 이 법의 규정에 의한 범위 안에서 증감
할 수 있다.

④ 임대인의 동의를 받고 전대차계약을 체결한 전차인은 임차인의 계약
갱신 요구권 행사기간 범위 내에서 임차인을 대위하여 임대인에게
계약갱신요구권을 행사할 수 있다

6. 주택임대차보호법과 상가건물임대차보호법의 내용 비교

구 분	주택임대차보호법(1981.3.5)시행	상가건물임대차보호법(2002.11.1시행)
적용범위	– 사실상 주거용 건물 – 미등기건물, 무허가 건물 – 공부상 등재여부와 무관 – 미등기 전세에도 적용 – 일시사용 및 법인은 적용배제	– 사업자등록 대상인 영업용건물로서 일정보증금액 이하만 적용 – 미등기 전세에도 적용 – 일시사용은 적용 배제되며 법인은 적용됨
대항요건 및 대항력	• 주민등록(전입신고)과 주택인도 – 다음날 0시부터 대항력 발생	• 사업자등록신청과 건물인도 – 다음날 0시부터 대항력 발생
우선변제권	• 대항요건과 확정일자 갖춤 (등기소, 동사무소 등)	• 대항요건과 확정일자 갖춤 (관할세무서장)
최우선변제권	• 주택가액(대지포함)의 1/2범위내에서 일정액 이하의 보증금	• 상가건물가액(대지포함) 1/3범위내에서 일정액 이하의 보증금
최단기 제한	• 임대차기간 : 2년	• 임대차기간 : 1년
임차인의 계약갱신요구권	• 없 음(묵시적 갱신 인정)	• 기간만료 전 6월부터 1월까지 – 최초기간을 포함하여 5년 이내 – 단, 법정사유에 해당하면 불가
차임등의 증액 청구제한	• 약정한 차임의 1/20(5%) 이내	• 약정한 차임의 9% 이내
월차임 전환시 산정율 제한	• 연 14% 이내 (연 1할4푼 이내)	• 연 15% 이내 (연 1할5푼 이내)
보증금액 보호상한액	• 없음(무제한 보호)	• 있음(일정 보증금액이하 보호)

PART 5
권리분석

1. 말소기준권리와 권리분석

1) 말소기준권리(기준등기)

부동산등기부상 말소기준권리란 경매로 인해 대상부동산 상에 있는 모든 권리들이 인수되는 권리와 소멸되는 권리로 나누어지게 되는데 소멸되는 권리 중 제일 앞에 기준이 되는 권리를 말한다. 말소기준권리를 가려내기 위한 등기의 선·후순위 구분방법으로는 ① 동구에서 한 등기는 순위번호에 의하고 ② 별구에서 한 등기는 접수번호에 의한다. 다만 ③ 가등기를 한 경우에는 본등기의 순위는 가등기의 순위에 의한다.

2) 말소기준권리의 종류

경매에서 권리분석의 기준이 되는 말소기준권리로는 ① 근저당권(저당권) ② 담보가등기 ③ 가압류(압류) ④ 강제경매개시 기입등기를 말한다. 이외에도 공동주택(아파트, 연립 등)의 등기된 전세권중 전세권자가 ⑤ 경매를 신청한 선순위의 전세권(건물의 전유부분의 전부에 설정되어야 하며, 일부설정은 제외된다)도 말소기준권리가 된다.

통상 말소기준권리 또는 말소기준등기라고 부른다. 이러한 권리를 등기부에서 찾아 권리분석을 한다.

(1) 근저당권(저당권)

근저당권이 말소기준권리일 경우에는 근저당권보다 하위권리는 모두 말소되며 매수자에게 대항하지 못한다.

그러나 예고등기는 비록 후순위라 할지라도 말소되지 아니하며, 후일 본안소송에서 해당 등기자가 승소하게 되면 소유권을 상실할 우려가 있으므로 전문적인 상식이 없는 일반인은 입찰을 피하는 것이 좋다.

(2) 담보가등기

가등기는 ① 담보가등기와 ② 소유권이전청구권 보존가등기의 두 가지로 나눌 수 있다.

담보가등기[23]인지 소유권이전청구권 보존가등기인지는 등기부상으로는 제대로 파악하기 힘들 것이나 사전에 해당법원 경매계의 자료 열람시 매각물건명세서 등에서 가등기 권리자가 채권계산서를 제출했는지 여부를 보고 알 수가 있는데, 만약 가등기권자가 채권계산서를 제출하지 않았다면 법원에서는 이를 소유권이전 청구권 보존가등기로 취급하므로 반드시 확인이 필요하다.

가등기권리자가 경매법원에 채권계산서를 제출한 경우는 담보가등기로 보며, 채권계산서를 제출하지 아니한 경우는 소유권이전 청구권 보존가등기로 본다.

> **플러**
>
> 담보가등기도 소멸되지 않는 경우가 있다.
>
> 경매신청 전에 정산절차를 끝낸 담보가등기(재개발조합의 아파트 경매시)는 말소기준권리 보다 앞설 경우에는 말소되지 아니하므로 주의하여야 한다.
>
> 왜냐하면 정산절차를 끝낸 담보가등기는 채권자가 소유권이전 청구권 보존 가등기의 효력을 갖게 되며 매수자 인수사항이 된다. 그 이유는 정산절차를 끝낸 담보가등기는 법원에 채권신고를 할 수가 없게 되므로 소유권이전 청구권 보존가등기로 보게 되는 것이다.
>
> 또 한 가지 말소되지 아니하고 매수자에게 인수되는 가등기는 1984년 1월 1일 이전에 설정된 가등기이다. 이 시기 이전에 등기된 담보가등기는 우선 변제권은 인정하지 않고 순위보전 효력만 인정된다.

---

23) 담보가등기는 말소기준권리로 되는 경우가 거의 없다.

채 권 계 산 서

사건번호 :

채 권 자 :

채 무 자 :

　　위 사건에 관하여 배당요구채권자 ㅇ ㅇ ㅇ는 아래와 같이 채권계산서를 제출합니다.

년　월　일

　　　　채권자(배당요구채권자)　　　　　　　　　　(인)

　　　　　　연락처(☎)

　　　　　　ㅇㅇ지방법원　　　　　　　　　　귀중

아　　래

1. 원금　　　　원정

　(단　　년　ㅇ월　ㅇ일자 대여금)

1. 이자　　　　원정

　(단　　년　ㅇ월 ㅇ일부터　　년　ㅇ월　ㅇ일까지의 연 ㅇ푼의 이율에 의한 이자금)

1. 기타(집행비용 등 필요할 경우 기재)

　　합계 금　　　　　원정

☞ 유의사항

1) 집행법원의 제출최고에 의하여 제출하는 채권계산서에는 ① 채권의 원금, ② 이자, ③ 비용, ④ 기타 부대채권을 기재합니다.

2) 인지는 붙이지 않고 1통을 제출합니다.

┌─────────────── ●가등기에 대하여 ───────────────┐

1. 근거법 : 가등기 담보등에 관한 법률(1984.1.1 시행)

2. 제정목적 : 각종·변칙담보에 있어서 채권자의 폭리를 규제하기 위하여 제정된 법이
   다(민법 채권법 소비대차 607조, 608조의 특별법임).

3. 가등기담보란 채권자가 채무자에게 금전을 대여하면서 대물변제의 예약 또는 매매
   의 예약 등을 체결하고, 채무자소유의 부동산에 소유권이전 청구권 보존을 위한 가
   등기를 경료하고, 변제기까지 원리금을 지급하지 못할 경우에는 위 가등기에 기한
   소유권이전의 본등기를 경료하고 부동산을 명도받기로 하는 것임(금전소비대차에 한
   함. 매매대금 지급의 담보 등은 적용되지 아니함).

4. 가등기 종류 : 담보가등기, 소유권이전 청구권 보존가등기가 있다.

5. 가등기 담보권자의 담보권 실행 : 귀속청산, 경매청구의 2가지 방법이 있다.

6. 가등기담보권자의 권리로는 경매청구권, 우선변제권, 별제권[24]이 있다.
   임의경매 신청시 가등기담보권을 저당권으로 보고 가등기 담보권을 실행하여 채권을
   회수한다. 즉 가등기담보권을 담보물권으로 보며 담보물권의 통유성도 인정된다.

└──┘

(3) 가압류(압류)

가압류가 최선순위로서 말소기준등기일 경우에는 그 후로 소유권이전이 되었는
지 여부를 확인하여야 한다.

2003년 3월 이전에는 전소유자의 가압류가 말소되지 않고 낙찰자가 인수하였으
나, 2003년 3월 "법원실무제요(법원행정처)"에 의해 현소유자의 채권자가 경매 신
청한 경우에도 전소유자의 가압류가 말소된다. 단, 일부법원(대구지법)은 말소가
안된 경우가 있어 주의를 요한다. 다만, 전소유자의 가압류가 말소되기 위해서는

---

24) 별제권이란 파산재단에 속하는 특정의 재산에 대하여 파산채권자에 우선하여 채권의 변제를 받을 권리이다
(파산법 제84조). 즉 저당부동산의 소유자가 파산하면 저당권자 등은 별제권을 행사한다. 별제권이 인정되는 물권
으로는 유치권, 질권, 저당권, 전세권이며, 목적재산에 대하여 동 물권의 권리자는 별제권을 가진다.

전제조건이 따른다.

그 전제조건은 법원의 매각물건명세서상에 소멸되지 않는 권리에 가압류가 기재되어 있지 않아야 한다(매각물건명세서를 필히 확인).

전소유자 가압류의 말소에 대한 2003년 3월 이전의 규정

전소유자의 가압류는 말소되지 아니할뿐더러 매수자(낙찰자) 인수사항이 된다.

그러나 소유권이전 사실이 없고 가압류가 선순위로서 말소기준일 경우에는 가압류 이후의 모든 권리는 순위에 관계없이 비율하여 안분배당을 받게 된다.

- 이 경우에는 말소되지 않는 예고등기나 유치권을 잘 살펴보아야 한다.
- 가압류뿐만 아니라 압류 또한 전소유자의 압류는 매수자가 인수한다.

전소유자의 가압류가 말소되는 경우

① 전소유자의 가압류권자가 경매신청자일 때 말소 된다.

② 전소유자의 가압류 이전에 근저당이나 담보가등기가 설정되어 있을시 말소된다. 이 경우는 전소유자의 근저당권자나 현소유자의 근저당권자중 누가 경매를 신청했는지 여부와 관계없이 가압류는 말소가 된다.

③ 전소유자의 가압류 다음에 전소유자의 근저당이 설정되어 있는 경우에 이때 전소유자의 근저당권자가 경매를 신청하게 되면 전소유자의 가압류는 말소기준권리가 되며 따라서 낙찰 후 소멸되는 것이다.

●보전처분(가압류, 가처분)에 대하여

1. 가압류에 대하여

1) 근거법 : 민사집행법 제276조

2) 보전처분제도의 필요성

   채권자가 강제집행절차를 밟아 권리의 종국적 실현을 얻으려면 채무명의를 얻어야 하므로 많은 시일을 소요하게 된다. 그 사이에 채무자의 재산상태가 변한다든가 멸실, 처분 등으로 사실적 법률적 변경이 생기면 채권자는 많은 시일과 경비를 소비함으로 인하여 실질적인 만족을 얻을 수가 없게 된다. 이런 결과를 방지하기 위해 확정판결을 받기 전에 미리 채무자의 일반재산이나 계쟁물의 현상을 동결시켜 두거나 임시로 잠정적 조치를 명하는 재판을 보전처분이라 한다.

3) 가압류라 함은 매매대금, 대여금, 어음금, 수표금, 양수금, 공사대금, 임료, 손해배상청구권 등의 금전채권이나 금전으로 환산할 수 있는 채권을 가지고 있는 채권자가 채무자의 일반재산에 대한 장래의 강제집행을 보전하기 위하여 미리 채무자의 재산을 압류하여 재산의 현상을 유지하는 것을 목적으로 한다.

   예를 들면 부동산가압류, 유체동산가압류, 채권가압류, 자동차가압류 등이 있다.

   특히, 가압류한 이후 금전의 지급을 명하는 확정판결이 있게 되면 가압류는 본압류로 이전되어 가압류 재산을 강제집행할 수 있다.

2. 가처분에 대하여

1) 근거법 : 민사집행법 제300조

2) 가처분의 종류로는 다툼의 대상(계쟁물)에 관한 가처분과 임시의 지위를 정하기 위한 가처분이 있다.

3) 계쟁물에 관한 가처분이란 채권자가 부동산소유권이전, 말소등기청구권, 임차물인도 청구권 등과 같은 금전 이외의 물건이나 권리를 대상으로 하는 청구권을 가지고 있을 때 그 강제집행시 까지 계쟁물이 처분, 멸실되는 등 법률적, 사실적 변경이 생기는 것을 방지하고자 계쟁물의 현상을 동결시키는 보전처분이다.

4) 계쟁물의 가처분 종류로는 처분금지가처분(처분행위 금지)과 점유이전금지가처분(점

유이전행위 금지) 이 있다.

5) 가압류와 계쟁물 가처분의 차이점 비교

구 분	가 압 류	가 처 분
보전권리	청구권 보전	청구권 보전
청구권의 대상	금전채권	권리 등 비금전채권 (금전채권이 아님)
보전대상	채무자의 일반재산	채무자의 특정물건이나 권리

3. 보전처분(가압류, 가처분)의 소멸시효에 대하여

보전처분 집행후 10년내 소를 제기하지 아니하는 경우 채무자 또는 이해관계인의 신청에 따라 보전처분을 취소하도록 하던 것을 3년('05.1.27 법 개정)이 지나면 취소하도록 함으로써 가압류, 가처분을 한 후 이를 장기간 방치하는 사례를 방지하였다.

채권자가 채무자의 부동산을 가압류 등의 조치를 할 경우 채무자는 임대나 매매 등 재산권 행사에 어려움이 있으므로 보전처분 후 3년내에 본안소송을 제기하지 아니하면 채무자는 법원에 소멸시효(3년)를 이유로 가압류, 가처분의 취소를 신청할 수 있다 (민집법 제288조 및 제301조)

◎ 보전처분 소멸시효 개정경과 : 10년 → 5년 → 3년(현행)

(4) 강제경매개시 기입등기

경매물건 등기부상에 근저당권 및 가압류나 담보가등기 등이 없이 이루어지는 경매에서는 강제경매신청 기입등기가 말소기준권리(등기부의 "갑구"에 표기됨)가 된다.

그래서 기입등기 이전에 주택인도 및 전입신고한 임차인은 대항력이 발생한다. 즉 임차인에게 대항력이 있기 때문에 배당을 받지 못한 임차인은 모두가 매수자에게 대항할 수 있는 것이다.

말소기준권리가 되는 강제경매개시 기입등기 이전의 전세권이나 지상권도 매수자 인수사항이 된다. 다만 기입등기 이후에 전입과 확정일자로 대항력을 갖춘 임차인은 다른 권리기준과 마찬가지로 매수자에게는 대항하지 못한다.

이 권리는 주로 임차인만이 존재하는 사건에서 등장하게 되는데, 임차인이 주인에게 임차보증금을 반환해 달라고 요청 했으나 반환해 주지 않으면 이때에 소정의 절차를 거쳐 "강제경매신청"을 하는데, 이러한 경우에 발생하게 된다.

3) 예외적으로 인정되는 말소기준권리

(1) 구분건물의 독점 전세권(경매신청한 구분건물의 최선순위 전세권)

등기된 전세권중 아파트나 빌라(다세대), 연립주택에서 자신이 전유부분을 전부 임차하여 최선순위로 전세권 설정을 하고 그 이후 전세권자가 경매를 신청하였을 경우에 한하여 당해 전세권은 말소기준등기(권리)로 인정된다.

구분소유(구분소유권)한 구분건물은 건물과 토지에까지 전세권의 효력이 미친다. 그러나 구분 등기된 건물이 아닌 단독이나 다가구주택 등 일반건물에서는 건물에서만 전세권의 효력이 발생하므로(토지와 건물을 별개의 물건으로 간주)이러한 건물에서는 전세권이 말소기준등기(권리)가 되지 않는다.

(2) 구분건물 요해(집합건물의 소유 및 관리에 관한 법률)

가. 전유부분과 공용부분

① 1동의 건물의 일부분이 구분소유권의 객체가 되기 위해서는 그 건물부분의 "구조상의 독립성"과 "기능상의 독립성"을 가져야 한다.

② 집합건물의 어느 부분이 전유부분인지 공용부분인지 여부는 구분소유가 성립한 시점, 즉 당해 건물에 관한 건축물대장에 구분건물로 등록된 시점을 기준으로 판단하여야 하고, 그 후의 건물개조나 이용상황의 변화 등은 전유부분인

지 공용 부분인지 여부에 영향을 미칠 수 없다(대판 99다1345).

나. 대지사용권(대지권)

① 구분소유자의 대지사용권은 그가 가지는 전유부분의 처분에 따른다. 이때 대지에 대한 사용권은 소유권은 물론 지상권, 전세권이나 임차권도 될 수 있다.

② 구분소유자는 그가 가지는 전유부분과 분리하여 대지사용권을 처분할 수 없는 것이 원칙이나 규약으로 달리 정할 때에는 그러하지 아니하다.

③ 대지사용권을 갖지 아니한 구분소유자가 있을 때에는 그 전유부분의 철거를 구할 권리를 가지는 자는 그 구분소유자에게 그 구분소유권을 시가로 매도할 것을 청구할 수 있다(구분소유권매도청구권 행사, 매도가격은 시가임).

4) 말소기준권리에 의한 권리분석

선순위	인수되는 권리	인수주의	전세권, 지상권, 지역권, 임차권, 가처분, 소유권이전 청구권 가등기, 환매등기, 주택임차인, 상가임차인
	말소기준권리		저당권(근저당권), 가압류(압류), 담보가등기, 강제경매개시 결정등기, 경매신청한 선순위 전세권
후순위	소멸되는 권리	소멸주의 (소제주의)	전세권, 지상권, 지역권, 임차권, 가처분, 가등기, 환매등기, 주택임차인, 상가임차인
비 고	★ 유치권, 예고등기, 분묘기지권, 법정지상권, 토지인도청구권에 대한 건물처분금지가처분은 말소기준권리와 관계없이 항상 매수자에게 인수된다 (선·후순위 가릴 것이 없음)		

(1) 권리분석

권리분석이란 권리간의 우선순위를 다투는 것을 말한다. 권리에는 두 가지가 있다. 물권과 채권이 있는데 서로 경합이 되는 경우는 물권과 채권, 물권과 물권, 채권과 채권의 3가지 경우이다. 이를 권리의 3대 법칙이라 한다.

> ☞ **권리분석의 3대법칙**
>
> ① 물권과 채권 : 물권은 채권에 항상 우선한다(물권우선주의)[25].
>
> ② 물권과 물권 : 시간이 빠른 것이 순위나 효력이 우선한다.
>
> ③ 채권과 채권 : 시간과 순위에 관계없이 동등한 순위로 평등하다(채권자평등주의[26], 안분비례, 안분배당).

그리고 법원경매에 있어서 권리분석이란 경매물건의 부동산에 등기되어 있는 권리와 미등기된 권리 등을 포함하여 모든 권리들에 대해서 우선순위를 정하기 위해 분석하는 것을 말한다.

이렇게 권리간의 우선순위를 정해 놓아야 말소되는 권리에 대한 배당순서를 정할 수 있고, 낙찰자 입장에서 보면 인수되는 권리와 소멸되는 권리를 한 눈에 알 수가 있는 것이다. 권리분석을 할 때에 인수 또는 소멸권리를 가려내는 기준은 등기부에서 찾은 저당권 등의 말소기준권리이다.

경매사건은 민사사건으로서 당사자간에 해결되지 아니한 채권을 법원이 강제집행 민사절차에 따라 분쟁을 해결해 주는 것이므로 경매입찰시 권리분석이 잘못되었다 해도 법원에서 책임을 져 주지 않는다. 그러므로 모든 책임을 경매참여자의 자신에게 있으므로 본인이 알아서 권리분석을 하여야 한다.

권리분석을 하기 위해서는 분석에 필요한 최소한의 법 이론을 알고 있어야 한다.

---

25) 물권우선주의란 어떠한 물건위에 물권과 채권이 있는 경우에는 그 성립된 시기와 관계없이 물권이 우선하는 것을 말한다.

26) 채권자평등주의란 권리간의 우선순위를 정하는 것으로서 채권과 채권이 다투는 것과 같이 채권끼리는 그 성립 시기와 관계없이 동등한 순위로 평등하게 취급하고 있다. 이를 채권자 평등주의라 한다. 즉 부동산의 낙찰대금을 배당할 때에는 물권 상호간이나 물권과 채권 상호간에는 우선순위에 따라 배당하게 되나 채권상호간에는 자기 채권액에 비례하여 안분배당하게 된다.

즉 민법상의 물권과 채권, 민사특별법인 주택임대차보호법과 상가건물임대차보호법, 경매절차 및 보전처분(강류 등)을 정해 놓은 민사집행법, 등기부의 구성 및 소유권이전등기 절차 등을 정하고 있는 부동산등기법 등에 대한 전반적인 내용을 이해하고 있어야 권리분석이 가능한 것이다.

경매의 꽃을 낙찰후의 명도라고 대부분의 경매인들이 말하고 있지만 누가 뭐라 해도 경매의 기본이며 출발점은 권리분석이므로 이 부분을 게을리 한다면 영원히 경매를 정복할 수가 없다.

(2) 물권화된 채권

① 등기된 부동산 임차권

등기된 부동산 임차권은 채권이므로 반드시 등기를 하여야 하는 것은 아니지만 등기를 경료하면 물권화되기 때문에 후순위의 권리에 대하여 권리를 주장할 수 있는 것이다.

② 순위보전 가등기

소유권이전청구권 가등기는 본등기가 되면 가등기와 본등기 사이의 등기상에 설정된 권리는 소멸한다. 즉 순위보전 가등기가 설정된 이후에 소유권이전등기를 마친 상태에서 가등기에 기한 본등기를 하게 되면 소유권을 상실하는 것이다.

①소유자 등기(A) 2001.5.1 설정	②소유권이전청구권 가등기 설정(B) 2002.5.2 설정	③소유권이전등기(C) 2003.5.4 설정	④가등기에 기한 본등기 경료(B) 2004.5.6 설정

C 는 소유권 상실　　　　B는 ②번으로 소급하여 소유권 취득

③ 법률에서 특정채권을 물권으로 인정하는 경우(임차보증금)

주택 및 상가임대차보호법에 의한 임대차보증금의 경우 대항요건을 갖추어 임대차계약서에 확정일자를 부여 받은 경우에는 등기를 하지 않아도 물권화되어 후순위 권리자나 다른 채권자보다 우선해서 임차보증금을 변제하여 준다.

(3) 인수주의

인수주의란 말소기준권리 이전에 등기되어 있는 권리나 주민등록을 한 주택임차인 또는 사업자 등록을 한 상가건물 임차인은 경매로 인하여 소멸되지 않고 낙찰인이 인수, 부담하게 된다. 이들에 대한 권리는 법원의 배당금액에서 해결해 주지 않고 낙찰인이 부담(인수)하게 되는데 이것을 인수주의라 한다.

(4) 소제주의(소멸주의)

소멸주의(소제주의)에서 말소기준권리 이후의 권리들은 말소기준권리를 포함해서 경매로 인하여 전부 소멸된다.

즉 말소기준권리 이후의 등기되어 있는 권리나 주민등록을 한 주택임차인(또는 사업자등록을 한 상가건물 임차인)은 낙찰로 인해 전부 소멸된다. 이들의 권리는 법원의 배당금액에서 해결해 주며 낙찰인이 물어 주는 것이 아니다. 매각으로 인하여 모두 소멸의 대상이 되어 등기부상에서 말소되거나 낙찰인에게 대항할 수 없는 임차인으로 부담이 없는 권리가 된다. 이것을 소멸주의라고 한다.

(5) 환매등기

일반적으로 서울시나 주택공사에서 택지를 분양하고 일정한 기간 동안, 예를 들어 5년내에 집을 짓지 아니하면 다시 환수하는 조건으로 판매하는 경우가 있는데, 이를 환매권이라 하고 등기를 하여야 제3자에게 대항력이 있다. 환매권은 5년 이내에 행사하여야 하며, 5년이 경과한 후에는 행사할 수 없다. 일반적으로 환매가격이 정해져 있어 기재되어 있다.

(6) 예고등기

소유권말소 예고등기, 저당권말소 예고등기로서 말소가 되지 않고 항상 인수된다. 즉, 예고등기는 권리에 관한 공시를 목적으로 하는 등기가 아니므로 부동산의 부담으로 되지 아니하여 경매시 말소촉탁의 대상이 되지 아니한다.

좀더 구체적으로 설명하면 등기부상 권리중 부동산의 권리에 관한 공시를 목적으로 하지 아니한 것은 경매시 말소대상이 아니고, 해당부동산의 등기명의자가 말소등기를 신청할 수 있다. 따라서 예고등기 등은 부동산의 부담이 되지 않기 때문이다.

5) 근저당권과 권리분석

(1) 근저당권은 100%배당을 받지 못하고 극히 일부만 배당받고 채권액에 만족하지 못하여도 원칙적으로 소멸하게 된다. 즉, 경매비용과 근저당권보다 우선하는 권리가 모두 배당되고 일부만 배당되게 하여도 근저당권은 소멸되는 동시에 매각허가결정도 무잉여가 아니므로 가능한 것이다.

(2) 비록 극히 일부만 배당받고 소멸되는 근저당권이지만 그 이후 후순위권리들은 모두 따라서 소멸된다.(예고등기만 제외)

(3) 최초 선순위 근저당권이 소액일 경우에는 대위변제 가능성이 크므로 가능성 여부를 심사숙고하여 판단한다.

플러

최초 선순위 근저당권(소액일 경우)의 대위변제 가능성 여부

예를 들어 1번 근저당권(소액)/2번 임차인 5천만원/3번 임차인 5천만원/4번 근저당권 1억일 경우 이때 2번이나 3번 임차인이 대위변제하여 1번 근저당권을 말소시키고 나면 4번 근저당권이 말소기준등기가 되어 2번과 3번 임차인의 임차보증금중 일부이거나 전액을 인수해야할 경우가 발생한다. 즉 2번과 3번의 임차인이 대위변제로 인하여 대항력을 취득하게 된다.

(4) 최초 근저당권이 채권최고액까지 표기되어 있는데 알고 보니 이는 채무를 모두 변제한 상태인데 근저당권을 말소시키지 않아 존재하는 것으로 알고 권리분석을 하였다가 이러한 근저당권의 효력이 인정되지 않아서 인수권리가 발생하기도 한다.

이러한 때에는 반드시 법원의 매각물건명세서등을 통하여 잔존하는 채권액을 확인하여야 한다(입찰 후 알았다면 매각불허신청 사유가 됨).

즉, 근저당권의 실체가 문제가 되고 있다. 실제로는 존재하지 않는 근저당권이었으나 근저당이 존재하는 것으로 알고 응찰한 경우 근저당 뒤의 권리가 모두 말소될 것으로 알았으나 실제로는 존재하지 않는 근저당이었을 경우 낙찰자는 후순위 권리를 인수하는 경우가 있다. 이러한 경우를 대비하여 당일 법원경매시에 채권계산서 및 배당요구서 또는 근저당이 설정된 금융기관 등에 직접 확인하는 것이 필요하다.

(5) 근저당권과 공부와의 대조는 필수

단독주택의 경우에는 토지와 건물에 근저당권을 설정하여 수년이 경과한 뒤에 소유주가 구옥을 철거하고 새로 건물을 신축하였는데 아직 새로운 신축건물은 근저당권을 설정하지 아니한 상태에서 근저당권자가 경매를 신청한 사건이라면, 만약 "갑"이라는 사람이 낙찰을 받았다면 "갑"은 토지만의 소유권만 인정되고 신축건물에 대하여는 소유권을 행사할 수 없는 것이다.

즉, 신축건물의 법정지상권(경매로 인하여 건물과 토지의 소유주가 달라짐)에 의해 매수자 "갑"은 신축건물의 소유자에게 지료청구권만 행사할 수 있다.
따라서 공부(건축물대장, 등기부등본)대조는 필수사항이므로 절대로 간과해서는 안된다.

6) 실전 권리분석(1) 및 가치평가요령

(1) 정보지나 인터넷등에서 경매자료를 보고 먼저 말소기준등기를 찾아서 앞선 가처분, 예고등기나 소유권이전 청구권 보존가등기 등이 있는지 여부를 살핀다.

(2) 가등기가 선순위일 경우에 담보가등기인지 소유권이전 청구권 보존가등기인지의 여부를 알아본다.

(3) 인수할 권리와 인수할 대항력 있는 임차인을 찾아서 체크해 본다.

(4) 인수할 금액이 모두 얼마나 되는지 파악하여 최저가에 더하여 금액을 산출해 본 다음 시세와 비교해 본다.

(5) 임차인 개개인의 배당여부와 배당금액을 미리 살펴보아 일부라도 배당을 받는 임차인과 무배당 임차인으로 구분하고 인도명령 대상자를 파악한다.

(6) 말소기준등기의 채권금액 혹은 최선순위 권리의 채권금액을 살펴보아서 소액일 경우 대위변제 가능성 여부를 판단해 본다.

(7) 토지 등의 물건을 살필 때 맹지인지의 여부를 살핀다.

(8) 법정지상권 성립여부를 확인하고 반드시 토지와 건물의 소유자가 같은지 여부를 파악해 본다.

(9) 지분관계를 살펴보아야 한다.

(10) 농지취득자격증명이 필요한지 여부와 발급가능면적인지의 여부를 확인한다.

(11) 토지거래 허가지역인가 검토하고 취득목적에 대하여 행위제한은 없는 지역인가를 검토하여야 한다.

> 경매물건에 대한 권리분석 후 가치평가와 함께 자신의 자금과 합당한 물건인지, 기타 내용을 충분히 검토하여 답사여부를 최종 결정한다. 답사가 결정되면 비슷한 물건과 근거리의 다른 물건 3~4개를 추가로 선택해서 함께 답사를 하여야 비용도 절감되며 답사 후 그 중에서 제일 우수한 물건을 선택할 수도 있다.

---

27) 맹지도 경매로 잘사면 돈이 된다. 즉 도시계획도로가 개설 되는 등 개발이 진행되는 지역을 말한다.
28) 감정평가액이 턱없이 싼 경우일 때 지분일 수 있다. 지분은 경매로 사보아야 별 실익이 없다.

● 실전 권리분석 방법

– 공시된 권리분석(등기된 권리)과 ② 미공시된 권리분석(법정지상권, 유치권, 분묘기지권, 주택·상가 임차권)으로 나누어 분석하면 아주 편리하다.

권리순위	임차인의 권리분석	등기부상의 물권 등 권리분석
선순위 권리 (기준권리 보다 빠름) ↑	· 선순위 임차인에 대하여 ① 전입신고, 확정일자, 법원배당요구 신청유무 확인 결과 –모두 갖추었으면 법원배당이므로 매수자가 인수하지 아니함. 배당차액은 매수자 인수 –전입신고, 확정일자 갖추고 배당요구 안하면 대항력 있으므로 매수자가 인수함 ② 전입신고만 완료, 확정일자 없음 : 대항력이 있으므로 매수자 인수함 ③ 전입신고 빠르고 확정일자 늦어도 매수자가 인수함(대항력 있음)	· 선순위 등기부상 권리에 대하여 ① 등기부상 권리로서 기준권리 보다 빠른 선순위 가처분, 소유권이전 청구권 보존가등기, 선순위 예고등기는 말소가 안되고 매수자 인수함(인수주의 : 인수되는 권리) ※이외에도 입지분석, 물건분석, 수익성 검토, 낙찰후 임대 및 매각도 검토해 보는 것이 중요하다.
말소기준 권리	● 등기부상 가장 빠른 권리, 즉 아래의 ①~⑤번 중에서 최선순위 권리임 ① 근저당권(저당권) ② 가압류(압류) ③ 담보가등기 ④ 강제경매기입등기(일명 압류등기) ⑤ 전세권자가 경매를 신청한 선순위의 전세권(건물의 전유부분의 전부에 설정되어야 하며, 일부 설정은 제외) ※말소기준권리도 후순위 권리와 함께 배당 후 소멸하는 권리임	
후순위 권리 (기준권리 보다 늦음) ⇩	· 후순위 임차인에 대하여 ① 소액보증금 해당여부 확인 결과 –경매개시기입등기 이전에 대항요건(점유+전입신고)을 갖추고 소액보증금에 해당되면 최우선변제권 행사함. 배당요구로 법원에서 배당받음. 소액보증금에 해당되어도 배당요구를 안하면 한 푼도 배당받지 못함. 소액이라 해도 후순위 임차인은 최우선변제권만 있고 대항력이 없으므로 매수자 인수사항이 아님 –소액보증금에 해당되면 확정일자에 관계없이 배당요구로 배당이 되나, 만약 확정일자를 받은 경우는 최우선변제권과 우선변제권의 효력이 동시 발생됨. ② 후순위 임차인중 임차보증금을 한 푼도 못받고 나가는 가구가 있는지 여부 확인 (소액임차인 포함) : 입찰시 고려할 사항임 (명도대책 등)	· 후순위 등기부상 권리에 대하여 ① 등기부상 권리로서 기준권리 보다 늦은 후순위 가처분, 근저당권, 가압류, 압류, 후순위 소유권이전 청구권 보존가등기 등 등기부상 선순위 권리를 제외한 모든 권리는 무조건 말소됨(소제주의 : 소멸되는 권리). 다만, 예외적으로 후순위이라 할지라도 예고등기는 말소되지 않고 매수자 인수함, 즉 예고등기는 선·후 순위를 불문하고 언제나 매수자 인수 사항임. ② 토지인도청구권의 보전을 위한 건물에 대한 처분금지 가처분은 후순위라도 매각으로 말소되지 않고 매수자 인수함 ※이외에도 등기되지 않는 유치권, 법정지상권, 분묘기지권과 구분지상권, 미등기 대지권, 전소유자 가압류, 토지 별도등기 등에 대해서도 인수 여부를 검토하여야 함

7) 실전 권리분석(2)

(1) 근저당권, 담보가등기, 가압류, 강제경매기입등기 중에서 등기부상 가장 먼저 등기되어 있는 것을 말소기준권리로 정한다.

(2) 말소기준등기보다 앞선 지상권, 전세권, 가처분, 지역권, 소유권이전청구권 보존가 등기와 임대차 계약을 하고 전입과 점유를 말소기준등기보다 먼저 마친 임차인은 매수자가 인수부담 하여야 한다.

(3) 말소기준등기 보다 늦은 모든 권리는 예고등기와 토지인도청구권 보전을 위한 건물처분금지가처분을 제외하고 모두 말소(소멸)된다.

(4) 임대차계약 후 입주 및 전입신고와 확정일자를 부여받은 임차인은 우선변제 대상이다. 다만 이 경우 말소기준등기보다 빠를 경우 전액 보호를 받지만 후순위 임차인일 경우에는 순위에 의하여 배당을 받으므로 한 푼도 받을 수 없는 경우도 있으며 매수자에게 대항할 수도 없게 된다.

(5) 소액임차인은 경매개시 기입등기일보다 빠르게 조건을 갖추었을시 선순위와 후순위 가리지 아니하고 소액 최우선변제금을 우선하여 배당 받는다.

(6) 유치권은 등기할 수 없으므로 권리신고 여부를 가려 1차 파악하고 2차 현장답사에서 유치권을 행사할 만한 사람이 없는지 여부를 파악하여야 한다.

(7) 유치권은 신고 없이도 후일 매수자에게 유치권을 주장 할 수가 있다.

(8) 유치권도 물권이며 항상 매수자가 인수하게 된다.(유치권 성립시)

(9) 예고등기는 말소기준등기 보다 선순위이던 후순위이던 간에 등기부상에서 말소 되지 아니하고 매수자가 언제나 인수하게 된다.

(10) 대위변제 가능성 여부를 반드시 파악하라.

(11) 경매신청 채권자에게 무잉여로 배당이 없으면 경매가 취소된다.

(12) 지분 경매일 경우 공유자 우선매수신청 가능성이 많다.

8) 낙찰받은 후 부동산의 권리변동

　법원에서 부동산을 경매로 낙찰받은 후에 경매부동산의 권리가 어떤 이유로 인하여 변동이 생기는데, 그러한 경우에 해당되는 사례는 다음과 같다.

(1) 대표적인 것이 후순위 권리자가 선순위 권리자의 채권을 대위변제(빚을 대신 갚아 줌)하는 경우

(2) 낙찰받은 부동산에 대한 매각잔금을 법원에 납부하기 전까지 채무자가 채무를 갚는 경우

(3) 매각물건명세서에 대항력 있는 임차인이 없는 것으로 표시되어 있는데 낙찰 후에 조사해 보니 대항력 있는 임차인이 있는 경우

　낙찰받은 후에 위와 같은 사유로 인해 부동산의 권리변동이 생긴 때에는 즉시 법원에 이의신청을 하여야 한다. 그 방법으로는 낙찰부동산에 대한 매각허가결정 전에는 매각불허가신청을 하면 되고, 매각허가결정된 이후부터 매각잔금납부 전까지는 매각허가결정취소 신청을 하면 입찰시 납부한 입찰보증금을 돌려받을 수 있다.

9) 등기부등본 분석

　등기부는 건물등기부와 토지등기부로 이루어져 있고, 공동주택(집합건물)의 경우는 토지등기부가 따로 없이 건물등기부에 대지권(지분토지)이 함께 등기되어 있음을 주의하여야 하며, 단독주택의 경우는 건물 및 토지등기부가 따로 존재하므로 반드시 건물과 토지등기부를 각각 확인한다.

　등기부는 ① 표제부 ② 갑구 ③ 을구로 구성되어 있다. 을구는 해당사항이 없는 경우에는 생략되는 반면 표제부와 갑구는 반드시 존재한다.

　등기부등본을 볼 때 주의할 사항은 다음과 같다.

(1) 표제부(건물 및 토지의 표시)

소재지의 지번과 경매물건의 지번(주소)이 일치하는지 여부를 살피고 그 밖에 건물번호(아파트 등 집합건물의 명칭, 동, 호수) 그리고 해당 부동산의 면적을 살펴본다. 만약 등기부에 기재되지 않은 면적이 경매에 포함되었다면 주로 제시외 건물일 경우인데 이때는 경매감정가액에 포함되었는지 여부를 살펴야 한다.
최종적으로 시군구청의 토지대장, 건축물관리대장의 공부와 등기부의 표제부, 그리고 경매물건의 지번 등 사실관계가 일치하는지 대조 확인한다.

(2) 갑 구(소유권에 관한 사항)

등기부상의 소유자와 경매사건의 소유자가 일치하는지 여부와 등기목적란을 살펴 임의 경매신청이 기입되었는지와 접수일자, 그리고 강제(임의)경매 개시결정의 사건번호를 대조 확인하고, 그 밖에 예고등기나 가등기여부를 살피고 경매 신청자가 일치하는지 여부를 확인한다.

이와 같은 확인사항을 소홀히 하면 경매로 낙찰받은 물건이 예고등기나 소유권이전청구권가등기에 의하여 소유권을 상실할 우려가 있으므로 주의하여야 한다.

또한 부동산등기에는 부동산등기법상 공시력만 있고 공신력은 없다는 사실을 주의해야 한다. 등기부에 소유자로 등기된 것만 믿고 상대방과 거래한 경우에도 상대방이 실제로는 무권리자라면 매수인은 보호받지 못하는 것이다. 그 이유는 부동산등기의 공시력은 추정의 원칙에 따라 진정한 권리자라는 사실을 반증하면 소송에 의해 소유권을 빼앗기게 되기 때문이다.

(3) 을 구(소유권 이외의 권리)

등기부의 을구에서는 최초 근저당권 설정일자를 잘 살펴보아야 한다, 즉 최초의 근저당 설정일자는 권리분석을 하는 데 있어서 기준이 되는 권리(말소기준권리)이기 때문이다.
그러므로 설정일자와 경매사건 주택에 현재 살고 있는 임차인의 전입일을 비교하여 기준권리보다 날짜가 빠르면 선순위이고, 반면 늦으면 후순위에 해당하므로 이러한 방법으로 임차인의 권리관계를 알아보아야 한다.

10) 권리분석 실제사례

⑴ 법원경매로 부동산을 낙찰받은 실제 사례의 권리분석을 통해서 실전에서 도움이 되도록 하였다.

⑵ 낙찰받은 주상복합아파트 물건명세

사 건 번 호		2005 타경 58 ×××			
경매구분	강제경매(기일입찰)	채 권 자	신용카드(주)	경매 일시	2006.12.19
청 구 액	22,135,625원	채 무 자	홍길동	다음 예정	종결(배당완료)
용　도	주상복합아파트	소 유 자	홍길동	배당종기일	2006.1.26
보 증 금	12,800,000원	물건번호	단독물건	경매개시일	2005.10.14
주 소 감정평가서 정리	면적(㎡)	경매가(단위:원) 경매진행과정	법원 임차조사 경매사이트 세대조사	등기부상의 권리관계	
·주 소 　경기 수원시 ○○동 　○○○빌라트 401호 ·감정평가서 정리 －홈플러스 서측인근 －단독 및 다세대 혼재 －차량출입 가능 －버스정류소 인근소재 －도시가스 난방 －도시계획도로 접함 －2종일반주거지역 2005.11.24 감정평가	·대 지 47/1,836 (14.4평) ·건 물 131,76 (39.9평) 8층 아파트 '93.9.17 보존	·감정가 160,000,000 대지(40%) 64,000,000 건물(60%) 96,000,000 ·최저가(80%) 128,000,000 ·경매진행과정 160,000,000 유찰 2006.11.9 20%↓128,000,000 낙찰 2006.12.19 133,300,000 (83.3%) －응찰수:4명 －낙찰자:김철수 －2위응찰액: 132,800,000 허가 2006.12.26 배당 2007.2.28	·왕대보(임차인) 전입 1998.7.7 확정 2005.7.1 배당 2005.11.10 보증금 : 　30,000,000원 점유 2005.5.29 (2년, 방3) ·이진장(임차인) 전입 2005.7.7 확정 2005.7.7 배당 2005.11.10 보증금 : 　17,000,000원 ·경매사이트세대조사 전입 97.2.8 정일지 05.7.7 이기자 동사무소 확인: 06.11.1	저당권 씨티은행 99.5.28 102,000,000 저당권 씨티은행 99.11.16 34,500,000 저당권 씨티은행 2001.5.23 63,700,000 소유권 홍길동 05.4.20 전소유자: 이길동 강제경매 신용카드 05.10.19 청구액 : 22,135,625원 임의경매 씨티은행 05.11.18 열람 2005.11.22	
주택 규제사항	·주택투기지역(양도세 실거래가 과세) ·투기과열지구(분양권 등 전매금지)				

가. 경매사건의 개요

경매물건으로 나온 8층 규모의 주상복합아파트는 1993년에 건축되어 약 14년된 물건이다. 소유자겸 채무자 홍길동이 22,135,625원을 신용카드사에 상환하지 않아 2005.10.19 일자로 강제경매개시결정된 것이다. 경매진행과정을 보면 감정가가 1억 6천만원으로 1회 유찰되어 20% 저감된 경매 최저가 128,000,000원에서 입찰참가자 김철수에게 133,300,000원에 낙찰되어 2006.12.26 매가허가결정 확정으로 채권자 등에게 2007.2.28 배당이 종결된 사건이다.

나. 공시된 권리분석(등기부상 등기된 권리)

① 등기부에 등기되는 권리로는 저당권, 지상권, 지역권, 전세권, 가등기, 가처분, 가압류, 압류, 예고등기 등이 있다. 위 사건의 등기부상 등기된 권리는 시티은행의 저당권만 3건이다. 이중 말소기준권리는 저당권중 가장 빨리 등기된 1999.5.28일에 설정된 씨티은행의 저당권(채권액 존재)이다.

② 말소기준권리를 기준으로 볼 때 등기부상 선순위 권리가 없으므로 인수되는 권리는 없고, 말소기준권리를 포함한 후순위 저당권 2건과 강제경매 및 임의 경매기입등기 모두가 소멸되는 권리들이다. 등기부상 인수권리가 없으므로 입찰참가자는 부담이 없다

다. 공시되지 아니한 권리분석(등기되지 않은 권리)

미공시 권리로는 유치권, 법정지상권, 분묘기지권, 임차권 등이 있다.

위의 물건명세서상으로 볼 때 유치권의 권리신고도 없고, 법정지상권의 성립여지에 관한 사항도 기재되어 있지 아니하므로 임차권을 제외한 미공시 권리도 문제가 없는 물건이다.

라. 임차권 분석(등기되지 않은 미공시 권리)

① 임차권을 보면 임차인 2명중 선순위 임차인(세입자 : 왕대보) 1명이 말소기준권리 날짜 보다 빨리 전입되어 있다. 전입된 날자로만 판단하면 왕대보는 대항

력 있는 선순위 임차인으로서 낙찰자가 임차보증금 전액(30,000,000원)을 인수해야 한다.

그렇지만 확정일자를 받은 날이 2005.10.19 강제경매개시등기 이전인 2005.7.1일 이어서 배당요구를 하기 위해 성급하게 받은 것 같다.

또한 임차주택의 점유가 2005.5.29부터 2년으로 되어 있어 전입일부터 약 6년 동안 무상임차로 쭉 살아오다가 경매가 개시되니까 임차보증금을 4천만원 이하인 30,000,000원으로 하여 위장 임대차계약을 하고 소액임차인으로서 최우선변제권의 행사를 염두에 둔 것이 아닌가 싶다.

즉, 친척이나 지인의 집에서 그냥 공짜로 살아 온 것으로 보여진다. 무상임차는 선순위라 할지라도 보호를 못 받는다.

일반적으로 정상적인 임대차라면 경매개시를 전·후해서 절대로 임대차 계약을 다시 쓰지는 않는다. 이러한 경우는 대부분 위장임차인일 가능성이 매우 높으므로 꼼꼼히 따져서 낙찰을 받는다면 많은 수익을 올릴 수 있다.

위 선순위 세입자 왕대보는 배당기일 심문에서 채권자인 씨티은행의 이의제기로 무상임차인으로 밝혀졌다.

② 그리고 후순위 임차인 이진장이 보증금 17,000,000원에 전입되어 있다. 후순위 임차인에 대해서는 언제나 소액임차인에 해당되는지 여부를 살펴보아야 한다. 소액 임차인에 해당되면 후순위라 할지라도 보증금중 일정액을 받고 나가기 때문에 명도에 어려움이 없다.

세입자 이진장의 소액해당여부는 선순위 담보물권인 씨티은행의 저당권 설정일(1999.5.28)을 기준으로 따져 보아야 한다. 기준일로 볼 때 수원지역의 소액임차보증금이 2,000만원 이하이면 소액에 해당되므로 세입자 이진장은 최우선변제권을 행사할 수 있다. 그러나 임차인은 경매개시(2005.10.19) 약 2개월 전에 보증금 17,000,000원에 임대차계약을 하고 2005.7.7일자로 전입신고와 확정일자를 받았다.

통상적으로 경매개시 3~4개월전부터 법원의 집행관이 경매물건의 현장에 가서 임대차 및 현장조사 등을 하기 때문에 세입자들은 이 집이 경매된다는 것을 알게 된다. 그래서 이 물건은 경매개시 직전에 임대차 계약이 이루어졌으므로 집주인과 짜고 위장임대차계약을 체결했을 가능성이 매우 높다.

후순위 임차인 이진장도 배당기일에 출석하지 않았고 채권은행인 씨티은행의 이의 제기로 위장임차인으로 판명됐다. 위장임차인이 아니었다면 배당기일에 무슨 일이 있어도 출석했을 것이다.

그러므로 후순위 임차인이 일정액을 받는다면 명도하기가 쉽지만 대항력이 없어 보증금을 인수하지 않기 때문에 낙찰자 입장에서는 소액해당여부 등에 신경쓸 필요가 없다.

마. 권리분석 결론

결론적으로 동 물건의 권리분석을 종합해 보면 등기부상 등기된 공시권리는 모두 소멸하므로 낙찰받는 데 문제가 없다. 미공시 권리인 유치권, 법정지상권 등도 존재하지 않으므로 염려할 것이 없다. 다만, 2명의 선순위 및 후순위 임차인에 대한 여러가지 정황으로 볼 때 위장임대차의 징후가 있으므로 이를 어떻게 밝혀내느냐가 권리분석의 핵심이라고 본다. 항상 권리분석의 함정은 임대차에 있다는 것을 잊지 말아야 한다.

기타 공동주택의 경매시 대지지분(대지권)에 대한 등기가 정리되지 않아 흔히 나타나는 토지별도등기, 대지권미등기, 대지권 없음 등이 매각물건명세서에 기재되어 있지 아니하므로 별 문제가 없다.

2. 특수권리 분석

1) 구분지상권(경매에 거의 없음)

구분지상권이란 1984년 신설된 법(민법 제 289의2 참조)으로서 지하철이나 고가도로 등의 시설이 늘어나면서 지하와 지상공간의 상하 입체적 이용을 뒷받침하기 위하여 신설된 권리이다.

일단 이러한 목적으로 지상권이 설정되고 나면 토지의 사용에 제한을 받는다.

구분지상권의 목적으로 하기 위하여는 반드시 토지의 상·하의 범위를 정하여 등기하여야 하며, 수목소유의 목적은 불가하다.

2) 대지권미등기 · 대지권 없음 · 토지별도 등기

대지권미등기, 대지권 없음, 토지별도등기는 집합건물인 공동주택의 경매시에만 발생하는 권리이다. 단독주택이나 다가구주택에서는 발생하지 않는다.

(1) 대지권미등기

아파트, 연립, 다세대 등 구분건물(집합건물)에서 많이 등장하는 권리이다.
구분건물 등의 경매사건에서는 의외로 대지권 미등기 건물이 자주 등장 한다.
자신이 입찰 하고자 하는 물건이 대지권 미등기라고 표기되어 있다면 우선 감정평가 내용을 자세히 검토할 필요가 있다. 감정가에 토지가액이 포함되어 있는지 여부를 가려야 한다.
이러한 물건이 등장하는 원인은 주로 최초 입주자가 대지권 지분분할등기를 경료하지 않은 상태에서 다른 사람(현소유자)에게 전매 등으로 매도하였다가 현 소유자의 은행 근저당권이나 또는 채무에 의한 채권자로부터 경매신청을 당하여 발생하는 것이다.

그 외에 단순한 절차미비(대금미납 등)로 대지권이 미등기일 경우는 낙찰 후(경매 당시) 소유자명의로 일단 대위등기를 한 연후에 이를 다시 본인명의로 이전등기를 하면 된다.

따라서 대지권이 감정가에 포함되어 있으면 입찰이 가능하나, 포함되어 있지 아니하면 입찰에 신중을 기하여야 한다.

만약, 대지권의 가격이 감정가에서 제외되었을 경우에는 후일에 대지권 소유자가 구분소유권매도청구권을 행사할 수 있다. 구분소유권매도청구시 건물소유자(낙찰자)는 이에 응해야 한다. 또한 "대지권 없음"과 마찬가지로 대지권미등기도 등기 표제부의 대지권 표시란이 공란으로 되어 있다.

(2) 대지권 없음

아파트 등 공동주택 경매시 법원의 매각물건명세서에 "대지권 없음"이라고 기재되어 있으면 대지지분이 아예 없는 경우에 해당되므로 입찰시 주의하여야 한다. "대지권 없음"은 등기 표제부의 대지권 표시란이 공란으로 되어 있다. 주의할 것은 대지권 없는 아파트 등을 낙찰받을 경우 나중에 대지권 소유자가 구분소유권매도청구권을 행사하면 건물의 소유권을 잃을 수 있다.

(3) 토지별도등기(아파트 등 경매입찰시 자주 등장함)

최초 토지에 대하여 근저당권이나 기타 권리가 설정된 후 건물을 신축하여 분양 등을 하여 수분양자가 입주하며 건물에 (융자)근저당권 등을 설정한 후 새로운 담보설정 없이 건물의 저당권 등 채권자가 경매를 신청하여 발생하는 경매사건에서 등장하게 되는 용어로 이해하면 된다.

토지별도등기의 경우 건물의 근저당권자가 경매를 신청하면 토지의 권리(저당권) 등은 말소가 되지 않는다. 이러한 경우 법원의 매각물건명세서상의 특별매각조건 부분을 살펴보고 "토지의 근저당권 혹은 기타 권리는 매수자가 인수한다"라고 명시되어 있는가 여부를 알아본 후 입찰하여야 할 것이다.

(4) 대지권미등기 · 토지별도등기 · 대지권 없음의 내용비교(권리분석)

구분	대지권 미등기	토지별도등기	대지권 없음
용어 의의	건물의 구분소유자가 전유부분을 소유하기 위하여 건물의 대지에 대하여 가지는 권리를 대지권이라 함	토지별도등기란 토지에 건물과 다른 등기가 있다는 뜻임. 건물등기부에 "별도의 등기가 있다"라고 표시함	대지권 없음은 대지지분이 아예 없는 경우임(아파트 등)
발생 대상	구분건물, 공동주택(집합건물)	구분건물, 공동주택(집합건물)	구분건물, 공동주택(집합건물)
발생 원인	①최초 입주자가 대지권 지분분할등기를 경료하지 않음 ②집합건물을 신축, 재개발하면서 기존지번을 말소하고 새지번을 부여하면서 각 호수별로 대지권을 구분하여야 하는데 이를 지연 내지 미이행 –대지사용권이 없는 경우 : 사유지나 국유지상 건축된 건물 –대지사용권이 있으나 환지등의 절차의 미비로 대지권의 등기를 경료하지 못한 경우. 즉 대지권이 등기되지 않은 상태임	①집합건물은 토지와 건물이 일체되어 거래되므로 토지에는 대지권이라는 표시만 있고, 모든 권리관계는 전유부분(건물)의 등기부에만 기재되나, 건물을 짓기 전에 저당권등 제한물권이 있는 경우 토지와 건물의 권리관계가 일치하지 않음 ②공동주택 신축 당시 토지에 근저당권을 설정하여 대출받아 사용하고 대출금을 변제하지 못한 경우(이때 저당권을 풀고 세대별로 토지등기(대지권)를 해줘야 하는데 무시됨) ③근저당권이 설정된 토지에 건물만을 신축하여 분양했을 경우	① 대지지분이 아예 없으므로 특별한 발생요인 없음
입찰 전 권리 분석	• 대지권미등기는 대지권의 소유권을 취득하지 못함으로서 오는 철거 및 지료를 지급하는 문제까지 발생할 수 있기 때문에 철저한 권리분석이 필요함 • 어느 경우이든 입찰참여자는 "대지권미등기"가 있으면 반드시 대지권 가격도 감정평가 되었는지를 법원의 감정평가서를 통해 확인해야 함 • 대지권의 평가금액이 감정평가서에 포함되어 있다면 대지권도 경락으로 당연 취득됨 • 대지권의 가격이 감정평가에서 제외되었을 경우에는 후일에 대지권 소유자가 "구분소유권 매도청구권"을 행사할 수 있음	• 토지별도등기는 토지가 대지권으로 정리되기 전에 토지에 대해 저당권, 가압류 등이 설정된 후 집합건물이 건축된 경우임 • 토지별도등기의 경우 구분건물의 저당권자가 경매를 신청한 경우는 토지의 저당권은 말소되지 않음 • 감정평가서에 대지권의 지분이 포함되어 있어도 토지등기부상의 권리자가 배당신청을 한 경우에 한해 토지별도등기가 소멸됨 • 토지별도등기가 소멸되지 않는 경우에는 해당사건집행기록(매각물건명세서)에 표시하도록 되어 있음 • 토지별도등기가 용익물권(지상권, 전세권등)인 경우는 인수하며, 담보물권은 소멸함 • 토지등기부를 별도로 떼어 보고 인수되는 권리가 있는지 여부 확인(매각물건명세서)후 입찰여부 결정함	• 감정평가서에 대지권에 대한 가격이 포함되지 않은 물건은 자세한 내용을 알지 못하는 한 입찰에 참여하지 않는 것이 상책임 • 대지권없는 아파트를 싼 맛에 낙찰 받을 경우 대지권 소유자가 "구분소유권매도 청구권"을 행사하면 건물의 소유권을 잃을 수 있다는 점에 유의해야함.(매도 청구시 응해야하기 때문임) • 대지권미등기와 대지권 없음은 등기 표제부의 "대지권 표시"란이 공란으로 되어 있어 둘을 구별하기 어렵다. 구별요령은 대지권 미등기의 경우 감정평가액 중에 반드시 대지지분의 평가액을 포함하는 반면 대지권 없음은 감정평가액이 건물분만으로 구성되어 있음

3) 부합물(附合物, 소유권의 귀속문제)

(1) 부합물에 해당하는 경우(기존건물과 독립하여 별개의 객체로서 소유권의 인정여부로 결정)

부합(附合)이라 함은 소유자를 달리하는 수개의 물건이 결합하여 1개의 물건으로 되는 것을 말한다.

경매에서 부합물이라 함은 『부동산+동산』과 『부동산+부동산』으로 결합하여 훼손하지 아니하면 분리하기가 곤란하거나 불가능하고 그 분리에 과다한 비용을 요할 정도로 부착·합체되어 있을 때에 이를 한 개의 물건으로 보고 매수인(낙찰자)에게 소유권을 귀속시키는 경우를 말한다. 즉 부동산의 소유자는 그 부동산에 부합한 물건의 소유권을 원시취득하기 때문이다(민법 제256조). 판례에 의하면 "주유소의 지하에 매설된 유류 저장탱크는 토지에 부합된다"라고 하였다(대판 1995.6.29, 94다6345).

그러나 부합으로 소유권을 상실한 자에게는 보상하여야 한다. 주로 건물을 증축하거나 개축에 의한 증·개축분은 부동산인 건물에 부합한다.

부동산에 부동산이 부합된다고 해서 건물이 토지에 부합되지는 않는다. 다시 말해 토지와 건물은 별개의 부동산이므로 건물이 토지에 부합하는 일은 없다. 타인 소유의 건물을 증축 또는 개축한 경우에 그 증·개축부분이 기존건물에 부합되느냐는 그 부분이 독립성을 가지는지에 달려있다(대판 1994.6.10, 94다11606). 예컨대 임차인이 증·개축한 부분이 독립성을 가지면 증축한 자의 소유에 속하고 그 부분이 독립성을 갖지 않으면 기존건물에 부합되어 기존건물의 소유자가 그 부분의 소유권을 취득한다. 이때에는 각각 부속물매수청구권과 비용상환청구권의 문제가 발생한다. 그러나 1동 건물의 증개축 부분이 구분건물로 되기 위해서 구조상, 이용상의 독립성이 있고 구분소유권의 객체로 거래될 수 있으면 독립한 건물로서 부합물이 아니므로 기존건물의 소유자는 소유권을 취득하지 못한다.

임야에 식재되어 있는 미등기 수목은 부합물로 보아 매수자는 수목까지 소유할 수 있으며 만약 감정가액이 수목평가 포함이 아니고 평가외라 한다면 매수자는 수목의 소유권이 없는 것이다.

따라서 감정평가서상의 미등기수목 평가가 포함되었는지를 확인하는 것은 필수사항이다.

① 농작물의 경우 부합물이 되지 않고 경작자에게 소유권이 있는데 수확시까지 기다려야 한다. 무단 경작한 농작물의 경우도 마찬가지이다.

② 공장저당법에 의한 공장 경매물건 중 기계기구가 포함된다.

③ 이미 저당권이 설정된 이후에 부합된 부합물도 같은 효력이 미친다. 즉 저당권설정 후 증개축시 부합물인 증축분에도 저당권의 효력이 미친다.

④ 명인방법(누구의 것인지 표시한 것)을 갖춘 수목과 입목에 관한 법률에 의거 등기된 입목은 토지에 부합하지 않는다. 그러나 일반 수목 등은 토지에 부합한다.

⑤ 과수원의 수목은 일반수목처럼 평가 처리된다.

⑥ 농작물은 토지에 부합되지 않고 수확시까지 경작자의 소유[29].로 한다.

(2) 예외적으로 부합물에 효력이 미치지 않는 경우

① 부동산등기법 제140조 제1항에 의해 설정등기시 저당권의 효력이 부합물에 미치지 않는다는 내용을 함께 등기한 경우

② 그 외 토지를 임차한 자가 식재한 수목이나 기타건물, 공작물, 타인소유 토지, 건물, 제반물건은 부합물의 효력이 없다.

---

29) 농작물의 수확시기가 1개월 이내인 것 : 전소유자의 소유임, 1개월 이상인 것 : 경매로 취득한 매수자(낙찰자)의 소유가 됨

4) 종 물(타물건의 결합 : 부속 문제)

(1) 저당권의 효력은 종물에도 미치며, 설정후의 종물도 마찬가지이다

저당부동산에 대하여 압류(경매개시 기입등기)가 경료된 후에 저당권설정자(채무자 또는 담보를 제공한 소유자)가 해당 저당물로부터 수취한(얻은) 과실(법정과실 : 이자 또는 지료, 천연과실 : 열매, 우유 등)과 앞으로 수취할 과실에도 효력이 미친다.

산림(임야)의 소유자가 임야와 수목을 등기하고 저당을 잡힌 후에 수목을 반출하였다면, 이미 반출된 부분에 대하여는 저당권이 미치지 아니하나 나머지 부분에 대하여 "방해제거청구권"혹은 "방해예방청구권"에 의하여 반출을 금지시킬 수가 있다.

이때 저당권자는 이미 반출한 부분은 기한의 이익이 상실되었으므로 저당물 보충청구권을 행사하거나, 반출행위 자체가 불법행위이거나 채무불이행을 하기 위해 고의적인 것이라면 손해배상을 청구할 수가 있다.

저당권은 저당 목적물이 멸실되거나 훼손되었을 경우와 개발계획에 의해 수용되었다면 담보제공자(저당권설정자)가 받을 금전이나 기타보험금, 보상금, 손해배상금 등에 대해 저당권을 행사할 수 있는데, 저당권설정자가 받기 전에 압류를 해야 하며 배당요구종기까지 채권의 압류와 전부명령이 필요하다.

(2) 경매시 종물의 분석

어떤 물건에 대해 경제적 효용을 완전하게 하기 위하여 타 물건을 결합시켜 보조 형식으로 이용하는 데 있어서 성립되는 물건의 상호관계를 말한다.

예를 들면 본채와 헛간, 본채와 마당의 화장실 등이 그것인데 본채를 "주물"이라 하고 헛간이나 화장실을 "종물"이라 한다. 단, 여기서도 주물과 종물은 소유자가 동일하여야 한다. 따라서 저당권이 설정된 토지와 건물은 해당 토지내의 모든 부속시설 등에도 효력이 미치게 된다.

독립된 별개의 건물로서 저당권설정 당시 타인 명의일 경우 종물로 볼 수 없다. 판례는 관리 상호간이 주종의 관계라 해도 주물과 종물을 함께 취급을 인정한다. 마당(단독이나 구옥일 경우)에 따로 있는 화장실, 창고 등 기존건물 외에 별개의 건물이 존재하더라도 별개의 객체가 될 수 없는 부분은 종물로 보는 것인데 법원의 매각물건명세서 기록상 제시외로 분류되어 포함이거나, 혹은 경매외로 표기하는 데 자세히 살펴 볼 사항이다.

경매외 이며 제시외 건물이라면 법정지상권 여부를 살펴보고 입찰하여야 한다.

(3) 종물이론 정리

가. 종물의 의의

물건의 소유자가 그 물건의 상용에 공하기 위하여 자기 소유인 다른 물건을 이에 부속하게 한 때에는 그 부속물은 종물이다. 종물은 주물의 처분에 따른다(민법 제100조).

나. 종물의 요건

① 주물의 상용에 공(供)할 것

● 주물과 종물의 관계 예
ⓐ 배와 노 ⓑ 시계와 시계줄 ⓒ 안채와 사랑채 ⓓ 자물쇠와 열쇠 ⓔ 안경과 안경테
ⓕ 농장과 농구소옥 ⓖ 주유소에 설치된 주유기(판례) ⓗ 횟집의 수족관(판례)

② 밀접한 장소적 관계가 있을 것

③ 주물과 종물은 모두 독립한 물건일 것(법률상 독립한 물건이어야 한다).

④ 주물과 종물 모두 동일한 소유자에 속할 것(원칙)

단, 통설로 예외를 인정하는 경우가 있다. 인정되는 경우는 제3자의 권리를 해치지 않는 범위에서 다른 소유자에게 속하는 물건도 종물이 될 수 있다.

다. 종물의 효과

종물은 주물의 처분에 따른다. 즉, 종물은 주물과 분리하여 처분할 수가 없다.

5) 임차권등기와 전세권등기 비교

(1) 임차권등기

임차권등기명령에 의한 임차권등기를 마치면 임차보증금을 돌려받지 못하고 주소를 옮긴다 하더라도 대항력 및 우선변제권과 함께 집주인이 차일피일 미루며 보증금을 돌려주지 않을 경우 임차주택에 대하여 경매를 신청할 수가 있다.

임차권 등기명령을 신청하려면 우선 부동산이 소재한 관할법원에 가서 신청서를 작성 한 후 ① 임차주택의 등기부등본 ② 주민등록등본 ③ 임대차계약서 사본(주택을 일부 임차한 경우에는 점유하는 부분의 도면과 함께 부동산 목록 등 첨부)을 첨부하여 신청하여야 하며, 신청시 소요된 인지대 등 일부비용에 대하여는 후일 집주인(임대인)에게 반환요청을 할 수가 있다. 임차권등기는 임대인의 동의가 없어도 가능하다.

(2) 전세권등기

전세권등기는 임차권등기와는 다르게 반드시 임대인의 동의가 있어야 가능하다.

전세권등기를 하면 후순위 다른 권리보다 우선하여 전세금을 돌려받을 수 있으며, 전세권의 설정기간은 당사자합의에 의하여 최단 1년부터 최장 10년까지 정할 수가 있다.

특히, 전세목적물이 주택이나 상가일 경우에 주임법과 상임법의 보호를 전세권(물권)과 함께 중첩적으로 적용을 받는다. 다시 말해 민법에 의한 전세권설정 등기일자와 주임법과 상임법에 의한 대항요건을 갖춘 일자가 빠른 것을 먼저 보호해 준다.

- 설정기간이 명시되지 않은 전세권은 전세권당사자(임대인이나 임차인)가 언

제든지 일방의 해지통고로 종료되는데 통상 해지통고일로부터 6개월 후에 해지효력이 발생한다.

- 반대로 전세권의 존속기간이 있을 경우 전세권설정자가 전세기간 만료 6개월~1개월 전까지 전세권자에게 계약갱신을 거절한다는 의사표시가 없을 경우 해당 전세기간이 만료되는 시점에서 이전의 전세권과 동일한 조건으로 재설정한 것으로 인정하게 되는데 이러한 경우를 묵시의 갱신(법정 갱신)이라 하며 새롭게 전세권 설정등기를 하지 않아도 제3자에게 대항력이 생기며 기간은 정함이 없는 것으로 간주된다.

① 전세권이 선순위일 경우 매수자(낙찰자)에게 대항할 수 있고 인수권리이며, 전세권이 후순위일 경우 낙찰 후 소멸되며 매수자에 대하여 대항력이 없다.

② 전세권설정을 하려면 등기권리증과 임대인의 인감증명서, 전세계약서, 등기위임장 등의 서류가 필요하다.

③ 최선순위 전세권자가 직접 경매를 신청한 경우에는 매수자(낙찰자)가 인수하지 않는다(말소기준권리가 되어 낙찰 후 배당받아 소멸).

④ 최선순위 전세권은 법원의 경매절차에서 "배당요구"를 했으면 배당을 받고 전세권은 소멸하지만 "배당요구"를 하지 아니했을 경우에는 매수인에게 인수되는 권리이다(배당요구의 여부는 전세권자의 선택에 따름, 민집 91조).
즉, 최선순위 전세권의 매수자 인수여부는 법원의 매각물건명세서상의 배당요구 사실의 유무 확인으로 판단이 가능하다.

⑤ 전세권의 존속기간은 등기하여야 제3자에게 대항할 수 있다(부동산등기법 제139조). 등기하지 아니하면 전세권의 존속기간의 약정이 없는 것으로 간주한다.

(3) 임차권과 전세권의 차이점

구 분	임차권(채권적 전세)	전세권(물권적 전세)
민법상 권리	채권 (목적부동산을 사용, 수익하게 할 것을 청구)	물권 (목적부동산을 직접 지배)
민법적용	민법 채권법 임대차규정 적용 (민법 제618 내지 제654조까지)	물권법 적용
대항력	주택인도 + 전입신고 = 익일0시 대항력 발생	제3자에 대하여 언제나 대항력 있음
등기여부	미등기	등기완료
양도 · 전대여부	임대인 동의	전세권설정자 동의 필요 없음
사용대가	차임지급	전세금 지급
존속기간	최단기간 2년, 최장기간 20년	최단기간 1년, 최장기간 10년
전세금 · 임차 보증금 회수 권리	소액보증금 최우선변제권 부여	경매청구권, 우선변제권 부여
필요비, 유익비 부담여부	임대인 모두 부담	전세권자 : 필요비 부담(유지, 수선의무 있음) 전세권설정자 : 유익비 부담
필요비, 유익비 상환청구 여부	임차인 : 필요비, 유익비상환청구권 모두 있음	전세권자 : 필요비 상환청구권 없음, 유익비 상환청구권만 부여
부속물수거권, 부속물매수청구권 인정여부	부속물수거권 : 임차인 부여 부속물매수청구권 : 임대인(부동의시), 임차인(동의시)	부속물수거권 : 전세권자 부여 부속물매수청구권 : 전세권설정자(부동의시), 전세권자(동의시)

☞ 부속물수거권 : 원상회복, 부동산에 부속시킨 부속물 수거

부속물매수 청구권 : 부속물의 매수를 청구하는 것

6) 실전 가등기·가처분·예고등기

(1) 가등기

소유권이전 청구권에 의한 보존가등기는 주택 등이 매매를 통하여 매도인 "갑"과 매수인 "을"이 계약을 체결하고 잔금까지 모두 지불하였으나 매수인 "을"의 개인적인 사정이나 피치 못할 사정에 의하여 즉시 소유권이전등기를 하지 못할 경우, 이때 매도인의 이중매매를 방지하기 위하여 매수인이 후일에 발생할지도 모를 피해를 방지할 목적으로 가등기(소유권이전 청구권에 의한 보존가등기)를 하게 되는데 법원에서는 담보가등기나 소유권이전 청구권 보존가등기나 구별하지 아니하고 모두 "보존가등기"로 등기한다. 그 이유는 담보가등기가 부동산등기법에 별도로 정하여져 있지 않기 때문이다. 따라서 담보가등기라 하더라도 "보존가등기"로 기입되므로 만약 가등기가 선순위 권리일 때에는 반드시 법원의 매각물건명세서 등을 열람하여 채권신고서 제출여부를 확인한 후 판단하여야 된다.

여기서 주의할 점은 최선순위 담보가등기는 말소기준등기(권리)로서 말소되지만 최선순위로 등기된 소유권이전 청구권 보존가등기는 말소되지 아니하고 매수자 인수권리가 된다는 것을 간과해서는 아니 된다.

(2) 가처분(처분금지 가처분권자는 민사집행법상 이해관계인이 되지 않는다)

경매관련 가처분의 종류로는 ① 처분금지 가처분과 ② 점유이전금지 가처분이 있다. 처분금지 가처분이 등기되는 원인은 소유권이전 청구권 보존가등기와 흡사하다.

즉, 주택매매대금을 모두 지불한 매수자나 그 밖에 소유를 주장할만한 사유가 있는 사람들이 후일 그 소유를 주장하기 위하여 처분금지 가처분을 하여 처분을 할 수 없도록 한 뒤 후일 소송을 통하여 가처분 이후의 모든 권리를 말소시킴은 물론 등기부상의 소유자가 가처분된 부동산을 제3자에게 매각하더라도 소송을 통하여 승소 후 되찾을 수 있는 권리라고 알고 있으면 된다. 그리고 처분금지가처분권자는 경매시 이해관계인이 되지 않는다(민사집행법 제90조).

가처분(처분금지)등기가 되어 있는 물건은 신중하게 살펴보아서 가처분의 목적이 단순히 채권을 회수하기 위한 목적인가를 알아볼 필요가 있다.

특히 가처분 중에서 주의할 것은 토지소유자가 건물의 소유자를 상대로 건물을 철거하고 토지를 인도하라는 내용을 피보전권리로 하여 가처분을 한 경우에는 말소기준등기보다 늦은 후순위 권리일지라도 매각으로 소멸되지 아니하고 낙찰자에게 인수되는 권리이다. 즉 토지인도청구권의 보전을 위한 건물에 대한 처분금지 가처분은 매각으로 말소되지 않는다. 이외의 가처분은 말소기준등기보다 빠르면 인수되며, 말소기준등기보다 늦으면 말소된다.

☞ 점유이전금지 가처분이란?

점유이전금지 가처분이란 경매잔금 납부와 함께 인도명령신청을 하면서 후일 명도하여야 할 임차인이 제3자에게 전전대하거나 점유케 하여 새로운 명도 대상자가 발생할 것에 대비하는 것으로서 입찰물건의 매수자가 해당물건에 임차하여 거주하는 임차인 중 명도대상의 임차인을 대상으로 법원에 신청하는 것을 말한다.

(3) 예고등기

예고등기는 등기의 선·후를 따지지 아니하고 말소되지 않는다. 이 점을 항상 주의하여야 한다.

즉 예고등기가 있는 경우에는 확실한 소송 진행내용을 알아보고 후일에 소유권을 잃지 않고 예고등기가 말소되는 것인지의 여부에 따라 입찰여부를 결정하여야 한다.

 예고등기가 있는 물건은 가급적 피하는 것을 원칙으로 한다.

① 예고등기	② 근저당권	③ 예고등기
인 수	말소기준등기(권리) ――――――――― 선순위 ⬌ 후순위	인 수

말소기준등기 보다 빠른 ①번 예고등기나 늦은 ③번 예고등기 모두 말소되지 않고
매수자의 인수사항이 된다.

● **선·후순위 권리의 인수 또는 말소 사례연습**

① 전세권	② 말소기준등기	③ 전세권
(인 수)	선순위 ⬌ 후순위	(말 소)

① 소유권이전청구권 보존가등기	② 말소기준등기	③ 소유권이전청구권 보존가등기
(인 수)	선순위 ⬌ 후순위	(말 소)

① 임차권등기	② 말소기준등기	③ 임차권등기
(인 수)	선순위 ⬌ 후순위	(말 소)

그 밖에 말소기준등기보다 빠른 대항력 갖춘 선순위 임차인, 환매등기. 지상권, 지
역권, 가처분은 모두 인수되는 권리이다.

3. 특수물건 분석

1) 법정지상권 핵심정리

(1) 법정지상권이 발생하는 경우

① 토지 위에 차후에 등기가 가능한 건물(지상물) 등이 존재하면 법정지상권이 생긴다.

② 등기가 경료된 건물이나 혹은 건축물대장상에만 등재되어 있는 미등기건물과 토지의 소유자가 동일인이어야 법정지상권이 생긴다.

③ 건물이나 토지 중의 한 곳에 저당권이 설정되어 있다가 후에 경매로 건물이나 토지의 한곳만 소유자가 바뀐 경우에 법정지상권이 생긴다.

(2) 다음의 경우에는 법정지상권이 성립되지 않으므로 낙찰 후 지상물 철거를 청구할 수가 있다.

① 최초에 토지에만 근저당권이나 가등기 등이 설정되고 그 후 건물이 축조된 경우. 이 경우는 합법적 건물, 불법적 건물을 막론하고 건물철거를 요구할 수가 있다.

② 토지와 건물이 서로 다른 소유자인 상태에서 토지만 경매되어 매수자가 새로운 토지 소유자가 되었다면 기존 건물의 철거를 요구할 수가 있다. 이때 건물의 소유자가 지상권을 설정해 달라고 하든가 하여 토지 소유자와 협의를 통해 설정하든가 아니면 건물의 소유자에게 해당 토지를 매수하라고 하여 쉽게 처분하는 방법도 있는 것이다.

③ 반대로 법정지상권이 있는 건물을 경매로 매수한 경우에는 매수자는 건물을 계속 사용할 권한이 있으며, 다만 매매의 어려움이 있는데 토지 소유자에게

사정을 이야기하고 협조를 구하는 방법이 좋은데 이때 기간을 명시하는 조건으로 기간약정을 하여 매매하는 방법이 무난하다(기간의 약정이 없는 지상권은 법이 정한 ㅂㅂ정 존속기간을 적용받는다).

2) 유치권 심층분석

(1) 유치권이 있는 경매물건은 입찰자들이 꺼리는 물건이다. 따라서 상대적으로 입찰가가 많이 하락하는 경우가 대부분인데 사전에 유치권 관련자들을 상대로 자세한 정보를 얻을 수만 있다면 오히려 일반물건보다 유리할 수도 있으므로 합의점 여부와 유치권자를 보상하고도 일반 입찰물건보다 수익이 클 것으로 판단되면 입찰하여 볼만하다 할 것이다.

낙찰 후 유치권자와 합의시 채권금액을 협의하여 그 금액을 주고 명도해 줄 것을 요구할 때 반드시 유치권자가 이삿짐을 싸서 점유부분에서 나오는 날에 현장을 확인한 후 동시에 이행하여야 한다.

그 외에 유치권자가 아닌 제3자가 대리하여 점유하고 있을 때를 대비하여 반드시 유치권자 본인임을 확인함과 동시에 채권합의금을 전달하고 영수증을 받아야 한다.

그 밖에 유치권자와 합의에 의해 채권금액을 줄여서 처리하는 경우도 많으므로 무조건 요구대로 주지 말고 몇 번이고 타협을 시도하여 금액의 일부를 감액받는 것도 수익을 창출하는 하나의 방법인 것이다.

위에서 설명한 유치권의 처리방법은 유치권자의 채권금액을 협의·보상해 주는 것으로서 경매인들이 낙찰물건의 명도를 조속히 하여 명도비용과 시간을 줄이는 반면 소유권이전 및 매각, 임대 등으로 수익을 올리기 위하여 일반적으로 처리하는 통상적인 방법이다.

(2) 그러나 판례에 의하면 유치권은 유치권자가 피담보채권금액을 돌려받을 때
까지 유치물건(부동산)을 점유(인도거절)할 수 있는 권리이므로 낙찰자에게 피
담보채권액에 대한 변제를 청구할 수는 없는 권리이다.

유치권신고 부동산을 보는 안목

위 (1)번의 내용은 아마도 민사집행법 제91조 제5항에서 "매수인은 유치권자에게
그 유치권으로 담보하는 채권을 변제할 책임이 있다"고 규정하고 있는데서 발생하
고 있는 것이 아닌가 사료된다. 위 규정의 문구 그대로 해석하면 낙찰자가 유치권자
에 대하여 채권을 변제할 책임이 있는 것처럼 오해될 수 있지만, 판례와 학설은 (2)
번과 같이 채권변제의 책임이 없다고 해석하고 있다.

즉, 대법원1996. 8. 23. 선고 95다8713호 판결에 의하면, "민사소송법 제728조에
의하여 담보권의 실행을 위한 경매절차에 준용되는 같은 법 제608조 제3항(구법임.
현행 민사집행법 제91조 제5항과 동일한 내용임)은 경락인은 유치권자에게 그 유치권으
로 담보하는 채권을 변제할 책임이 있다고 규정하고 있는 바, 여기에서 변제할 책임
이 있다는 의미는 부동산상의 부담을 승계한다는 취지로서 인적 채무까지 인수한다
는 취지는 아니므로, 유치권자는 경락인에 대하여 그 피담보채권의 변제가 있을 때
까지 유치목적물인 부동산의 인도를 거절할 수 있을 뿐이고 그 피담보채권의 변제
를 청구할 수는 없다"고 판시하여 그 뜻을 분명하게 하고 있다

다만, 이 점에 대해서는 피담보채권의 변제를 청구할 수 있다고 보는 학설도 있다.

(3) 유치권의 특질

① 유치권은 점유를 상실하면 소멸한다.

② 유치권은 우선변제권(법원의 배당권리 없음)이 없다. 그러나 경매로 인하여 유치
한 물건이 집행되어도 매수자가 채권액을 변상해 줄 때까지 목적물의 인도를
거부할 수가 있으므로 점유를 하는 한 우선변제권과 같은 간접효력을 얻는다.

③ 유치권은 부동산이라 할지라도 등기를 요하지 않는다.

④ 유치권은 건축신축시의 공사대금이 주로 차지한다.

⑤ 유치권은 목적물의 물건과 관련하여 발생된 채권관계라야 성립한다.

⑥ 유치권은 점유하기 전에 발생된 건축비라 하더라도 완공 후 점유하면 성립된다.

⑦ 유치권은 불법에 의한 점유는 인정되지 않는다. 즉 적법한 점유이어야 한다.

⑧ 유치권은 직접점유이든 간접점유(전전대)이든 성립된다. 이 경우에도 점유를 상실하면 유치권도 상실된다.

⑨ 유치권은 목적부동산에 대하여 유치권자가 보존을 유지하기 위한 필요유익비를 지출한 경우에는 경매에 의해 매각된 금액(매각대금)에서 점유권자의 상환청구권에 의해 우선하여 상환받을 수 있는데 이때 각지출금액을 증빙할 서류를 갖추어 경매집행법원에 청구하여야 한다.

⑩ 유치권은 신고 안하더라도 낙찰 후 매수자에게 인수되는 권리이다.

> **플러**
>
> **대개 유치권을 위장으로 권리신고 하여 경매진행을 더디게 하고 있다.**
>
> 즉, 경매개시 이전에 유치권을 가짜로 만들어 신고하는 경우가 많은데, 이는 은행 등에서 정보를 획득하여 위장유치권을 만들기 때문이다. 이렇게 의심스러운 경매물건은 사전조사를 철저히 할 필요가 있다.

3) 실무차원의 유치권

유치권자가 해당 경매 목적물에 대하여 이해관계인이 되려면 권리신고를 해야 한다. 유치권자로서 정당한 권리를 가지고 있는 사람은 권리신고를 하지 않아도 후일 낙찰자에게 주장할 수도 있으나 유치권의 존재 사실을 인지하지 못했던 낙찰자와의 명도소송 등에서 입증 등 분쟁의 소지가 많을 것이다.

유치권 자체는 매우 까다롭고 엄격한 성립요건을 갖추어야 한다.

(1) 유치권의 성립요건

뚜렷한 성립요건이 없기 때문에 민법에서도 확실한 정의가 없다. 다양한 형태의 권리이므로 입증방법이 철저해야만 성립된다.

- 채권자체가 경매의 목적부동산에 대하여 발생한 채권이라야 한다(견련성).
- 유치권자가 목적 부동산을 적법하게 점유하여야 한다(적법한 점유).
- 채권이 변제기에 도달해 있어야 한다(변제기 도래).
- 유치권 배제특약의 부존재("원상회복을 한다"라는 약정이 없어야 한다).

  ☞ **유치권의 배제특약 판례** : 임차인이 임대차 종료시 건물을 원상복구하여 임대인에게 명도하기로 한 약정은 건물에 지출한 각종 필요비 또는 유익비의 상환청구권을 미리 포기하기로 한 취지의 특약이므로 임차인은 유치권을 주장할 수 없다(대판 95다12927).

① 점유는 직접점유이든 간접점유(임대 등)이든 인정된다.

② 간접점유일 경우 채무자의 동의 없이 점유를 이전하면 유치권은 채무자의 유치권소멸청구에 의해 소멸할 수도 있다.

③ 점유는 계속되어야 한다. 만약 점유를 상실하면 유치권은 그 즉시 소멸되기도 하지만 재차 점유를 하게 되면 권리회복이 된다. 유치권자가 채권액을 되돌려 받을 때까지 점유를 하여야 하는 것이다.

④ 점유는 적법하여야 한다. 무단점유나 불법점유는 인정하지 아니한다.

⑤ 채권이 변제기에 도달해 있어야 한다. 만약 변제에 대한 약정이 없다면 점유와 동시 유치권이 성립된다.

⑥ 유치권을 배제하는 특약이 있으면 성립이 배제된다. 즉, 계약서상에 기간 만료 후 "원상회복을 한다" 라는 조항 등이다.

⑦ 점유부동산이 반드시 채무자의 소유일 필요는 없다. 그러나 채권 자체는 점유하는 부동산에서 발생한 것이라야 성립된다. 이러한 경우는 채무자의 부동산에 대하여 유치권이 발생하고 점유를 하던 중 소유권이전 등으로 소유자가 바

꿰었을 경우 이다.

(2) 유치권의 종류

유치권의 종류로는 ① 필요비·유익비등 지출비용과 ② 공사대금이 있다.

가. 필요비와 유익비(지출비용)

목적 부동산의 임차인이나 점유자 그밖에 제3취득자가 해당 부동산에 대하여 현상 유지 또는 가치증가를 위하여 지출한 비용 등은 경매절차 중 위 비용을 기록하여 배당요구를 하며 "경락자"를 상대로 청구할 수 있다.

☞ 유익비를 부정한 판례 : 임차인이 오로지 자기의 영업에 필요한 시설을 하기 위하여 지출한 비용은 특별한 사정이 없는 한 유익비로 인정되지 아니한다(94다20389).

나. 공사대금

소유자(건축주)와 도급계약을 체결하고 해당건물에 대하여 신축이나 증축, 개축하거나 대수선을 한부분에 대하여 공사대금을 전액 변제받지 못하였을 경우에는 유치권자(공사한 자)는 해당 건물을 점유하고 대금을 변제받을 때까지 낙찰자를 상대로 유치권을 행사할 수 있다.

(3) 유치권의 행사방법과 효력

가. 유치권의 행사방법

유치권은 권리신고의 유무를 불문하고 정당한 유치권이 있는 자는 낙찰자에게 대항할 수가 있다.

배당요구종기일까지 권리신고를 한 경우에는 경매법원에서 유치권이 성립요건에 해당한다면 정당한 권원에 의하여 채권이 성립되며. 이에 대하여 입찰물건명세서상에 "유치권 신고 있음" 이나 "유치권성립여지 있음" 이라고 표기한다.

나. 유치권의 효력

유치권자는 채무자의 동의를 얻어 목적 부동산을 사용·수익하여 그 수익금을 채권에 충당할 수가 있다. 유치권은 경매청구권은 있으나 우선변제권은 없다.

입찰자는 유치권의 존재여부를 면밀히 알아보아야 한다. 신고한 유치권자가 유치권 성립요건에 해당되지 아니하면 다행이지만 그렇지 않으면 유치권의 원인 채권액을 낙찰자가 부담하여야 하기 때문이다.

경매실무에서는 유치권의 실체적 존부에 대하여는 경매법원은 관여하지 않고 있고 유치권으로 인한 다툼은 당사자 해결(소송 또는 합의)을 원칙으로 한다.

유치권 권리신고서

채권자 주식회사 ☆☆은행

채무자 주식회사 ☆☆철강

소유자 김 ○ ○

　　　　　권리신고액　　일금＿＿＿＿＿＿원(₩＿＿＿＿＿＿)정(개보수비용)

　위 당사자간의 귀원 99타경12345호 부동산담보권실행경매사건에 관하여 권리신고인은 위 경매목적부동산에 임차인으로 거주하면서 위 권리신고액에 상당하는 개보수비용을 지불하여 임대인(김○○)을 채무자로 하는 개보수 비용의 상환청구채권을 가지고 있는 바, 위 개보수비용 전액의 변제 수령시까지 본건 목적부동산을 점유하는 유치권을 행사하고자 아래 증빙서류를 첨부하여 유치권자로서의 권리를 신고합니다.

첨 부 서 류

1. 내부공사 계약서(공급자 장 ○○)	사본 각1부(총2부)
1. 내부공사도면	사본 1부
1. 공사대금 지불영수증	사본 각1부(총4부)
1. 내부공사 견적서(공급자 ○○주택)	사본 1부
1. 공사대금 지불영수증	사본 1부
1. 공사대금 지불영수증(공급자 ○○수리센타)	사본 각1부
1. 임대인 동의서	사본 1부

　　　　　　　　2○○○년　○○월　○○일

　　　　　　　　　　권리신고인(유치권자)　강 ○ ○ (인)
　　　　　　　　　　대 리 인 변호사　이 ○ ○ (인)

○○ 지방법원 귀중 (경매○○계)

위와 같은 서류를 첨부서류와 함께 해당법원 경매계에 제출한다.

4. 임차인문제 실전분석

1) 임차인의 권리

⑴ 전입신고와 주택점유(거주)로서 전입일 익일 0시(밤12시)부터 대항력이 발생한다.

⑵ 선순위 임차인이 대항력(대항요건)을 갖춘 후 확정일자를 부여받으면 확정일자를 받은 날을 기준으로 "우선변제권"의 효력을 얻게 된다.

⑶ 확정일자만 받아놓고 대항력을 갖추지 않았다면 임대차에 관한 아무런 효력이 없다.

⑷ 대항력과 확정일자를 갖춘 선순위 임차인이 배당요구를 안 하면 매수자의 인수사항이 된다.

⑸ 선순위 임차인은 배당요구를 하든지 안하든지 임차보증금의 피해가 없다.

⑹ 선순위 임차인이 배당요구를 하였으나 전액 배당을 받지 못하게 되면 나머지 차액은 매수자 인수사항이다.

⑺ 후순위라 해도 소액 최우선배당금은 받을 수 있다(소액배당표 참조).

⑻ 후순위 임차인 중 소액에 해당되지 아니하면 매각 대금 중 법원배당에서 전액 배당 받지 못하여도 매수자에게 대항하지 못한다.

⑼ 후순위 임차인은 모두 인도명령 대상이 된다(배당유무 관계없이).

⑽ 소액임차인은 선·후순위 불문하고 타 담보권자나 조세채권, 그 밖의 권리 등에 앞서서 배당을 받게 되는데, 이때 임금채권(최근 3개월치 임금/ 최종 3년치 퇴직금)은 소액 임차인과 동순위로서 우선하여 배당을 받는다. 이때에도 소액임차인이 많거나 소액최우선변제금이 매각대금의 절반을 넘게 되면 매각집행비용을 제외한 나머지 매각대금의 2분지 1를 넘지 않는 한도내에서 해

당자에게 안분 또는 임금채권과 함께 비율배당을 한다.(상가는 3분지1 범위내
에서 배당)

(11) 임차권등기가 이미 경료된 주택에 소액임차한 임차인은 소액최우선변제권이
없으며 배당도 받을 수 없다.

(12) 임차인이 저당권이 설정되지 않은 주택에 선순위로 대항력과 확정일자를 부
여 받고난 이후에 당해주택에 저당권이 새로 설정되고 임차기간이 만료되어
재계약시 임차보증금을 증액하였다면, 이때는 최초 증감전의 임차보증금액
만 보호된다.

2) 임차인 분석

(1) 선순위 임차인이 사망하였을 때에는 그 상속인에게 배당이 된다.

(2) 선순위 임차인이 사망하였으나 직계상속인은 없고 사실혼(동거)관계의 가족이
라 하여도 임차권 특별승계제도에 의해 보호받을 수 있다.

(3) 임차인이 경매에 참여하여 최고가 매수인이 되면 자신이 배당받는 금액만큼
은 상계처리하고 나머지만 납부하면 된다(일반 채권자도 배당액 만큼은 상계처리
가 가능하다).

(4) 미등기 옥탑방과 미등기 창고를 개조하여 주거하는 임차인도 조건을 갖추면
보호되며 대항력이 유지된다.

(5) 무허가 단독주택(구옥)의 임차인도 대항력을 갖추면 보호받는다.

(6) 선순위 임차인이 타 지역으로 주민등록을 옮겼다가 다시 재전입 하게 되면 재
전입일이 대항력 발생시점이 된다. 그러나 본인만이 타지로 전출하고 그 가족
(처, 자녀, 부모, 형제)등은 옮기지 아니하였다면 이는 선순위로 보호받을 수 있
으며, 만약 임차보증금중 일부만 배당 받게 될 경우에는 차액에 대하여는 매
수자에게 대항하여 청구할 수가 있다. 전액 배당받지 못하면 매수자가 전액

부담하게 되는 것이다.

⑺ 법원에 권리신고한 임차인이 말소기준등기 보다 후순위로서 매각물건 명세서 상에 기록되어 있다 해도 그의 가족이나 자녀 등의 전입일자가 말소기준등기 보다 빠를 경우에는 선순위 임차인으로 인정되어 매수자가 인수하게 된다(그러나 배당신청하여 배당받으면 인수되지 않는다). 이 경우 임차인 본인의 전입일이 말소기준등기 보다 늦어 후순위이지만 가족의 전입일이 기준등기보다 빨라서 선순위 임차인으로 의제된다. 즉 주민등록(전입신고로 갈음)에는 임차인 본인 뿐만 아니라 가족까지도 판례에 의해서 포함되기 때문이다.

⑻ 법인이 법인명의로 주택을 임차하였을 경우 임차인으로서 보호받지 못한다. 법인명의로 임차하여 직원의 주민등록을 전입하였다 하더라도 대항력이 없다 (상가 건물의 경우 법인명의로 임차하고 사업자등록을 완료하면 보호된다).

법인은 애초부터 자연인인 직원명의로 임대차계약서를 작성하여 확정일자를 부여받아야 우선변제 혜택을 받을 수 있다.

3) 임차인의 전입주소 관련문제

⑴ 임차인이 아파트나 연립, 다세대(빌라)등 구분 등기된 주택(구분건물, 집합건물) 을 임차하면서 명칭·동·호수를 잘못 기재하거나 번지만 기재하여 전입하면 보호받지 못한다.

⑵ 단독주택(다가구)등으로 건축한 건물에 임차인이 지번만 기재하여 전입하여 살던 중 후에 이 건물을 구분하여 다세대로 변경하여 개별경매로 나올 경우가 종종 있는데 이러한 경우는 지번만으로도 충분히 보호받을 수 있다.

⑶ 임차인 자신이 임차한 주택의 지번을 잘못 기재하여 전입하였을 경우는 매수 자에게 대항하지 못한다.

⑷ 여러 필지에 조성된 주택일 경우 하나의 주택에 여러 지번이 있을 경우가 있

는데 그중 한 개의 지번만 기재하여 전입하여도 대항력이 인정되어 보호를 받을 수 있다.

여러 개의 필지라 하더라도 필지 중에 주택이 소재하는 지번에 전입하여야 보호되며 마당으로 사용하든가 화단 또는 주차장으로 사용중인 필지의 지번을 기재하여 전입하면 배당에서 제외되며 대항력을 행사하지 못한다.

임차인이 전소유자 일 경우 대항력의 발생시점을 소유권이전 등기일을 기준하여 대항력을 인정받을 수 있다. 이 경우 비록 전입일은 빠를지라도 세입자로서의 임차인의 지위는 소유권이전 등기일을 기준하고 확정일자 부여일로부터 우선변제권이 생긴다.

PART 6
경매진행절차 및 입찰참가

1. 민사집행법에 의한 경매절차
2. 경매의 입찰참가 및 임장활동

1. 민사집행법에 의한 경매절차

〈경매의 전과정 경매절차 흐름도〉

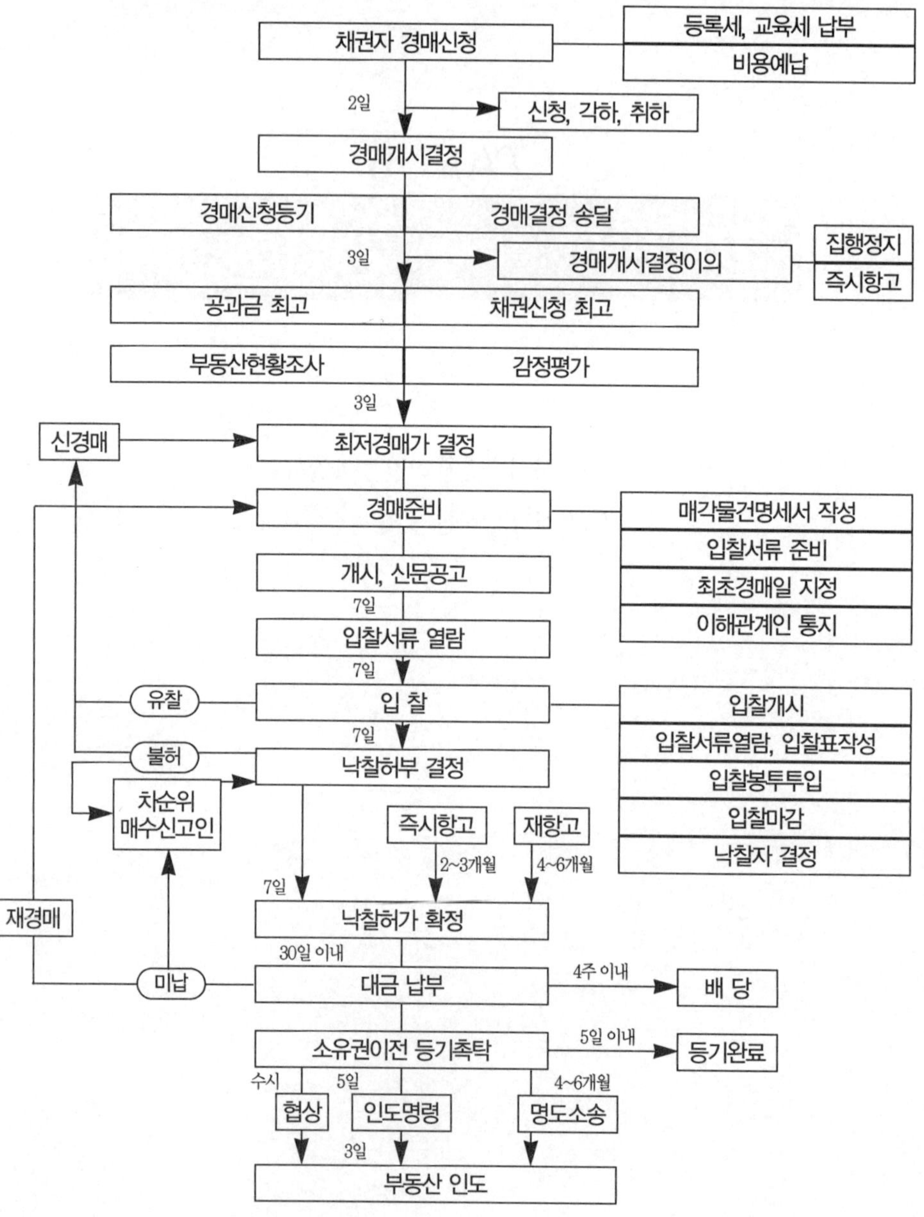

1) 부동산경매사건의 진행기간(법원예규)

순서	종 류	기 산 일	진 행 기 간
1	경매신청서 접수		접수 당일
2	미등기건물 조사명령	신청일부터	3일 안 (조사기간은 2주 안)
3	개시결정 및 등기촉탁	접수일부터	2일 안
4	채무자에 대한 개시결정 송달	임의경매 : 개시결정일부터 강제경매 : 등기필증 접수일부터	3일 안
5	현황조사 명령	임의경매 : 개시결정일부터 강제경매 : 등기필증 접수일부터	3일 안 (조사기간은 2주 안)
6	평가명령	임의경매 : 개시결정일부터 강제경매 : 등기필증 접수일부터	3일 안 (평가기간은 2주 안)
7	배당요구종기결정 배당요구종기 등의 공고 및 고지	등기필증 접수일부터	3일 안
8	배당요구종기	배당요구종기결정일부터	2월 후 3월 안
9	채권신고의 최고	배당요구종기결정일부터	3일 안(최고기간은 배당요구종기까지)
10	최초 매각기일 및 매각결 정기일의 지정·공고(신문 공고 의뢰) 이해관계인에 대한 통지	배당요구종기부터	1월 안
11	매각물건명세서의 작성, 그 사본 및 현황조사보고 서·평가서 사본의 비치		매각기일(입찰기간 개시일) 1주 전까지
12	최초 매각기일	공고일부터	2주 후 20일 안
13	새매각기일·새매각결정 기일 또는 재매각기일·재 매각결정기일의 지정·공 고 이해관계인에 대한 통지	사유발생일부터 공고일부터 매각기일부터 매각기일부터 최초의 대금지급기한 후	1주 안
14	새매각 또는 재매각기일	공고일 부터	2주 후 20일 안
15	배당요구의 통지	배당요구일 부터	3일 안

순서	종 류	기 산 일	진 행 기 간
16	매각실시		매각기일
17	매각기일조서 및 보증금 등의 인도	매각기일부터	1일 안
18	매각결정기일	매각기일부터	1주 안
19	매각허부결정의 선고		매각결정기일
20	차순위매수신고인에 대한 매각결정기일의 지정, 이해관계인에의 통지	최초의 대금지급기한 후	3일 안
21	차순위매수신고인에 대한 매각결정기일	최초의 대금지급기한 후	2주 안
22	매각부동산 관리명령	신청일부터	2일 안
23	대금지급기한의 지정 및 통지	매각허가결정확정일 또는 상소법원으로부터 기록송부를 받은 날부터	3일 안
24	대금지급기한	매각허가결정확정일 또는 상소법원으로부터 기록송부를 받은 날부터	1월 안
25	매각부동산 인도명령	신청일부터	3일 안
26	배당기일의 지정 · 통지 계산서 제출의 최고	대금납부 후	3일 안
27	배당기일	대금납부 후	4주 안
28	배당표 원안의 작성 및 비치		배당기일 3일 전까지
29	배당표의 확정 및 배당 실시		배당기일
30	배당기일조서의 작성	배당기일부터	3일 안
31	배당액의 공탁 또는 계좌입금	배당기일부터	10일 안
32	매수인 앞으로 소유권 이전등기 등 촉탁	서류 제출일부터	3일 안
33	기록 인계	배당액의 출급, 공탁 또는 계좌입금 완료 후	5일 안

위 표와 같이 매수인은 매각허가결정이 있은 후에는 매각부동산의 관리 명령을, 대금완납 후에는 인도명령을 각각 신청할 수 있다.

한편 경매법원에서 진행되는 부동산경매사건에 있어서 각 절차는 위 표에서 정하고 있는 기간내에 진행하고 있다.

2) 공매절차와의 경합

국세징수법에 의한 국세체납절차(공매)와 민사집행법에 의한 민사집행 절차(경매)는 각기 별도의 독립된 절차로서 상호간의 절차를 조정할 수 있는 법률이 없다. 즉, 공매와 경매절차를 별도로 진행한 후 양 매수인 중 먼저 소유권을 취득한 자가 진정한 소유자로 확정된다.

3) 채권자의 경매신청

(1) 의 의

채권채무관계에 있어서 변제기가 도래한 채무에 대한 채무변제의 의무를 이행하지 아니한 경우에 채권을 변제받기 위하여 채권자가 채무자 소유의 부동산 또는 보증인 소유의 부동산을 관할 경매법원에 강제로 매각하여 줄 것을 서면으로 신청하는 절차를 말한다.

(2) 경매신청의 종류

가. 강제경매 신청

부동산소유자를 채무자로 하는 채권을 가지고 있는 사람이 그 채권에 대한 집행권원(구, 채무명의)에 기초하여 신청하는 경매를 강제경매라 한다. 채무자의 범위에 연대보증인과 일반보증인 모두를 포함한다.

집행권원의 종류는 ① 확정판결 ② 이행판결(확인판결과 형성판결은 집행력이 없음) ③ 집행증서(公正證書[30]) ④ 확정판결과 같은 효력을 가지는 집행권원(소송상 화해조서, 제소전 화해조서(和解調書), 청구인낙조서, 조정조서) 등이 있다.

또한 차용증, 어음, 임대차계약서 등의 채권증서에 대하여 채무자가 집행력을 인정한 공정증서도 집행권원이 된다.

나. 임의경매 신청

부동산 소유자를 채무자 또는 물상보증인(담보물권설정자) 등으로 하는 (근)저당권 등의 담보물권자가 그 담보물권에 기초하여 신청하는 것이 임의경매인 것이다. 담보물권자는 담보권 실행을 위한 임의경매신청권이 있으므로 강제경매와는 달리 별도의 소송이나 확정된 판결문(채무명의)이 없이 바로 경매신청을 할 수 있다.

임의경매를 신청(실행)할 수 있는 담보권의 종류로는 ① 결산기(변제기)가 도래(만료)한 근저당권 ② 변제기가 도래한 저당권 ③ 변제기가 도래한 담보가등기권 ④ 변제기(계약기간)가 도래(계약만료)한 등기된 전세권 ⑤유치권 등이 있다.

(3) 경매신청시 첨부서류

가. 강제경매

① 강제경매신청서

② 집행력 있는 정본(공정증서 등)

③ 경매대상 부동산 목록

④ 부동산 등기부등본, 토지대장, 건축물관리대장

⑤ 송달증명서(집행권원, 집행문 등의 각종 증명서면)

⑥ 채권자(경매신청자) 주민등록등본

⑦ 경매비용예납서, 경매개시결정등기 등록세영수필확인서, 송달료납부서

---

30) 공정증서란 공증인이 스스로 작성한 공정증서로서 법정요건을 갖추어 집행력이 인정된 것을 말한다.

⑧ 기타 서류(대리인자격증명서, 위임장 등 부대서류)

나. 임의경매

① 임의경매신청서

② 근저당권설정계약서

③ 대출계약서, 대출금증서 등의 채권증서

④ 경매대상 부동산 목록

⑤ 부동산 등기부등본, 토지대장, 건축물관리대장

⑥ 경매비용예납서, 경매개시결정등기 등록세영수필확인서, 송달료납부서

⑦ 채권자 주민등록등본

⑧ 송달증명서(집행권원, 집행문 등의 각종 증명서면)

⑨ 기타 서류(대리인자격증명서, 위임장 등 부대서류)

부동산강제경매신청서

채 권 자 성 명 :
　　　　　주 소 :
채 무 자 성 명 :
　　　　　주 소 :

수입인지
5,000원

청구금액 : 원금　　　　원 및 이에 대한　　년　월　일부터 다 갚을 때까지 연　% 비율에 의한 금원
경매할 부동산의 표시 : 별지 목록 기재와 같음

경매의 원인된 채권과 집행할 수 있는 채무명의

채무자는 채권자에게법원　　가　　　　청구사건의 200　년　월　일 선고한 판결(또는　　공증인　작성　호 공정증서)의 집행력 있는 정본에 기하여 위 청구금액을 변제하여야 할 것이나 이를 이행하지 아니하므로 위 부동산에 대한 강제경매 절차를 개시하여 주시기 바랍니다.

첨 부 서 류

1. 집행력있는 정본 1통
2. 송달증명서 1통
3. 부동산등기부등본 1통

　　　　　　　　　　년　　　월　　　일

　　위 채권자　　　　　　　　　　　(인)
　　연락처(☎)

　　지방법원　　　　　귀중

☞ 유의사항
1) 이 신청서를 접수할 때에는(신청서상의 이해관계인 + 3) × 10회분에 해당하는 송달료를 송 달료수납은행에 현금으로 납부하여야 합니다.
2) 집행력있는 정본이 수개이면 그에 상응하는 인지를 붙여야 합니다.

부동산 목록

1. 서울 서초구 서초동 ○○번지
   대 ○○○평방미터(㎡)

2. 위지상
   철근콘크리트조 슬라브지붕 주택
   1층 ○○평방미터(㎡)
   2층 ○○평방미터(㎡)

3. 목록(아파트 등 대지권 표시 예)
   1동의 건물의 표시
      서울 서초구 ○○동 ○○ - ○
      ○○아파트 제○○동
      철근콘크리트조 슬라브지붕 ○○층 아파트

   전유부분의 건물의 표시
      건물의 번호 : ○○ - ○ - ○○○
      구   조 : 철근콘크리트조
      면   적 : ○ 층 ○○호 ○○.○○평방미터(㎡)

   대지권의 표시
      토지의 표시 : 1. 서울 서초구 ○○동 ○○ - ○
                  대 ○○○○평방미터(㎡)
      대지권의 종류 : 1. 소 유 권
      대지권의 비율 : ○○○○ 분의 ○○○

붙임【이해관계인 일람표 양식】

순 위	이해관계인	성 명	주 소
	채권자 채무자 소유자 근저당권자 전세권자 · · · ·	○○○ ○○○ ○○○ 주식회사○○은행 김 ○○	서울 동대문구 ○○○ 서울 광진구 ○○○ 서울 중랑구 ○○○ 서울 서초구 ○○○ 서울송파구 ○○동 ○○

부동산임의경매신청서

채 권 자　성 명
　　　　　　주 소
채 무 자　성 명
　　　　　　주 소

청구금액 : 원금　　　　원 및 이에 대한　　　년　　월　　일부터 다 갚을 때까지
연　　% 비율에 의한 금원
경매할 부동산의 표시 : 별지 목록 기재와 같음

담보권과 피담보채권의 표시
채무자는 채권자에게　　　년　　월　　일 금　　　　원을, 이자는 연　%, 변제기
일　　년　　월　　일로 정하여 대여하였고, 위 채무의 담보로 별지목록기재 부동
산에 대하여　　지방법원　　등기 접수 제　　　호로서 근저당권설정등기를 마쳤
는데, 채무자는 변제기가 경과하여도 아직까지 변제하지 아니하므로 위 청구금
액의 변제에 충당하기 위하여 위 부동산에 대하여 담보권실행을 위한 경매절차
를 개시하여 주시기 바랍니다.

수입인지
5,000원

첨 부 서 류

1. 부동산등기부등본　　　　　　　　　　　1통
2. 근저당권설정계약서(채권증서 또는 원인증서 포함)사본　1통

　　　　　　　　　　년　　　월　　　일

　　위 채권자　　　　　　　　　　　(인)
　　연락처(☎)

　　지방법원　　　　　귀중

☞ 유의사항
이 신청서를 접수할 때에는(신청서상의 이해관계인 + 3) × 10회분에 해당하는 송달료를 송달료
수납은행에 현금으로 납부하여야 합니다.
채권원인서면이란 차용증, 약속어음등 채권의 존재와 금액을 확인할 수 있는 서면을 말합니다.

부동산 목록

1. 서울 서초구 서초동 ○○번지
   대 ○○○평방미터(m^2)

2. 위지상
   철근콘크리트조 슬라브지붕 주택
   1층 ○○평방미터(m^2)
   2층 ○○평방미터(m^2)

3. 목록(아파트 등 대지권 표시 예)
   1동의 건물의 표시
     서울 서초구 ○○동 ○○ – ○
     ○○아파트 제○○동
     철근콘크리트조 슬라브지붕 ○○층 아파트

전유부분의 건물의 표시
   건물의 번호 : ○○ – ○ – ○○○
   구   조 : 철근콘크리트조
   면   적 : ○ 층 ○○호 ○○.○○평방미터(m^2)

대지권의 표시
   토지의 표시 : 1. 서울 서초구 ○○동 ○○ – ○
                대 ○○○○평방미터(m^2)
   대지권의 종류 : 1. 소 유 권
   대지권의 비율 : ○○○○ 분의 ○○○

순 위	이해관계인	성 명	주 소
	채권자	○○○	서울 동대문구 ○○○
	채무자	○○○	서울 광진구 ○○○
	소유자	○○○	서울 중랑구 ○○○
	근저당권자	주식회사○○은행	서울 서초구 ○○○
	전세권자	김 ○○	서울송파구 ○○동 ○○
·			
·			
·			
·			

부동산 일괄매각 신청

사건번호 :

채 권 자 :

채 무 자 :

　위 사건에 관하여 매각 목적 부동산들은 모두가 일단을 이루고 있는 부동산으로서 이들을 모두 동일인에게 매수시키는 것이 경제적 효용가치가 높을 뿐아니라, 이들이 분할매각됨으로써 장차 복잡한 법률관계의 야기를 사전에 예방하기 위하여 이를 일괄 매각하여 주시기 바랍니다.

년　　　월　　　일

　　위 채권자　　　　　　　　　　　　　　(인)

　　연락처(☎)

　　지방법원　　　　　　귀중

☞ 유의사항

수개의 부동산에 관하여 동시에 경매신청이 있는 경우에는 부동산별로 최저 입찰가격을 정하여 매각하는 개별매각이 원칙이나, 법원은 이해관계인의 합의에 구애되지 않고 일괄매각을 결정할 수도 있습니다.

4) 경매개시결정

채권자의 경매신청을 접수한 관할 경매법원은 경매신청서의 내용과 첨부
서류에 의하여 경매집행의 일반요건과 필요한 요건 등을 심사한 결과 신
청이 적법하면 강제(임의)경매개시결정을 하고 만약 요건에 흠이 있고 그
하자가 보정될 수 없는 것인 때에는 결정으로 경매신청을 각하한다. 보정
할 수 있는 것이면 그 보정을 명한다.

경매신청을 기각하거나 각하하는 재판에 대하여는 즉시항고할 수 있다.

보 정 서

사건번호 :

채 권 자 :

채 무 자 :

귀원의 보정명령에 대하여 다음과 같이 보정합니다.

다 음

1.

2.

3.

년 월 일

신청인 　　　　　　　　　(인)

연락처(☎)

☞ 유의사항

보정명령이 송달되면 흠결사항을 보정기간내에 하여야 합니다. 만약 그 기간을 어기면 불이
익을 받을 수 있기 때문에 보정이 어려울 경우에는 기간연장을 받는 등 처리경과를 해당 경매
계에 알려 주어야 합니다.

○○지 방 법 원
부동산강제경매개시결정

사 건   20 타경   부동산강제경매

채 권 자   ○○○

　　　　○○시 ○○구 ○○동 ○○

채 무 자   ○○○

　　　　○○시 ○○구 ○○동 ○○

주 문

별지 기재 부동산에 대한 경매절차를 개시하고 채권자를 위하여 이를 압류한다.

청 구 금 액

금 10,000,000원 및 이에 대한 2000. 3. 1.부터 완제일까지 연 5%의 비율에 의한 이자.

이 유

채권자가 위 청구 금액을 변제받기 위하여 ○○지방법원 20 가합 대여금 청구사건의 집행력 있는 판결정본에 기하여 한 이 사건 신청은 이유 있으므로 주문과 같이 결정한다.

20   .   .   .

판 사　　　　　　　　(인)

5) 경매개시결정등기의 촉탁 및 경매개시결정 정본 송달

법원이 경매개시결정을 하면 법원사무관 등은 즉시 그 사유를 등기부에 기입하도록 등기관에게 경매개시결정등기를 촉탁한다. 촉탁등기는 제3자에 대하여 그 부동산이 압류되었다는 것을 공시함으로써 제3자로 하여금 그 등기 이후에 권리를 취득하더라도 경매신청인이나 매수인에게 대항할 수 없도록 하기 위한 것이다.

채무자에게 송달되는 경매개시결정 정본은 촉탁등기 이전에 송달하면 매각부동산을 처분할 염려가 있기 때문에 실무에서는 개시결정촉탁등기가 등기부에 기재된 후에 경매개시결정 정본을 채무자에게 송달하고 있다.

○ ○ 지 방 법 원
강제경매개시결정 등기촉탁서

○○등기소 등기관 귀하

사 건　　　　　　　20　타경　　부동산 강제경매

부동산의 표시　　　　별지와 같음

등기권리자　　　　　○○○(　－　)

　　　　　　　　　　서울 ○○구 ○○동 ○○○

등기의무자　　　　　○○○(　－　)

　　　　　　　　　　서울 ○○구 ○○동 ○○○

등기원인과 그 연월일　　.　.　.자 강제경매개시결정

등기목적　　　　강제경매개시결정등기

과세표준　　　　금　　　　　원

등록세　　　　　금　　　　　원(지방교육세 포함)

등기신청수수료　금　　　　　원

첨 부　　　　　경매개시결정정본 1부

위 등기를 촉탁합니다.　(등본작성 :　.　.　.)

20　　.　　.　　.

법원사무관　　　　　　　　　(인)

접 수	.　.　.	처 리 인	접 수	조 사	기 입	교 합	등기필 통지	비 고
	제　　　호							

등 기 수 입 증 지 첩 부 란

6) 경매개시결정에 대한 이의

경매개시결정에 대하여 매각절차의 이해관계인은 이의로 불복신청을 할 수 있고, 이의의 재판에 대하여는 다시 즉시항고를 할 수 있다. 실무에서는 매수인도 이해관계인으로 취급되어 즉시항고가 가능하다. 즉시항고는 이의신청에 관한 재판을 고지(선고 또는 송달)받은 날부터 1주의 불변기간 이내에 집행법원에 항고장을 제출하여 제기하여야 한다.

개시결정에 대한 이의사유로는 절차상의 하자외에 담보권의 소멸 등이 있다. 담보권 중에서도 경매의 기본이 되는 (근)저당권의 부존재·무효(저당권설정등기의 원인무효), 피담보채권의 불성립, 변제, 변제공탁 등에 의한 소멸, 피담보채권의 이행기 미도래 등이 있다.

강제경매개시결정에 대한 이의신청

신 청 인(채무자)　ㅇㅇㅇ
　　　　　　　　(전화번호 · 팩시밀리번호 또는 전자우편주소)
　　　　　　　　ㅇ시 ㅇ구 ㅇ동 ㅇㅇ
상 대 방(채권자)　ㅇㅇㅇ
　　　　　　　　ㅇ시 ㅇ구 ㅇ동 ㅇㅇ

신 청 취 지

위 당사자간 귀원 20ㅇㅇ타경ㅇㅇ호 부동산강제경매사건에 관해서 20 ． ． ． 귀원이 행한 강제경매개시결정은 이를 취소한다. 채권자의 이 사건 강제경매신청을 각하한다. 라는 재판을 구함.

신 청 이 유

1. 채권자는 채무자인 신청인과의 사이의 ㅇㅇ지방법원 20 가합ㅇㅇ호 ㅇㅇ 청구사건의 집행력 있는 판결정본에 기하여 20 ． ． ． 귀원에 강제경매신청을 하여,
   20 ． ． ． 개시결정이 되어, 동 결정은 20 ． ． 채무자인 신청인에게 송달되었습니다.
2. 그런데 위 강제집행의 전제인 위 집행권원은 신청인에게는 송달되지 않았음에도 그 송달 전에 위 개시결정을 한 것은 민사집행법 제39조 제1항에서 정한 집행개시의 요건에 흠이 있는 것임에도 불구하고 행하여진 위법한 것이므로, 이의신청을 합니다.

20 ． ． ．

위 신청인(채무자) ㅇㅇㅇ(날인 또는 서명)

지방법원　　　　　　　귀중

7) 경매의 준비

경매개시결정등기가 기입되고 채무자에게 경매개시결정 정본이 송달되어 매각부동산에 대한 압류의 효력이 발생하면 집행법원은,

① 집행관에게 부동산의 현상, 점유관계, 차임 또는 보증금의 액수, 그 밖의 현황에 관하여 조사하도록 매각부동산의 현황조사를 명하고, 집행법원은 집행관의 현황조사보고서 등의 기재에 의하여 주택임차인 또는 상가건물임차인으로 판명된 자, 임차인인지 여부가 명백하지 아니한 자, 임차인으로 권리신고를 하고 배당요구를 하지 아니한 자에 대하여 법원에서 부동산의 매각절차가 진행중임을 통지하여 통지 받은 임차인은 배당요구의 종기까지 배당요구를 하여야 배당받을 수 있음을 고지하고 있다.

② 감정인으로 하여금 매각부동산을 감정평가하게 하고 그 평가액을 참작하여 최저매각가격(법정 매각조건)을 결정한다. 그러나 통상적으로 감정인의 평가액을 최저매각가격으로 정한다. 매각부동산의 감정평가는 평가 당시의 현황을 기준으로 평가한다. 즉 토지의 지목, 지적, 건물의 구조, 바닥면적 등에 관하여 현황과 공부상의 표시가 차이가 있을 경우에는 실제 현황에 의거 평가한다. 토지의 경우에는 비록 지목이 농지라 하더라도 택지화되어 있다면 택지로 평가한다.

감정평가의 대상으로는 매각부동산 자체, 토지에의 부합물, 건물에의 부합물, 종물(제3자의 소유는 제외), 대지권, 저당권실행 경매시 천연과실(지료, 집세 등 법정과실은 제외) 등이다.

③ 최저매각가격으로 우선채권자의 채권을 갚은 후 남을 가망이 없게 된 때에는 매각절차를 취소하며 남을 가망이 있으면 직권으로 매각기일과 매각결정기일을 지정, 공고, 통지하고 경매절차를 진행한다.

○○지방법원

주택임차인에 대한 통지서

귀하

사　건　　　20 타경　부동산강제경매
채 권 자　　　○○○
채 무 자　　　○○○
소 유 자　　　○○○
부동산의 표시 : 별지와 같음

1. 별지 기재 부동산에 관하여 위와 같은 매각절차가 진행 중임을 알려드립니다.

2. 귀하가 소액임차인 또는 확정일자를 갖춘 임차인인 때에는 다음 사항을 유의하시기 바랍니다.

　가. 귀하의 임차보증금이 수도권정비계획법에 의한 수도권 중 과밀억제권역(수도권정비계획법시행령 제9조 별표 1 참조)에서는 6,000만원, 광역시(군지역과 인천광역시지역을 제외한다)에서는 5,000만원, 그 밖의 지역에서는 4,000만원 이하이고, 주택임대차보호법 제8조 제1항 소정의 소액임차인으로서의 요건을 갖추고 있는 경우에는 배당요구종기인 20○○. ○. ○.까지 이 법원에 배당요구를 하여야만 매각대금으로부터 보증금 중 일정액을 우선변제받을 수 있습니다.

　나. 귀하가 주택임대차보호법 제3조 제1항 소정의 대항요건과 임대차계약서상의 확정일자를 갖춘 임차인인 경우에는 이 법원에 배당요구종기인 20○○. ○. ○.까지 배당요구를 하여야만 매각대금으로부터 후순위권리자 기타 채권자에 우선하여 보증금을 변제받을 수 있습니다.

　다. 배당요구는 임대차계약서(확정일자를 갖춘 임차인의 경우에는 임대차계약서가 공정증서로 작성되거나 임대차계약서에 확정일자가 찍혀 있어야 한다)사본, 주민등록표등본(임차인 본인의 전입일자 및 임차인의 동거가족이 표시된 것이어야 한다) 및 연체된 차임 등이 있을 때에는 이를 공제한 잔여보증금에 대한 계산서를 첨부하여 위 경매사건의 배당 요구종기까지 이 법원에 제출하여야 하고, 만일 배당요구를 하지 아니하거나 배당요구를 하더라도 임차권등기를 경료함이 없이 배당요구종기 이전에 임차주택에서 다른 곳으로 이사가거나 주민등록을 전출하여 대항요건을 상실한 경우에는 우선변제를 받을 수 없습니다. 다만, 배당요구의 종기가 연기된 경우에는 연기된 배당요구의 종기까지 대항요건을 계속 구비하여야 합니다.

3. 귀하가 소액임차인 또는 확정일자를 갖춘 임차인에 해당되지 않는 때에는 일반채권자와 마찬가지로 첫 경매개시결정등기 후의 가압류 채권자 또는 집행력있는 정본을 가진 채권자로서 가압류 등기된 등기부등본 또는 집행력있는 정본이나 그 사본을 첨부하여 배당요구종기까지 배당요구를 하거나 첫 경매개시결정등기 전에 가 압류집행을 한 경우에 한하여 배당을 받을 수 있습니다.

20○○년 ○월. ○일.

법원사무관　○ ○ ○

○○지 방 법 원
상가건물임차인에 대한 통지서

귀하

사 건　　　20 타경　부동산강제경매
채 권 자　　　○○○
채 무 자　　　○○○
소 유 자　　　○○○
부동산의 표시 : 별지와 같음

1. 별지 기재 부동산에 관하여 위와 같은 매각절차가 진행 중임을 알려드립니다.
2. 귀하가 소액임차인 또는 확정일자를 갖춘 임차인인 때에는 다음 사항을 유의하시 기 바랍니다.

　가. 귀하의 임차보증금(차임이 있는 경우에는 월단위 차임액에 1분의 100을 곱하여 산출한 금액과 보증금을 합한 금액)이 서울특별시에서는 4,500만원, 수도권정비계획법에 의한 수도권 중 과밀억제권역(서울특별시를 제외한다. 수도권정비계획법시행령 제9조 별표1 참조)에서는 3,900만원, 광역시(군지역과 인천광역시 지역을 제외한다)에서는 3,000만원, 그 밖의 지역에서는 2,500만원 이하이고, 상가건물임대차보호법 제14조 제1항 소정의 소액임차인으로서 요건을 갖추고 있는 경우에는 배당요구종기인 2000년　월　일까지 이 법원에 배당요구를 하여야만 매각대금으로부터 보증금중 일정액을 다른 담보물권자보다 우선하여 변제받을 수 있습니다.

　나. 귀하가 상가건물임대차보호법 제3조 제1항 소정의 대항요건과 임대차계약서상의 확정일자를 갖춘 임차인인 경우에는 이 법원에 배당요구종기인 20○○. ○. ○.까지 배당요구를 하여야만 매각대금으로부터 후순위권리자 그 밖의 채권자보다 우선하여 보증금을 변제받을 수 있습니다.

　다. 배당요구는 임대차계약서(확정일자를 갖춘 임차인의 경우에는 임대차계약서에 세무서장으로부터 받은 확정일자가 찍혀 있어야 한다)사본, 상가건물임대차보호법 시행령 제3조 제2항 소정의 등록사항 등의 현황서 등본 및 연체된 차임 등이 있을 때에는 이를 공제한 잔여보증금에 대한 계산서를 첨부하여 위 경매사건의 배당요구종기까지 이 법원에 제출하여야 하고, 만일 배당요구를 하지 아니하거나 배당요구를 하더라도 임차권등기를 경료함이 없이 배당요구종기 이전에 임차건물에서 다른 곳으로 옮기거나 사업자등록이 말소되어 대항요건을 상실한 경우에는 우선변제를 받을 수 없습니다. 다만, 배당요구종기가 연기된 경우에는 연기된 배당요구의 종기까지 대항요건을 계속 구비하여야 합니다.

3. 귀하가 소액임차인 또는 확정일자를 갖춘 임차인에 해당되지 않는 때에는 일반채권자와 마찬가지로 첫 경매개시결정등기 후의 가압류 채권자 또는 집행력있는 정본을 가진 채권자로서 가압류 등기된 등기부등본 또는 집행력있는 정본을 첨부하여 배당요구종기까지 배당요구를 하거나 첫 경매개시결정등기 전에 가압류집행을 한 경우에 한하여 배당을 받을 수 있습니다.

20○○년 ○월. ○일.

법원사무관　○　○　○

8) 배당요구의 종기결정 및 공고

경매개시결정에 따라 매각부동산의 압류의 효력이 생긴 때에는 집행법원은 배당요구를 할 수 있는 종기를 첫 매각기일 이전으로 정한다. 배당요구의 종기는 통상 첫 매각기일의 1월 이내로 정한다. 채권자가 채권에 대한 배당요구를 하면 매수참가를 희망하는 사람이 매수신고 전에 권리의 인수여부를 판단할 수 있고 법원으로서도 매각기일 전에 무잉여 여부를 판단할 수 있도록 함으로써 매각절차의 불안정을 해소하기 위하여 배당요구의 종기를 정하고 있는 것이다. 또한 배당요구 종기가 정해지면 그 종기를 공고한다.

9) 채권신고의 최고

집행법원에서는 ① 첫 경매개시결정등기전에 등기된 가압류채권자 ② 저당권, 전세권 그 밖의 우선변제청구권으로서 첫 경매개시결정등기전에 등기되었고 매각으로 소멸하는 것을 가진 채권자 ③ 조세 그 밖의 공과금을 주관하는 공공기관에 대하여 채권의 유무, 그 원인 및 액수(원금, 이자, 비용, 그 밖의 부대채권을 포함한다)를 배당요구의 종기까지 법원에 신고하도록 최고하고 있다. 매각절차에서 "채권신고의 최고"규정은 강행규정이 아니고 훈시규정이므로 이에 위반했다 해도 매각허가결정에 아무런 영향이 없으며 항고사유도 되지 않는다.

여기서 조세와 관련된 채권신고의 최고대상 공무소(행정기관)는 ① 경매할 부동산 소유자의 주소지를 관할하는 세무서 ② 부동산소재지의 시, 구(자치구), 군, 읍, 면 ③ 관세청장 등이다.

>
> ## ○○지 방 법 원
> ## 채권신고 최고서
>
> 귀하
>
> 사   건 20 타경   부동산강제(임의)경매
> 채 권 자
> 채 무 자
> 소 유 자
>
> 별지 기재 부동산에 대하여 . . . . 경매개시결정을 하였는바, 귀하가 채무자 또는 소유자에 대하여 가진 채권의 유무, 그 원인 및 액수(원금·이자·비용 그 밖의 부대채권 포함)의 내역을 배당요구 종기인 . . . .까지 이 법원에 신고하시기 바랍니다.
>
> 20   .   .   .
>
> 법원사무관   (인)

10) 매각물건명세서 · 현황조사보고서 · 감정평가서의 사본 열람

집행법원은 매각물건명세서가 작성되면 사본을 만들어 집행관의 현황조사보고서와 감정인의 감정평가서의 각 사본을 매각기일 1주일 전까지 법원에 비치하여 누구든지 열람할 수 있도록 하고 있다. 이는 매각부동산의 매수희망자들에게 사려는 부동산에 관한 정확한 정보를 제공하여 예측하지 못한 손해를 입는 것을 사전에 방지하기 위함인 것이다. 그리고 매각물건명세서의 작성에 중대한 하자[31]가 있는 때에는 매각허가에 대한 이의 및 매각허가결정에 대한 즉시항고를 할 수 있다.

---

31) 매각물건명세서상의 중대한 하자란 민사집행법 105조에 규정된 매각부동산의 표시, 부동산 점유관계, 매각으로 효력을 잃지 아니하는 매각부동산 위의 권리(매수인에게 인수되는 권리) 또는 가처분(토지소유자가 건물의 소유자를 상대로 건물을 철거하고 토지를 인도하라는 내용의 가처분), 배당요구하지 아니한 최선순위 전세권 등의 사항을 명세서에 기재하지 아니 했을 경우를 말한다.

○ ○ 지 방 법 원
매 각 물 건 명 세 서

사건	20　타경　　부동산강제(임의)경매 (　　타경　중복)	매각물 건번호		작성 일자	·　·	담임 법관	(인)
부동산의 표시, 감정평가액최 적매각가격, 매수신청의 보증 금액과 보증제공방법	별지 기재와 같음			최선순위 설정			

　　부동산의 점유자와 점유의 권원, 점유할 수 있는 기간, 차임 또는 보증금에 관한 관계인의 진술 및 임차인이 있는 경우 배당요구 여부와 그 일자, 전입신고일자 또는 사업자등록 신청일자와 확정일자의 유무와 그 일자

점유자의 성　명	점유부분	점유의 권　원	임대차기간 (점유기간)	보 증 금	차　임	전입신고일자 ·사업자등록 신청일자	확정 일자	배당요구 여부(배당 요구일자)

※ 위 최선순위 설정일자보다 대항요건을 먼저 갖춘 주택·상가건물 임차인의 임차보증금은 매수인에게 인수되는 경우가 발생할 수 있고, 대항력과 우선변제권이 있는 주택·상가건물 임차인이 배당요구를 하였으나 보증금 전액에 관하여 배당을 받지 아니한 경우에는 배당 받지 못한 잔액이 매수인에게 인수되게 됨을 주의하시기 바랍니다.

등기된 부동산에 관한 권리 또는 가처분으로서 매각으로 그 효력이 소멸되지 아니하는 것

매각에 따라 설정된 것으로 보는 지상권의 개요

비고란

※　1. 매각목적물에서 제외되는 미등기건물 등이 있을 경우에는 그 취지를 명확히 기재한다.
　　2. 매각으로 소멸되는 가등기담보권, 가압류, 전세권의 등기일자가 최선순위저당권등기일자
　　　　보다 빠를 경우에는 그 등기일자를 기재한다.

11) 매각기일 및 매각결정기일의 지정·공고

(1) 매각방법의 지정

부동산의 매각은 ① 매각기일에 하는 호가경매 ② 매각기일에 입찰 및 개찰하게 하는 기일입찰 ③ 입찰기간을 정하여 그 기간내에 입찰하게 하여 매각기일에 개찰하는 기간입찰의 세 가지 방법중에서 집행법원이 매각방법을 지정한다. 부동산의 경우 실무에서는 호가경매의 방법은 거의 이용되지 않고 기일입찰의 방법에 의해 진행되며 최근에는 기간입찰이 확대 시행되는 추세이다.

입찰이란 매수신청인이 서면(입찰표)으로 매수가격을 신청하여 그 중 최고가격을 신청한 사람을 매수인으로 정하는 방법을 말한다.

(2) 매각기일(입찰하는 날)

매각기일이란 집행법원이 매각부동산에 대한 매각을 실시하는 기일(날짜)을 말한다. 법원이 부동산을 매각하기 위해서는 매각기일과 매각결정기일을 지정하고 이를 공고한다. 매각기일은 집행법원이 연월일 시각을 특정하여 직권으로 지정한다.

(3) 매각결정기일(낙찰된 부동산의 매각허가·매각불허가를 결정하는 날)

매각이 실시되어 최고가매수신고인(낙찰자)이 있을 때 집행법원이 출석한 이해관계인의 진술을 듣고 매각절차의 적법여부를 심사하여 매각허가 또는 매각불허가의 결정을 선고하는 날(기일)을 매각결정기일이라 한다. 매각결정기일은 법원이 직권으로 정하며 매각기일로부터 1주 이내로 지정한다.

(4) 매각허가여부결정에 대한 이의신청과 즉시항고

가) 대위변제로 인하여 인수되는 권리가 새롭게 생겼을 때에는 이의제기 및 즉시항고를 하여 경매법원에 매각불허가결정을 신청한다.

나) 매각물건명세서상의 기록에 중대한 하자가 있을 때에도 매각허가에 대한 이의신청 및 매각허가결정에 대한 즉시항고를 할 수 있다.

이해관계인은 매각허가여부의 결정에 따라 손해를 볼 경우에만 그 결정에 불복하는 즉시항고를 할 수 있다. 매각허가여부(매각허가결정 또는 매각불허가결정)의 결정에 대한 불복방법으로는 즉시항고만 인정된다. 그러나 매각허가결정 후에는 매각불허사유가 존재하더라도 집행에 관한 이의제기로 그 시정을 구할 수 없으나 만약 "부동산매각허가에 대한 이의신청"이 제출된 불복은 이를 항고로 보고 처리하도록 대법원에서 결정한 사항이다. 다시 말해 즉시항고의 선행절차로 사법보좌관이 한 매각허가·불허가결정에 대한 즉시항고에 앞서 사법보좌관규칙에 따라 사법보좌관의 처분에 대한 이의신청절차를 먼저 거치기 때문에 이의신청서로 항고장이 갈음되는 것이다.

낙찰허부결정에 대한 항고는 통상항고가 아닌 즉시항고이므로 낙찰허부결정 일로부터 7일 이내(불변기간)에 원심법원에 항고장을 제출해야 한다. 항고심에서 기각될 때까지는 낙찰허가결정의 확정이 보류되므로 낙찰허가결정이 확정되지 아니하면 법원은 대금지급기일을 지정할 수 없다. 즉, 즉시항고의 확정차단의 효력 때문이다.

※ 민사집행법상 즉시항고가 허용되는 경우

　1) 강제집행신청을 기각하거나 각하하는 재판

　2) 경매개시결정에 대한 이의신청에 관한 재판

　3) 부동산의 멸실 등으로 경매취소 결정에 대한 재판

　4) 남을 가망이 없을 경우의 경매취소 결정에 대한 재판

　5) 직권에 의한 매각조건의 변경

　6) 매각허가결정의 취소신청에 관한 결정

　7) 매각허가여부의 결정에 따라 손해를 볼 경우 그 결정

　8) 매각허가여부에 대한 항고장을 제기하면서 보증을 제공하였음을 증명하는 서류를 붙이지 아니하여 각하한 결정

　9) 부동산인도명령신청에 대한 결정

매각허가에 대한 이의신청서

사건번호 :

채무자(이의신청인) :   ○시 ○구 ○동 ○번지

채권자(상대방)   :   ○시 ○구 ○동 ○번지

　위 사건에 관하여 다음과 같이 이의 신청합니다.

신　청　취　지

별지목록 기재 부동산에 대한 매각은 이를 불허한다. 라는 재판을 구함.

신　청　이　유

1.
2.

년　　　　월　　　　일

채무자(이의신청인)　　　　　　　　(인)

연락처(☎)

○○지방법원　　　귀중

☞ 유의사항

신청서에는 인지를 붙일 필요가 없고, 채권자(상대방)는 특정하지 않을 수도 있으며, 법원은 이 신청에 대하여 결정을 하지 아니할 수도 있습니다.

항 고 장

사 건 　　타경 　　호 부동산임의(강제)경매

항고인(채무자)　○ ○ ○

　　　　　　　　주소

위 사건에 관하여 귀원이 　　년 　 월 　 일에 한 결정은 　　년 　 월 　 일
에 그 송달을 받았으나, 전부 불복이므로 항고를 제기합니다.

원결정의 표시

항 고 취 지

원결정을 취소하고 다시 상당한 재판을 구함.

항 고 이 유

첨 부 서 류

1.

2.

　　　　　　　　　년 　　　　 월 　　　 일

　　　위 항고인

　　　연락처(☎)

　　○ ○지방법원 　　귀중

☞ 유의사항

1) 이해관계인은 매각허부여부의 결정에 따라 손해를 볼 경우에만 그 결정에 대하여 즉시항고를
할 수 있고 매각허가에 정당한 이유가 없거나 결정에 적은것 외의 조건으로 허가하여야 한다고
주장하는 매수인 또는 매각허가를 주장하는 매수신고인도 즉시항고를 할 수 있습니다.

2) 매각허가결정에 대한 항고는 민사집행법에 규정한 매각허가에 대한 이의신청 사유가 있다거
나, 그 결정절차에 중대한 잘못이 있다는 것을 이유로 드는 때에만 할 수 있습니다.

3) 매각허가결정에 대하여 항고를 하고자 하는 사람은 보증으로 매각대금의 10분의 1에 해당하
는 금전 또는 법원이 인정한 유가증권을 공탁하여야 합니다.

다) 매각허가결정에 대한 즉시항고시 보증의 공탁

매각허가결정에 대하여 항고를 하고자 하는 사람은 보증으로 매각대금의 10분의 1에 해당하는 금전 또는 법원이 인정한 유가증권을 공탁하여야 한다. 이는 무익한 항고를 제기하여 경매절차를 지연시키는 것을 방지하기 위하여 매각허가결정에 불복하는 모든 항고인에 대하여 보증금을 공탁하도록 하고 있다. 매각불허가결정에 대한 항고시에는 보증공탁을 요하지 않는다. 즉 매각허가결정에 대한 항고시만 보증의 공탁이 필요하다.

채무자 및 소유자가 제기한 즉시항고가 기각, 각하, 취하된 때에는 항고인은 보증으로 제공한 금전이나 유가증권을 반환받을 수 없으므로 그만큼 금전적인 손해를 감수해야 한다. 반면에 즉시항고가 인용된 경우에는 공탁한 보증금 전액을 회수할 수 있다.

12) 매각허가결정 확정

(1) 매각허가결정에 대한 항고가 없는 경우

매각허가결정일로부터 7일 후에 매각(낙찰)허가결정은 확정되고 확정일로부터 3일 내에 대금지급기일을 지정하고 낙찰자에게 대금지급기일통지서를 송달한다.

(2) 매각허가결정에 대한 항고가 제기된 경우

법원에서 항고가 기각된 후에 매각허가결정이 확정된다.

13) 매각대금의 지급(납부)

(1) 대금지급기한

매각대금의 지급의 방법으로 구 민사소송법에서는 대금지급기일제도를 채택하였으나 현행법인 민사집행법에서는 대금지급기한제도를 채택하여 매수인이 대금지급기한까지 언제라도 매각대금을 납부하고 소유권을 취득할 수 있도록 하였다.

법원은 매각허가결정이 확정되면 매각허가결정확정일 또는 상소법원으로부터 기록송부를 받은 날부터 3일 안에 대금지급기한을 정한다.

대금지급기한은 매각허가결정이 확정된 날부터 1월 안의 날로 정한다. 실무에서는 통상 확정일로부터 25일 ~ 30일 후의 날이 대금지급기한이 된다.

(2) 대금지급기한의 통지

집행법원은 대금지급기한을 정하면 최고가매수인과 차순위매수신고인에게 통지한다. 공동매수의 경우에는 공동매수인 전원에게 통지한다. 그러나 이해관계인이나 배당을 요구한 채권자에게는 통지하지 않는다. 통지의 방법으로는 대금지급기한통지서를 작성하여 송달한다.

○○지 방 법 원
대금지급기한통지서

귀하

사　　건　20　타경　　부동산강제(임의)경매
채 권 자
채 무 자
소 유 자
매 수 인
차순위매수신고인

　　아래와 같이 대금지급기한이 정하여 졌으니 지급기한까지 이 법원에 출석하여 매각대금을 납부하시기 바랍니다.
　　대금지급기한　　　　.　　.　　.　：　　　민사집행과

20　．　．　．

법원사무관　　　　　(직인생략)

※ 사건진행ARS는 지역번호 없이 1588-9100입니다. 바로 청취하기 위해서는 안내음성에 관계
　　없이 '1'+'9'+[열람번호 000999 2001 013 3334]+＊를 누르면 됩니다(광주·전남 지역에
　　서 타지역 사건조회 : (02)530-1234).

법　원		담　당	
소재지		전　화	

(3) 매각대금 납부

대금납부기한통지서에 의거 지정된 기한까지 매각대금을 현금 또는 자기앞수표로 납부한다. 대금을 납부하기 위해서는 법원 경매계에서 법원보관금 납부명령서를 발급 받아 법원의 청사내에 있는 금융기관의 지점 또는 출장소에 비치되어있는 법원보관금납부서를 작성하여 완납하는 때에 등기없이도 매각의 목적인 소유권을 취득한다.

(4) 매수인의 대금지급의무 불이행(매각대금 미납)과 집행법원의 조치

부동산의 매수인이 대금지급기한까지 매각대금을 법원에 납부하지 못하면 매수인은 매수인으로서의 지위를 상실하고 매수신청시 납부한 입찰보증금을 반환받지 못할 뿐만 아니라 재매각절차에서 매수신청을 할 수 없게 되는 등 그 손해가큰 것이다.

① 차순위매수신고인이 있는 경우

최고가매수신고인(낙찰자)이 대금지급기한까지 매각대금을 납부하지 않으면집행법원은 차순위매수신고인에게 매각허가여부의 결정을 하고 매각허가결정이 확정된 때에는 이후의 매각절차를 진행하며, 매각불허가결정이 확정되면 직권으로 재매각(재경매)을 실시한다. 여기서 차순위매수신고인에 대한 매각결정기일은 대금지급기한의 마지막 날부터 3일 안에 지정하고 그 마지막 날부터 2주 이내의 날로 정한다.

② 재매각(재경매)

최고가매수신고인이나 차순위매수신고인이 대금지급기한까지 법원에 대금을납부하지 아니했을 경우에는 법원이 직권으로 다시 재매각을 실시한다. 즉 재매각(재경매)은 매각허가결정확정후 매수인이 대금을 납부하지 아니하였을 경우에 실시하고, 새매각(신경매)은 매각허가결정이나 매각허가결정의 확정에 이르지 아니한 경우에만 실시하므로 이러한 점에서 재매각과 구별된다.

③ 매각대금지급기한이 지난 후 재매각(재경매)기일의 3일 이전까지 대금납부가
능최고가매수신고인과 차순위매수신고인은 매각대금지급기한이 지난 후 재
경매기일의 3일 이전까지는 매각대금과 연리 20%에 상당하는 지연이자, 절차
비용을 납부하고 소유권을 취득할 수 있다. 이 경우 최고가매수신고인과 차순
위매수신고인이 대금납부를 경합할 경우 먼저 납부하는 자가 소유권을 취득
한다.

14) 매각잔금 납부후 소유권이전

매수자(낙찰자)는 매각대금에 대한 잔금을 납부하면 바로 등기의 유무와
관련 없이 민법 제187조의 법률의 규정에 의해 소유권을 취득하게 된다.
그리고 잔금납부와 동시에 법원에 소유권이전 촉탁등기 신청을 한다. 즉,
민법 제187조에서 규정하고 있는 상속이나 판결, 공용징수, 경매, 기타법
률의 규정에 의한 부동산의 물건취득은 등기를 요하지 않는다. 그러나 등
기를 하지 않은 물건은 처분을 할 수 없기 때문에 등기절차를 이행해 두는
것이 좋다.

(1) 소유권이전 촉탁등기

법원에 촉탁등기를 신청하기 위해서는 아래의 서류를 첨부하여 신청서를 작성한
다.

필요한 양식은 모두 법원 경매계에 비치되어 있으므로 누구나 편하게 서류를 사
용할 수가 있다. 그러나 경매 초보자는 소유권이전 촉탁등기 신청을 법무사에 의
뢰하기도 한다.

① 부동산등기부 등본 1통(관할 등기소)

② 토지대장 원본 1통/사본3통(구 · 시청)

③ 건축물관리대장 원본 1통/사본3통(구 · 시청)

④ 주민등록등본(매수자)원본 1통/사본3통(주소지 읍 · 면 · 동주민센터)

⑤ 등록세 및 말소등기 등록세 납부필증(구 · 시청)

⑥ 대법원 증지(법원)

⑦ 국민주택채권 매입필증 산출내역서(국민은행)

⑧ 부동산목록 6부(등기부상 표제부 내용)

⑨ 말소할 등기목록 6부(등기부상 갑 · 을구의 소멸권리를 모두 적는다. 토지와 건
　　물 구분 작성)

이상의 서류를 구비하여 해당 경매계에 소유권이전등기 촉탁신청서와 함께 말소
등기신청서를 제출하게 되면 경매법원이 낙찰물건의 관할등기소에 등기를 촉탁
하여 준다.

(2) 말소할 등기대상

등기부상의 압류/가압류/근저당권/담보가등기/경매신청기입등기/후순위 전세
권/지상권/지역권/임차권등기/후순위 가처분/후순위 보전가등기/후순위 환매등
기 그 밖에 선순위이지만 소멸되는 전세권이나 기타 소멸되는 권리가 말소등기
대상이다. 즉 매수자가 인수하지 아니하는 권리는 모두 말소대상인 것이다.

말소할 등기는 경매물건 등기부의 갑구와 을구를 대상으로 갑구부터 시작하여
을구까지 말소권리를 빠짐없이 순서대로 목록표를 기재하면 된다. 양식은 법원
경매계에 비치되어 있다.

부동산소유권이전등기 촉탁신청서

사건번호   타경   부동산강제(임의) 경매

채 권 자

채 무 자(소유자)

매 수 인

　　위 사건에 관하여 매수인   는(은) 귀원으로부터 매각허가 결정을 받고
　　　　　년   월   일 대금전액을 완납하였으므로 별지목록기재 부동산에
대하여 소유권이전 및 말소등기를 촉탁하여 주시기 바랍니다.

첨부 서류

1. 부동산목록   4통
1 부동산등기부등분   1통
1. 토지대장등본   1통
1. 건축물대장등본   1통
1. 주민등록등본   1통
1. 등록세 영수증(이전, 말소)
1. 대법원수입증지 – 이전 9,000원, 말소 1건당 2,000원(토지, 건물 각각임)
1. 말소할 사항(말소할 각 등기를 특정할 수 있도록 접수일자와 접수번호) 4부 등

　　　　　　　년   월   일

　　　　　신청인(매수인)   (인)

　　　　　　연락처(☎)

☞ 유의사항

1. 법인등기부등(초)본, 주민등록등(초)본, 토지대상 및 건물대장등본은 발행일로부터 3월 이내의
   것이어야 함

2. 등록세 영수필확인서 및 통지서에 기재된 토지의 시가표준액 및 건물의 과세표준액이 각 500
   만원 이상일 때에는 국민주택 채권을 매입하고 그 주택채권 발행번호를 기재하여야 함.

15) 잉여주의와 경매신청(압류)채권자 매수신고

(1) 경매를 진행하는 물건이 입찰기일에 매각되었는바 우선 채권자가 신청당시에 지출한 경매비용(실부담액)과 선순위 채권(선권리의 모든 금액/임차인포함, 경매신청 채권자 보다 빠른 모든 채권, 즉 우선채권)을 변제하고 전혀 한 푼도 잉여의 가망이 없다고 판단되면 민사집행법 제102조 제1항에 의하여 집행법원은 이를 경매신청 채권자에게 통지한다. 이는 우선채권자와 압류채권자 보호가 목적이며 경매실익이 없는 무익한 경매를 방지하기 위함이다.

(2) 이때, 무잉여 통지를 법원으로부터 받은 경매신청 채권자는 그 통지를 받은 때로부터 7일 이내에 채권자 매수신고를 하여야 하는데 만약 채권자 매수신고를 하지 않으면 경매는 취소된다. 채권자 매수신고는 자신의 경매신청비용과 자신보다 우선하는 권리의 모든 채권액을 변제하고 잉여가 될 수 있는 가격으로 신청하여야 하며 채권자매수신고인이 보증금액(저감된 최저매각가격과 매수신청액의 차액)을 제공하고 나면 경매는 진행된다.

(예) : 경매신청비용 300만원+선순위 임차인보증금 합계 1억2천만원일 경우 채권자는 1억2천3백만원 보다 높게 매수신청을 하여야 한다.

그리고 경매가 진행되어 자신이 매수 신고한 금액보다 높게 응찰한 매수자가 있다면 최고가 매수자가 낙찰된 것으로 하지만 자신이 신고한 금액과 동일한 금액의 매수 신고인이 있다면 이때는 채권자 매수신고인이 최고가 매수인이 된다.

(3) 경매신청 채권자에게 무잉여가 되면 설사 낙찰이 된다 하더라도 결국은 매각불허가 사유가 된다(무잉여 사유).

(4) 만약 채권자가 사전에 채권자 매수신고를 하였다면 그 금액을 일반 입찰자도 알 수 있으므로 그보다 높게 입찰을 하면 낙찰을 받을 수가 있는데 그러한 경우에는 주변 시세 등을 반드시 확인하여 수익을 얻을 수 있는 경우에 응찰해야 할 것이다.

한편 채권자 매수신고인도 일반 입찰자와 마찬가지로 자신이 신고한 금액과는 별도로 최고금액으로 입찰에 응할 수가 있다.

⑸ 주로 선순위 권리자가 많거나 후순위 권리자가 경매를 신청한 경우에 발생하는 경우인데 실제 흔한 일은 아니므로 참고적으로 알아둘 필요는 있다.

⑹ 이외에도 입찰자는 권리분석시 경매신청 채권자의 잉여, 무잉여 유무를 살펴서 응찰하여야만 시간의 낭비를 막을 수가 있다.

자신이 응찰한 물건이 무잉여로 낙찰불허가 된다면 자신의 입찰보증금은 되돌려 받을 수는 있지만 절차에 의하므로 기간만큼 손실이 있다.

16) 경매법원 관할지역

법원명	지원명	관할시·군	법원명	지원명	관할시·군
서울	중앙	서초, 강남, 관악, 종로, 중구, 성북, 동작	부산	부산	사하, 북부, 진구, 영도, 남구, 사상, 동구, 강서, 서구, 수영
	동부	강동, 송파, 성동, 광진		동부산	동래, 금정, 해운대, 연제, 기장군
	서부	은평, 마포, 서대문, 용산	울산	울산	울산, 양산
	남부	강서, 양천, 구로, 금천, 영등포	창원	창원	창원, 김해, 진해, 함안, 마산
	북부	노원, 강북, 도봉, 중랑, 동대문		통영	통영, 거제, 고성
	의정부	의정부, 양주, 구리, 미금, 남양주, 가평, 포천, 연천, 동두천, 철원		거창	거창, 함양, 합천
				밀양	밀양, 창녕
				진주	진주, 사천, 남해, 하동, 산청
	고양	고양, 파주	대구	대구	칠곡, 북부, 동구, 영천시, 중구, 남구, 수성구, 경산시, 청도군
인천	인천	인천, 강화, 옹진		서대구	성주군, 달성군, 서구, 달서구, 고령군, 달성군
	부천	부천, 김포		경주	경주, 영일
수원	수원	수원, 용인, 안양, 오산, 화성, 의왕, 군포, 과천		포항	포항, 울릉군
	성남	성남, 하남, 광주		김천	김천, 구미
	여주	여주, 이천, 양평		상주	상주, 문경, 예천
	평택	평택, 안성, 송탄		의성	의성, 군위, 청송
	안산	안산, 시흥, 광명		영덕	영덕, 울진, 영양
대전	대전	대전, 금산, 연기		안동	안동, 봉화, 영주, 영풍
	천안	천안, 온양, 아산	광주	광주	광주, 화순, 담양, 영광, 곡성, 나주, 장성
	공주	공주, 청양		목포	목포, 무안, 영암, 함평, 신안
	서산	서산, 태안, 당진		순천	순천, 여수, 보성, 고흥, 광양, 동광양, 구례, 승주, 여천
	홍성	홍성, 서천, 보령, 예산, 대천		해남	해남, 완도, 진도
	논산	논산, 부여		장흥	장흥, 강진
청주	청주	청주, 괴산, 보은, 청원, 진천	전주	전주	전주, 완주, 김제, 무주, 진안, 임실
	충주	충주, 중원, 음성		남원	남원, 순창, 장수
	제천	제천, 단양		군산	군산, 옥구, 익산, 이리
	영동	영동, 옥천		정읍	정읍, 고창, 부안
춘천	춘천	춘천, 홍천, 인제, 양구, 화천	제주도	제주	제주
	강릉	강릉, 명주, 동해, 삼척			
	속초	속초, 양양, 고성			
	영월	영월, 평창, 정선, 태백			
	원주	원주, 횡성			

2. 경매의 입찰참가 및 임장활동

● 입찰진행절차 흐름도

법원 입찰(매각)공고 ———————————————— (매각기일 14일 이전)

⇓

경매정보지 또는 경매인터넷
사이트 검색 및 물건 선정 ———————————— (매각기일 10일전부터)

⇓

선정물건의 경매법원 입찰기록 열람 ———————— (매각기일 7일전부터)
  ① 입찰물건명세서
  ② 임대차 현황조사서
  ③ 감정평가서

⇓

선정물건의 임장활동(현장답사)
  ① 물건현장 —— 지역분석, 물건분석, 임차인분석, 리모델링비용 등 조사
  ② 관할등기소(또는 대법원인터넷등기소) —— 소유자, 물건현황, 등기부상 권리 파악
  ③ 시군구청 —— 건축물관리대장, 토지대장, 토지이용계획확인원 등 공부대조
  ④ 중개업소 ———————— 매매가, 전세, 월세 시세파악
  ⑤ 읍면사무소, 동주민센터 방문 —— 세대열람으로 임차인의 대항력 확인

⇓

선정물건의 입찰가 결정 ——————— (매각기일(입찰일) 1일전 또는 당일)

⇓

매각기일 입찰참가 ———————————— (입찰법정앞 게시판 확인)

⇓

입찰개시선언 및 입찰방법 설명(집행관) ——————— (입찰 시작)

⇓

입찰기록 최종열람 및 입찰표 배부 ——① 입찰물건명세서, 임대차 현황조사서
                        감정평가서를 최종 열람확인
             ② 입찰표, 입찰봉투, 입찰보증금봉투 배부

⇓

입찰표, 입찰봉투, 보증금봉투 기재(입찰자) ——— ① 비밀기재대에서 기재사항 작성
                     ② 입찰가격 등 숫자는 정정 불가

⇓

입찰봉투 접수 및 입찰함 투입(입찰자) ——— (접수 번호표 교부 및 입찰봉투 투함)

⇓

입찰접수 마감

⇓

입찰함 개봉 및 개찰, 최고가매수인 결정(집행관) —————— (입찰 종료)
  ① 낙찰자 : 접수번호표 반납과 보증금영수증 교부 받음
  ② 비낙찰자 : 접수번호표 반납과 입찰보증금 반환 받음

1) 입찰전 경매물건 선정 및 임장활동

(1) 경매정보지 및 경매사이트 활용 물건선정 및 분석

가) 경매정보지 보는 방법

경매의 개시를 알리는 법원의 경매부동산에 대한 매각공고 자료를 토대로 제작 판매하는 경매정보지는 경매 당일 경매법정 입구에서 언제나 구입이 가능하다. 또 구독신청을 하면 집에서도 정보지를 받아 볼 수 있다. 이러한 경매정보지의 내용은 제작사 마다 약간의 차이는 있으나 경매인들이 활용하는 데는 아무런 불편이 없다. 정보지의 주요내용을 보면 신문공고시에 공고되지 아니한 등기부상의 권리관계, 유찰회수, 임대차 및 주민등록 현황, 채권자 및 채무자, 채권액, 임차보증금, 매각최저가, 지역분석 자료 등이 상세하게 게재되어 경매정보를 파악하는 데 많은 도움이 된다.

그러나 경매정보지에 수록된 정보를 100% 믿어서는 안된다. 정보지의 제작과정에서 오류가 있을 수 있다는 것을 항상 염두에 두어야 한다. 만약 경매정보에 내용상의 잘못이 있다 해도 정보지 업체들은 책임을 지지 않는다. 그러므로 정보지의 정보를 바탕으로 현장조사와 법원의 입찰기록을 철저하게 분석하여 선정된 경매물건을 대상으로 입찰에 참가하여야 할 것이다.

다음은 경매정보지의 정보 항목별로 보는 방법을 설명한다.

● 경매정보지 내역

사건번호 채권·채무 소유자	소재지	면적(m²) 지가	감정평가액 최저입찰가	임차금(만원) 성명·입주일 주민등록확인결과	등기부상의 권리관계
99-54282 다세대 주택은행 심삼태 홍길동	수원시 우만동 112-134 하이츠빌라 302호 · 철골조 슬래브지붕 · 우만초등교 북측인근 · 버스정류장 인근소재 · 도시가스 난방 · 서측 6m 도로접함 · 감정일자 : 06.3.4	대 77(1/5) 건 41.6(12.58평) (4층-97.1.4 보존) 공시지가 20만원 감정지가 31만원	40,000,000 아세아감정 최저가 19,600,000 2001.5.4 유찰 2001.6.5 유찰	2,100 이해정 1999.7.1 (확정) 1999.7.3 (배당요구) 2001.4.2 주민등록열람확인필 이해정 1999.7.1 전입 열람일자 2001.4.30	가압 1998.5.27 국민카드 290만원 임의 2000.11.12 주택은행 근저 1996.4.14 주택은행 근저 2000.12.3 우리은행 발급일자 : 2001.4.27

① 사건번호 : 편의상 간편하게 정보지에는 사건번호가 03-14831 등으로 게재하
   지만, 사건번호를 기재하는 원칙은 2003타경14831 이다. 여기서 "2003"은 경
   매신청년도를 뜻하고 "타경"은 경매사건을 나타내는 기호이며 "14831"은 경
   매의 일련번호를 뜻한다.

② 물건번호 : 하나의 경매사건에 여러개의 물건이 있는 경우(분할매각)에는 각각
   의 물건에 순서에 의한 번호가 붙여져 있다. 이 번호를 물건번호라 하며 입찰
   시에는 반드시 입찰표에 사건번호와 물건번호를 기재하여야 한다.

③ 채권자, 채무자, 소유자 : 채권자는 경매신청한 사람(법인)이며 채무자는 경매
   를 당한 사람(법인)이다. 여기서 채무자와 소유자는 동일인일수도 있고 다른
   사람일수도 있다. 채무자와 소유자가 다를 경우에는 소유자는 채무자에게 부
   동산을 담보로 제공한 물상보증인인 것이다.

④ 입찰보증금 : 새매각 물건은 경매최저가의 10%이나, 낙찰잔금 미납 등으로 특
   별매각조건이 붙어 재매각되면 입찰보증금이 경매최저가의 20% ~ 30%로 오
   른다. 경매입찰에 참가하기 위해서는 입찰표 접수시 반드시 입찰보증금을 수
   표 또는 현금으로 납부하여야 한다. 통상 수표 한 장으로 미리 준비하여 납부
   한다.

⑤ 소재지 : 물건의 주소와 물건의 지역분석에 필요한 입지조건에 대한 정보가
   간략하게 기재되어 있다.

⑥ 면 적 : 경매물건의 토지(대지)면적과 건물면적을 표시하고 미등기된 건물(제
   시외 물건)의 면적도 표시한다. 건물의 경우는 보존등기 년월일이 표시되어 그
   건물의 신축년도를 알 수 있다. 집합건물(공동주택)은 대지지분도 표시된다. 그
   지분표시 방법은 대지지분(분자)/대지 전체면적(분모)의 비율로 표시한다. 여기
   서 경매대상 면적은 분자에 해당하는 대지지분이다.

⑦ 감정평가액과 경매최저가 : 법원으로부터 위임받은 감정평가법인이 조사·평
   가한 금액이 감정평가액이며 경매개시 첫회일 경우 최초매각가격이 되며 또

한 경매최저가격이 된다.

경매최저가격은 법원마다 차이가 있으나 유찰이 될 때마다 20%~30%씩 저감되어 매각가격이 내려간다. 그리고 변경이나 연기되었을 때에는 경매최저가에 변동이 없이 다시 매각절차가 진행된다.

⑧ 임대차 및 주민등록관계 : 임차인 성명, 임차보증금액, 전입일자, 임대차계약서상 확정일자, 배당요구일자 등이 기재된다. 폐문부재(문이 잠기고 집이 비어 있음)인 경우에는 이러한 임대차 정보를 알 수 없으므로 현장조사나 법원의 입찰기록을 통해서 확인해 보아야 한다.

⑨ 등기부상의 권리관계 : 경매물건의 등기부등본의 표제부는 물건의 면적, 소재지 등 사실관계을 기재한다. 반면 갑구와 을구에는 권리관계가 기재되므로 입찰시 등기부 권리분석의 중요한 자료가 된다. 갑구와 을구의 권리순서는 같은 구(同區)에서는 등기순위번호에 의하고 서로 다른 구(別區)에서는 등기접수번호의 순서에 의해 권리의 순위가 결정되어진다. 또한 경매가 시작되면 등기부에 경매기입등기가 기재되므로 강제경매인지 임의경매인지 알 수 있다.

나) 인터넷 경매사이트 검색(이용)하는 방법

인터넷 경매사이트에서 유로로 제공하는 경매정보는 경매정보지와 마찬가지로 법원의 경매부동산 매각공고를 참고로 하여 정보가 제공되고 있다. 경매사이트에서 제공하는 정보 역시 100%를 믿어서는 아니 된다. 경매사이트 운영업체에서 현장을 조사하지 아니하고 서면자료에 의해서만 정보를 제공하고 있기 때문에 입찰을 하고자 할 때에는 꼭 현장조사와 공부대조는 물론 법원의 입찰기록을 확인한 후 입찰해야 한다.

정보 항목별 보는 방법은 경매정보지에서 설명하였으므로 여기서는 생략한다. 경매정보지는 한정된 지면으로 인하여 경매정보량이 제한되어 있으나 이에 반해 경매사이트는 많은 정보를 제공하고 있으므로 대부분의 경매인들이 주로 인터넷 경매사이트를 이용하고 있다.

경매정보를 인터넷 경매사이트로 제공하고 있는 주요업체로는 지지옥션, 굿옥션, 부동산태인, 스피드옥션, 탑옥션, 리치옥션, 한국부동산경매정보, 나이스경매 등이 있다.

경매사이트에서 제공하는 정보로는 물건소재지(주소), 면적, 감정평가액, 경매최저가, 임대차와 주민등록관계, 등기부상 권리관계, 입찰보증금액, 경매진행상황, 유찰·변경·연기여부, 특별매각조건, 물건현황분석, 지역분석, 시세분석, 권리분석, 경락잔금대출 알선, 임대차분석, 물건의 현장사진과 위치도, 구조도, 감정평가서, 등기부등본, 경매결과 등의 상세자료가 탑재되어 있다.

이외에도 경매물건에 대해서 법원별, 입찰기일별, 아파트, 역세권, 재개발 등으로 구분한 자료의 검색도 가능하다.

경매사이트의 정보를 이용하기 위해서는 네이버, 다음 등의 인터넷 포털사이트에서 경매사이트를 운영하는 업체이름을 입력하여 해당업체의 홈페이지로 들어가서 회원으로 가입한 후 정보이용료를 납부하면 경매상세정보를 이용할 수 있도록 사이트를 검색할 수 있는 권한이 주어진다. 정보이용료는 이용지역과 기간에 따라 다르다.

(2) 현장답사 · 세대열람 · 공부대조 · 매각물건명세서 열람확인

가) 현장답사

경매정보지나 인터넷 경매사이트를 통하여 경매물건에 대하여 1차 권리분석(정보지분석)을 마치고 나면 제일 먼저 해당 부동산에 대한 현장답사를 반드시 하여야 한다.

해당물건의 상태를 살피고 수리할 곳은 없는지 꼼꼼하게 살펴본다. 주택은 도배와 장판, 전등(스위치커버), 화장실 변기 및 욕조, 그밖에 싱크대는 기본으로 교체할 것을 염두에 두어야 한다.

이외에도 수도관, 가스관, 계량기 부착여부, 보일러 상태 등의 확인과 리모델링

등의 수리비도 어느 정도 소요될 것인지를 판단하여야 한다. 공동주택인 아파트의 경우는 관리비 체납여부를 아파트관리사무소를 직접 방문하여 확인한다.

그리고 주변의 부동산중개업소를 통하여 대충 시세파악 및 전세·월세 시세도 자세히 조사한다. 그 밖에 소유자나 임차인 등을 만나 개략적으로 건물에 대한 간접정보를 얻는다.

공동주택(아파트 등) 경매시 관리비 연체료 부담주체
① 아파트 공용부분 관리비 연체료 : 매수자(낙찰자) 인수
② 아파트 전유부분 관리비 연체료 : 매수자 불인수(소유자 또는 세입자 부담)

나) 읍면사무소, 동주민센터 전입세대 열람(세대열람)

경매사건의 해당 동주민센터에 가서 전입세대를 열람한다.

해당 경매사건의 주소지 건물에 전입된 세대의 전입일자를 모두 살핀다.

이때, 반드시 경매자료(사건번호가 있는 정보지등)의 사본을 가지고 가야만 열람할 수가 있으므로 정보지나 인터넷상에서 자료를 복사 또는 인쇄하여 가지고 간다.

동주민센터에서는 임차인이건 아니건 세대주와 가족 중 최초 전입자만 열람할 수가 있는데 이것만으로는 확실한 권리분석을 할 수가 없으므로 세대주 외에 그 가족들까지도 전입일을 살펴야 정확한 분석이 가능하다. 그러므로 동주민센터에서 세대열람만 하도록 하고 법원에 비치된 경매사건기록에서 주민등록상 가족의 전입일자를 모두 살펴보도록 한다.

다) 경매물건 해당 시·군·구청 공부대조

건축물 관리대장과 토지대장(개별공시지가 기재), 토지이용계획확인원 등을 발급받은 뒤 대장상 건축물이 등기부등본과 일치하는지 여부와 위법 건축물 여부를 알아본다.

위법 미등기건물일 경우 제시외 건물로 표기되는데 이때 필히 감정가액에 제시

외 건물이 포함되었는지의 여부도 살펴보아야 한다 그 밖에 관계서류를 통하여
토지이용 또는 규제사항 등을 꼼꼼하게 살펴본다.

라) 집행법원의 매각물건명세서 열람확인

임차인의 전입신고일 및 확정일자일, 임차보증금액, 대항력유무 관계를 살피고
임차인의 배당요구 및 철회 유무, 권리관계인들의 채권액과 배당요구 관계, 전세
권이 설정되어 있는 사건이면 전세기간과 전세보증금의 일치여부 등과 최선순위
전세권일 경우에는 전세권자가 법원에 배당요구를 했는지 여부도 함께 살펴본
다.

그리고 감정평가 내용을 확인함은 물론 특히 제시외 건물의 감정가 포함여부와
경매포함 여부를 잘 살펴보아야 한다.
이 밖에 공시(등기)되지 아니한 권리인 법정지상권, 분묘기지권, 유치권, 낙찰로
인하여 소멸되지 않는 인수권리 등도 확인한다.
즉, 그 동안 열람 · 확인했던 자료와 공부 등을 대조해가면서 최종적으로 확인을
마무리하는 작업이다.

○ ○ 지 방 법 원
매 각 물 건 명 세 서

사건	20 타경 부동산강제(임의)경매 (타경 중복)	매각물 건번호		작성 일자	· ·	담임 법관	(인)
부동산의 표시, 감정평가액최 적매각가격, 매수신청의 보증 금액과 보증제공방법	별지 기재와 같음			최선순위 설정			

　부동산의 점유자와 점유의 권원, 점유할 수 있는 기간, 차임 또는 보증금에 관한 관계인의 진술 및 임차인이 있는 경우 배당요구 여부와 그 일자, 전입신고일자 또는 사업자등록 신청일자와 확정일자의 유무와 그 일자

점유자의 성 명	점유부분	점유의 권 원	임대차기간 (점유기간)	보 증 금	차 임	전입신고일자 ·사업자등록 신청일자	확정 일자	배당요구 여부(배당 요구일자)

※ 위 최선순위 설정일자보다 대항요건을 먼저 갖춘 주택·상가건물 임차인의 임차보증금은 매수인에게 인수되는 경우가 발생할 수 있고, 대항력과 우선변제권이 있는 주택·상가건물 임차인이 배당요구를 하였으나 보증금 전액에 관하여 배당을 받지 아니한 경우에는 배당 받지 못한 잔액이 매수인에게 인수되게 됨을 주의하시기 바랍니다.

　등기된 부동산에 관한 권리 또는 가처분으로서 매각으로 그 효력이 소멸되지 아니하는 것

매각에 따라 설정된 것으로 보는 지상권의 개요

비고란

※ 1. 매각목적물에서 제외되는 미등기건물 등이 있을 경우에는 그 취지를 명확히 기재한다.
　 2. 매각으로 소멸되는 가등기담보권, 가압류, 전세권의 등기일자가 최선순위저당권등기일자
　　　보다 빠를 경우에는 그 등기일자를 기재한다.

(3) 현장답사를 통한 물건분석

건물의 내·외부 상태점검 및 제시외 내역파악 후 소유나 점유관계를 파악하고
기타 현황파악을 꼼꼼히 해볼 필요가 있는 것이다.

주거환경 및 대중교통시설과 도로관계, 주차시설, 의료시설 외에 시장과의 거리
공공시설(학교, 관공서, 은행)등의 편의시설과 반대로 혐오시설은 없는지 여부를
파악한다.

① **아파트**의 경우는 추가로 세대수와 인지도, 난방방식 외에 체납관리비의 공유
　부분 금액도 미리 알아두는 것이 유리하다 할 것이며, 다가구주택의 경우 난
　방이 도시가스인지 여부를 확인한다.

② **상가**일 경우는 상권형성이 가장 핵심인데 흔히 말해 유동인구가 많고 장사가
　잘 되어 상권이 살아있는지의 여부에 따라 천차만별로 가격이 형성되므로 이웃
　상가에게 물어서라도 정보를 알아보아야 한다, 이때 임차보증금은 얼마인지,
　월세는 얼마 정도인지를 함께 알아두면 대충 수익성을 유추하여 볼 수 있다.

③ **공장**의 경우에도 위치와 도로, 접근성과 전기요금 체납으로 끊긴 동력의 요금
　등을 알아두고 법원기록에 나와 있는 기계기구류가 과연 존재하는지 여부를
　미리 파악해 둘 필요가 있는 것이다.

④ **그 밖에 임야**일 경우[32]는 특히 분묘의 소재유무를 살펴보고 무연고 분묘인지
　유연고 분묘인지를 이웃이나 마을이장에게 물어서 알아두면 나중에 처리하기
　가 수월할 수가 있고, 공부와의 대조로서 개발가능 여부도 살펴볼 필요가 있
　는 것이다.

⑤ **마지막으로 농지**는 전, 답 또는 과수원 등을 말한다. 지목은 임야인데 개발되
　어 현황상 전이라면, 이는 농지로 인정되어 농지취득 자격증명원을 제출하여

---

32) 경매사건이 임야일 경우는 임야를 싸게 사서 밤나무 밭으로 만들고, 농가를 신축하는 등 리모델링해서 매각처
　분하면 고수익을 올릴 수 있다. 즉 밤 업자가 선불을 주고 사가는 것이다.

야 한다.

농지는 농지법이 개정되어 거리제한이 폐지되고 도시인도 1,000㎡(300평, 주말 농장용 농지)이하이면 취득이 가능하도록 하였다.

또한, 농지의 취득자격증명도 절차가 간소화되어 낙찰 후 법원에서 즉시 농지를 낙찰받았다는 증명원을 발부받아 물건소재지 시 · 구 · 읍 · 면 산업계에 농지취득자격증명을 신청하면 담당직원의 현장 확인과 함께 소정의 서류(농업경영계획서)를 작성한 뒤 발급받게 되는데 발급받은 농지취득 자격증명원은 매각일로부터 7일 이내에 해당법원 경매계에 제출하여야만 한다.

> **풀이**
> ① 농지를 경매로 취득할 때 : 농지취득의 면적(평수)제한이 없다. 토지거래 계약허가 대상이 아니다.
> ② 농지를 일반매매로 취득할 때 : 농지취득의 면적제한이 있고, 비도시지역에서 500㎡를 초과하는 농지를 토지거래계약허가 구역 안에서 취득하고자 할 때에는 토지거래계약허가를 토지 관할 시 · 군 · 구로부터 받아야 그 계약의 효력이 발생하며 받지 아니하고 체결한 계약은 무효이다.

(앞 면)

<table>
<tr><td colspan="4" rowspan="2">농지취득자격증명신청서</td><td>처리기간</td><td colspan="2">접 수 ∗</td><td colspan="4">. . . 제 호</td></tr>
<tr><td>4일</td><td colspan="2">처 리 ∗</td><td colspan="4">. . . 제 호</td></tr>
<tr><td rowspan="3">농 지
취득자
(신청인)</td><td colspan="2">①성 명
(명칭)</td><td colspan="2">②주민등록번호
(법인등록번호)</td><td colspan="2"></td><td colspan="4">⑥취득자의 구분</td></tr>
<tr><td colspan="2">③주소</td><td colspan="4">시 구 동

도 시·군 읍·면 리 번지</td><td>농업인</td><td>신규
영농</td><td>법인등</td><td>주말
체험
영농</td></tr>
<tr><td colspan="2">④연락처</td><td colspan="2">⑤전화번호</td><td></td><td></td><td></td><td></td><td></td><td></td></tr>
<tr><td rowspan="8">취 득
농지의
표 시</td><td colspan="6">⑦소 재 지</td><td colspan="3">⑪농지구분</td></tr>
<tr><td>시·군</td><td>구읍면</td><td>리·동</td><td>⑧
지번</td><td>⑨
지목</td><td>⑩
면적(㎡)</td><td>진 흥
구 역</td><td>보 호
구 역</td><td>진 흥
지역밖</td></tr>
<tr><td></td><td></td><td></td><td></td><td></td><td></td><td></td><td></td><td></td></tr>
<tr><td></td><td></td><td></td><td></td><td></td><td></td><td></td><td></td><td></td></tr>
<tr><td></td><td></td><td></td><td></td><td></td><td></td><td></td><td></td><td></td></tr>
<tr><td></td><td></td><td></td><td></td><td></td><td></td><td></td><td></td><td></td></tr>
<tr><td></td><td></td><td></td><td></td><td></td><td></td><td></td><td></td><td></td></tr>
<tr><td></td><td></td><td></td><td></td><td></td><td></td><td></td><td></td><td></td></tr>
<tr><td colspan="2">⑫취득원인</td><td colspan="9"></td></tr>
<tr><td colspan="2">⑬취득목적</td><td>농 업
경 영</td><td></td><td colspan="2">농지전용</td><td></td><td colspan="2">시험·연구·
실습용등</td><td>주말체험
영 농</td><td></td></tr>
</table>

농지법 제8조 제2항 및 동법 시행령 제10조 제1항의 규정에 의하여 위와 같이
농지취득자격증명의 발급을 신청합니다.

년 월 일

농지취득자(신청인) (서명 또는 인)

시장·구청장·읍장·면장 귀하

<table>
<tr><td rowspan="5">구비서류:</td><td>1. 법인등기부등본(법인의 경우에 한합니다)</td><td>수수료</td></tr>
<tr><td>2. 별지 제2호서식의 농지취득인정서(법 제6조제2항제2호의 규정에 해당
하는 경우에 한합니다)</td><td rowspan="4">농지법시행령
제75조의
규정에 의함</td></tr>
<tr><td>3. 별지 제6호서식의 농업경영계획서(농지를 농업경영 목적으로 취득하는 경
우에 한합니다)</td></tr>
<tr><td>4. 농지임대차계약서 또는 농지사용대차계약서(농업경영을 하지 아니하
는 자가 취득하고자 하는 농지의 면적이 영 제10조제2항제5호 각목의
1에 해당하지 아니하는 경우에 한합니다)</td></tr>
<tr><td>5. 농지전용허가(다른 법률에 의하여 농지전용허가가 의제되는 인가 또
는 승인 등을 포함합니다)를 받거나 농지전용신고를 한 사실을 입증
하는 서류(농지를 전용목적으로 취득하는 경우에 한합니다)</td></tr>
</table>

(뒷 면)

※ 기재상 주의사항

 * 란은 신청인이 기재하지 아니합니다.
①란은 법인에 있어서는 그 명칭 및 대표자의 성명을 씁니다.
②란은 개인은 주민등록번호, 법인은 법인등록번호를 씁니다.
⑥란은 다음 구분에 따라 농지취득자가 해당되는 난에 ○표를 합니다.
  가. 신청당시 농업경영에 종사하고 있는 개인은 "농업인"
  나. 신청당시 농업경영에 종사하지 아니하지만 앞으로 농업경영을 하고자 하는 개인은 "신규영농"
  다. 농업회사법인 · 영농조합법인 그 밖의 법인은 "법인등"
  라. 신청당시 농업경영에 종사하지 아니하지만 앞으로 주말 · 체험영농을 하고자 하는개인은 "주
      말체험 · 영농"
[취득농지의 표시]란은 취득대상 농지의 지번에 따라 매필지별로 씁니다.
⑨란은 공부상의 지목에 따라 전 · 답 · 과수원 등으로 구분하여 씁니다.
⑪란은 매필지별로 진흥구역 · 보호구역 · 진흥지역밖으로 구분하여 해당란에 ○표를 합니다.
⑫란은 매매 · 교환 · 경락 · 수증 등 취득원인의 구분에 따라 씁니다.
⑬란은 농업경영/농지전용/시험 · 실습 · 종묘포/주말체험 · 영농 등 취득후 이용목적의 구분에 따
    라 해당란에 ○표를 합니다(농지취득후 농지이용목적대로 이용하지 아니할 경우 처분명령/이행
    강제금 부과/징역 · 벌금 등의 대상이 될 수 있으므로 정확하게 기록하여야 합니다.)

※ 이 신청서는 무료로 배부되며 아래와 같이 처리됩니다.

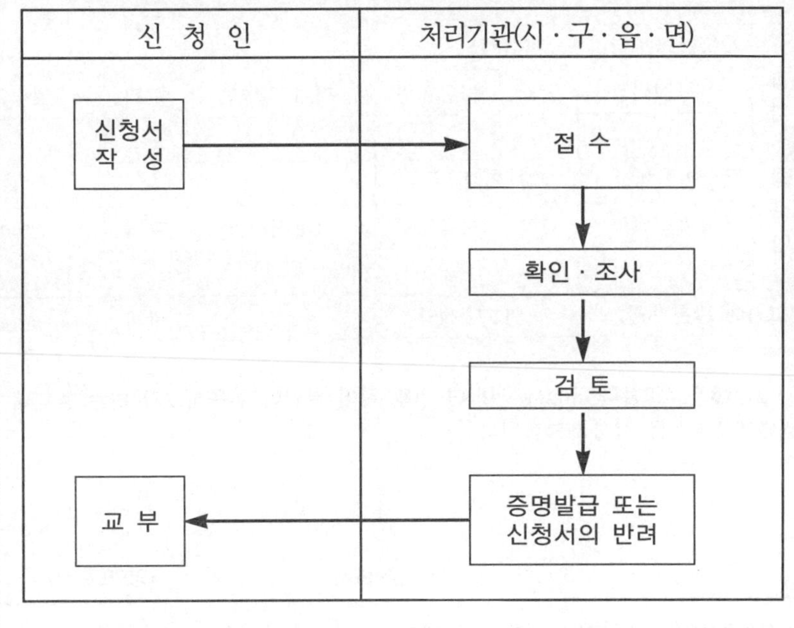

농 업 경 영 계 획 서

<table>
<tr><td rowspan="3">취득대상농지에 관한 사항</td><td colspan="3">① 소 재 지</td><td rowspan="2">②
지번</td><td rowspan="2">③
지목</td><td rowspan="2">④
면적
(㎡)</td><td rowspan="2">⑤
영농
거리</td><td rowspan="2">⑥
주재배
예정작목</td><td rowspan="2">⑦
영농
착수시기</td></tr>
<tr><td>사·군</td><td>구읍면</td><td>라·동</td></tr>
<tr><td></td><td></td><td></td><td></td><td></td><td></td><td></td><td></td><td></td></tr>
<tr><td></td><td></td><td></td><td></td><td></td><td></td><td></td><td></td><td></td><td></td></tr>
<tr><td></td><td></td><td></td><td></td><td></td><td></td><td></td><td></td><td></td><td></td></tr>
<tr><td></td><td colspan="3">계</td><td></td><td></td><td></td><td></td><td></td><td></td></tr>
</table>

⑧ 취득자 및 세대원의 농업경영능력

취득자와 관계	성별	연령	직업	영농경력(년)	향후 영농여부

⑨취득농지의 농업경영에 필요한 노동력 확보방안

자기 노동력	일부고용	일부위탁	전부위탁(임대)

⑩농업기계·장비의 보유현황

기계·장비명	규격	보유현황	기계·장비명	규격	보유현황

⑪농업기계장비의 보유 계획

기계·장비명	규격	보유계획	기계·장비명	규격	보유계획

⑫ 연고자에 관한 사항	연고자 성명		관계	

농지법 제8조 제2항의 규정에 의하여 위와 같이 본인이 취득하고자 하는 농지에 대한 농업경영계획서를 작성·제출합니다.

년   월   일

제출자   (서명 또는 인)

※ 농지취득자격증명신청서에는 이 계획서를 반드시 첨부하여야 한다.

⑬ 소유농지의 이용현황								
소 재 지				지번	지목	면적 (㎡)	주재배 작 목	자 경 여 부
시·도	시·군	읍·면	리·동					

⑭임차(예정)농지현황								
소 재 지				지번	지목	면적 (㎡)	주재배 (예정) 작 목	임 차 (예정) 여 부
시·도	시·군	읍·면	리·동					

전용목적사업의 착수시기	년 월 일
착수전의 농업경영계획	☐ 직접경작 ☐ 임 대 ☐ 휴 경
⑮ 특 기 사 항	

※ 기재상 주의사항

⑤란은 거주지로부터 농지소재지까지 일상적인 통행에 이용하는 도로에 따라 측정한 거리를 씁니다

⑥란은 그 농지에 주로 재배·식재하고자 하는 작목을 씁니다.

⑦란은 취득농지의 실제 경작예정시기를 씁니다.

⑧란은 같은 세대의 세대원중 영농한 경력이 있는 세대원과 앞으로 영농하고자 하는 세대원에 대하여 영농경력과 앞으로 영농여부를 개인별로 씁니다.

⑨란은 취득하고자 하는 농지의 농업경영에 필요한 노동력을 확보하는 방안을 다음 구분에 의하여 해당되는 난에 표시합니다.

　가. 같은 세대의 세대원의 노동력만으로 영농하고자 하는 경우에는 자기 노동력란에 ○표

　나. 자기노동력만으로 부족하여 농작업의 일부를 고용인력에 의하고자 하는 경우에는 일부고용란에 ○표

　다. 자기노동력만으로 부족하여 농작업의 일부를 남에게 위탁하고자 하는 경우에는 일부위탁란에 위탁하고자 하는 작업의 종류와 그 비율을 씁니다. (예 : 모내기(10%), 약제살포(20%) 등)

　라. 자기노동력에 의하지 아니하고 농작업의 전부를 남에게 맡기거나 임대하고자하는 경우에는 전부위탁(임대)란에 ○표

⑩란과 ⑪란은 농업경영에 필요한 농업기계와 장비의 보유현황과 앞으로의 보유계획을 씁니다.

⑫란은 취득농지의 소재지에 거주하고 있는 연고자의 성명 및 관계를 씁니다.

⑬란과 ⑭란은 현재 소유농지 또는 임차(예정)농지에서의 영농상황(계획)을 씁니다.

⑮란은 취득농지가 농지로의 복구가 필요한 경우 복구계획 등 특기사항을 기재합니다.

(4) 경매물건별 입찰요령

가. 경매 우량물건

① 주택일 경우 임차인이 없고 소유자만 거주하는 주택

아파트나 빌라, 연립주택 등에 이러한 물건이 많이 있다.

② 선순위 임차인(대항력 있는 임차인)이 있는 물건

즉, 임차인의 전세금을 안고 사는 집이다. 이러한 집은 최저가가 많이 떨어지므로 바닥세까지 떨어진 뒤 입찰하면 경쟁자도 별로 없으며 저렴하게 구입하여 임차인의 전세금은 새로 전세를 놓아서 물어줘도 되므로 유리하다.
또한 여유가 있어 물어주게 되면 내보내는 데도 수월하다. 즉 이사비를 안 줘도 되고 전기세, 가스비, 수도세 등등 공과금을 모두 받고도 수월하게 내 보낼 수 있다.

③ 소액임차인만 많이 있는 집

소액임차인의 소액 최우선변제 혜택으로 배당을 일부 받으므로 자신들이 배당을 받기 위하여 집을 비워줬다는 명도확인서가 필요하므로 명도가 쉽다.

④ 최선순위 세입자만 있는 집

전입신고+확정일자+배당요구를 갖춘 세입자로서 근저당권이나 말소기준권리 보다 빠른 세입자들로만 구성되어 있다던가 또는 아파트의 경우 이러한 임차인만 혼자 거주하는 경우(법원에서 전액 배당을 우선하여 받을 수 있는 임차인)에는 명도에 어려움이 전혀 없다.

⑤ 감정이 오래전에 된 집[33](재감정 여부를 반드시 확인)

경매물건을 보면 3년 내지 5년 이전에 감정된 경매사건이 종종 보인다. 물론 권리상의 여러 가지 문제로 계속하여 유찰을 거듭하였거나 중간에 변경, 연기

---

33) 부동산의 감정일자 확인이 중요하며, 토지지가 상승지역은 감정이 오래전에 되었으면 아주 좋다. 부동산 가격은 통상 3년을 주기로 상승과 하락이 바뀐다.

등등의 사유를 반복하여 흘러온 사건도 있다.

이 경우는 감정시점이 오래되어 현시세가 크게 올라 있을 경우가 태반이다.

철저한 권리분석만 이루어진다면 우량물건이 될 수 있다.

이밖에도 감정가와는 달리 주변의 부동산 시세가 폭등하는 지역의 물건을 준우량 물건이라 할 수도 있다.

나. 물건별 입찰요령

① 단독주택[34] 및 다가구주택

단독주택이나 다가구주택을 낙찰 받으려 할 때 유의할 점은 10년 이상 된 집은 건물 감정가의 비중이 낮으므로 싼값에 낙찰을 받을 수 있는 반면 10년이 안된 주택은 건물에 대한 감가상각이 상대적으로 높지 않으므로 감정가액 중에서 건물에 대한 감정가가 높게 책정된다. 임대수입이 아닌 매매를 목적으로 할 때에는 반드시 주변의 부동산중개업소에서 시세파악을 해보는 것이 정석이다. 구입 후에 재건축을 목적으로 한다면 대지평수가 크고 도로를 접하고 있는 것이 좋다.

경매시장에서 노릴 만한 대상은 어차피 시세보다 감정가액이 낮은 물건이다. 감정일이 언제쯤인지 세밀히 파악하여 현시세 대비 차액을 점검해야 한다. 입찰현장의 분위기에 편승하지 말고 너무 싸게 사려고 해도 낙찰이 아니 되지만 최소한의 이익을 고려하여 입찰가를 산정한다.

② 연립 및 다세대주택(일명 빌라[35])

연립이나 다세대주택을 낙찰 받으려 한다면 고급빌라인지 소형빌라인지에 따라 체크해야 할 사항이 다르다. 고급 연립이나 빌라는 거래수요가 많지 않고 특정지역에 편승하므로 투자보다는 실입주(내집 마련)차원에서 노려볼 물건이

---

34) 단독주택은 입찰시 7~8년정도 경과된 집이 좋다. 10년이 넘으면 수도배관 등을 점검해야 하고, 수도의 수압과 물탱크 상태도 점검하여야 한다.

35) 빌라의 경우는 소액투자 및 경매입찰 연습시 유리하며, 저소득층이 주 고객이어서 수요가 꾸준하고 부동산경기와 별로 상관이 없다. 빌라는 전철 역세권이나 신축한지 2~4년이내의 건물이 리모델링시 공사비가 적게 든다. 외국인이 많이 거주하는 곳(안산시의 사동, 월피동, 원곡동, 와동)은 빌라의 매매가 어렵다(외국인 및 외지에는 매매안됨). 빌라를 입찰할 때에는 평수가 비교적 큰 2층 이상을 고른다.

고, 소형빌라는 역세권과 가구당 주차공간 등을 고려하여야만 유리하다. 그리고 주차공간이 낮에는 많지만 야간은 부족한 경우가 많으므로 반드시 야간에 확인한다.

③ 단지내 상가 · 근린상가 · 테마형 상가(쇼핑몰)

상가는 단지내 상가, 근린상가, 테마형상가(쇼핑몰)로 구분할 수 있다. 상가를 낙찰 받으려 한다면 몇가지 주의할 사항이 있다. 상가 투자자들이 대거 늘어나면서 건설사들이 많은 상가를 짓고 있으며 향후 상권경쟁이 치열해지고 많은 상가들이 상권경쟁에 밀리면 도태되고 있는 것이 현실이기 때문이다.

상가는 경기에 민감한 반응을 보이는 물건이다. 요즘처럼 경기가 급랭하면 임대수입도 저조해질 것은 뻔한 이치일 것이다.

● 단지내 상가[36]

단지내 상가의 특징은 독점상권을 보장받는다는 것이다. 고정적인 임대수입을 볼 수도 있지만 최소한 1,000세대 이상의 단지이면서 적어도 20~30평대의 아파트내 단지의 상가가 유리하다 할 것이다.

● 근린상가[37]

근린상가란 대규모 아파트단지의 진입로 근처 또는 택지개발지구 등에 형성된 근린 생활시설 및 밀집상권을 말한다. 입지여건이나 배후 인구밀도에 따라 임대료가 달라진다. 그러나 주변상권이 죽어버리면 함께 휩쓸리는 단점도 지니고 있다. 핵심요령은 대로변과 주로 퇴근길에 많이 이용하는 길목이 최요지이다.

● 테마형 상가(쇼핑몰)

쇼핑몰이라고도 하는 테마형 상가는 서울 등 수도권과 지방의 대도시에만 있으며, 주로 역세권과 교통의 중심지에 있는 것이 특징이다. 테마형 상가는 상권에 따라 프

---

36) 단지내 상가는 최초 분양시 업종이 지정되어 있기 때문에 무슨 업종인지 잘 살펴보아야 하며, 학원종류면 아주 좋다.

37) 상가의 경우는 전철과 대중교통이 연결되고 퇴근길의 이동인구는 반드시 저녁에 가서 살핀다. 당해 상가 뿐만 아니라 그 주변의 전체를 살핀다. 낮 보다 저녁에 장사가 잘 되는 곳이 상가임대료도 비싸다. 이러한 점을 착안하여 답사한다.

리미엄이 천차만별인 곳이 많으며 상권만 살아 있다면 높은 임대수익도 기대해 볼 만 하다. 시행사의 마케팅능력을 꼼꼼히 살펴볼 필요가 있다.

④ 토 지[38](대지 · 전 · 답 · 잡종지)

전국 경매물건 중 약30%를 차지한다. 토지를 낙찰 받으려면 가급적 여유 돈으로 투자해야 한다. 공부대조를 반드시 하여 실제의 토지용도와 현황상의 용도가 일치하는지 여부를 파악하여야 한다. 실제로 물건목록에는 전(田)으로 표기되어 있는데 현황은 타인이 주거용 건물을 짓고 사는 경우가 허다하기 때문이다. 토지이용확인원을 반드시 확인하여 낭패를 사전에 방지하여야 한다. 토지의 가치는 도로가 좌우한다.

전원주택을 짓기 위한 목적이라면 최소한 4미터 폭의 도로가 확보되어야 한다. 보존 녹지나 상수원보호구역, 군사시설 보호구역등은 규제가 심하여 건축 허가 받기가 매우 어렵다. 이러한 여러 가지 이유 때문에 반드시 현장답사를 하여야 하며 해당 관청에 들러 공부를 열람 또는 발급받아 대조하여야 안전하다.

농지를 낙찰 받았을 경우 7일 이내에 농지취득 자격증명을 해당면사무소 산업계에 가서 발급받아 경매계에 제출하여야 한다.

⑤ 공 장

공장을 낙찰 받으려면 우선 자금계획을 철저히 고려해야 한다. 공장저당법에 따라 토지와 건물 그밖에 기계기구까지 포함하여 경락된다. 전용공단내에 위치한 공장은 기반시설이 잘 갖추어져 있는 장점이 있다. 간선도로, 항만, 고속도로 등 교통이용의 용이점과 물류비/동력자원과 용배수에 관한 비용을 고려하고 노동력확보, 관련회사와의 거리등을 중점 체크한다.

---

38) 토지는 가격이 싸고 면적이 큰 것(즉 덩치가 큰 것)이 좋다. 부동산 가격이 조금만 올라도 차액이 크다. 이러한 토지는 농촌 시골의 구석지에 소재하는 토지 등에 많다.

39) 허름한 공장의 경우에는 도로개설 등이 중요하다.

⑥ 오피스텔

오피스텔을 입찰하려면 우선 주거형인지 사무형인지를 입찰전에 답사하여 전체 공간에서 주거부분이 얼마나 차지하는지 여부를 파악해야 한다. 주거용일 경우 주택임대차보호법상의 임차인은 없는지 여부도 파악해야 한다. 주변과 해당 건물 등의 임대수요를 따져봐야 한다. 주변과 비교하여 가격이 싸다고 판단이 되어야 한다.

임대수입을 볼 것인지, 매매수입을 볼 것인지 목적을 정해야 한다. 매매나 임대가 제대로 이뤄지지 않는 오피스텔은 피해야 한다. 평당 관리비를 체크해야 한다(일반 아파트의 2~3배가 보통임).

2) 경매의 입찰참가

(1) 입찰당일 준비해야할 서류

가. 본인이 직접 입찰할 경우

① 주민등록증 또는 신분을 증명할 수 있는 신분증(면허증 등)

② 도장(인감도장일 필요는 없음)

③ 입찰보증금(구법 적용은 입찰가액의 10% / 신법 적용의 경우 최저가의 10%)
　　　　　　　2002.7.1이전 사건의 경우　　　　2002.7.1이후 사건의 경우

플러

입찰물건에 따라 법원이 정한 특별매각 조건이 붙은 물건이 있는데 주로 재경매시에 법원에 따라 입찰보증금이 20%~30%인경우가 있다. 이 경우 입찰가액을 최고가로 하여 입찰하여도 보증금이 미달되면 무효처리 된다.

☞2002.7.1제정 시행된 민사집행법을 신법이라 하고, 그 이전의 민사소송법을 경매에서는 구법이라 한다.

나. 대리인을 통하여 입찰할 경우

① 본인의 인감증명서 1통

② 위임장(본인의 인감 날인이 있어야 한다)

③ 대리인의 도장

④ 입찰보증금(구법 적용은 입찰가액의 10%/신법 적용의 경우 최저가의 10%)

다. 법인이 입찰할 경우

① 대표자의 위임장

② 법인등기부 등본

③ 법인 인감증명서

④ 입찰참여자(또는 대표자)도장

⑤ 입찰보증금(구법 적용은 입찰가액의 10%/신법 적용의 경우 최저가의 10%)

> 공동입찰의 경우에는 각자의 지분을 명확히 표기하여야 한다.

(2) 입찰당일 법원에서 주의해야할 사항

가. 입찰당일 경매법원에 도착하면 제일 먼저 게시판을 살펴본다.

입찰법정 앞에는 경매사건의 안내게시판이 있는데(법원에 따라 간이게시판)이러한 게시판을 통하여 당일 진행하는 매각물건에 대한 사건번호를 게시해 놓는데, 이때 본인이 입찰하고자 하는 사건이 "취하, 연기, 변경"등으로 인해 진행하지 않는 경우가 있으므로 반드시 확인한 후 당일 진행목록에 포함되어 있는지의 여부를 확인한 뒤 포함되어 있으면 응찰하고, 목록에 포함되어 있지 아니하면 시간낭비할 필요 없이 되돌아가야 한다.

나. 경매법정 내에서 주의할 사항

법정 내에서는 법정질서를 유지하여야 하는데 아래사항은 모두가 금지하여야 할 사항이다.

　　① 법정 내에서 모자를 쓰고 있는 행위
　　② 법정 내에서 핸드폰 소리가 나도록 하거나 통화하는 행위
　　③ 법정 내에서 껌을 씹는 행위
　　④ 법정 내에서 옆 사람과 대화하는 행위

위와 같이 법정에서 금해야 하는 행위가 발견되는 때에는 경고 및 집행관 권한에 의하여 감치 등의 처벌을 받는다.

다. 경매개시 선언 후 입찰방법 설명

정해진 시간에 집행관으로부터 경매개시 선언이 있은 후 입찰시 주의해야할 사항 등을 설명하는데 입찰에 처음으로 참여하는 사람들은 집행관의 설명을 잘 듣고 입찰에 참가하여야 한다.

라. 입찰전 경매조서(입찰기록) 열람

집행관의 경매개시 선언 후 모든 설명이 끝나면 경매사건의 기록을 열람할 수 있는 시간을 주는데, 이때 입찰봉투와 입찰표와는 별도로 조그만 메모용지를 비치하는데 이용지에다가 본인이 열람하고자 하는 사건번호와 자신의 성명을 기재하여 미리 제출하면 잠시 후 호명하는 순서대로 찾아준 기록을 열람하면 된다. 여기서 살펴야 할 것은 사전 조사했던 기록과의 변동여부를 알아보는 것이다(권리변동 여부 확인).

즉, 매각물건명세서/현황조사보고서/감정평가서/임차인과 이해관계인들의 변동기록이 있나 없나를 살펴볼 수가 있다. 입찰 7일전의 사전 기록열람시와의 변동관계 여부도 파악하여야 한다. 또한 입찰기록 확인시 메모를 하고자 할 경우 볼펜으로 기재하면 안되고 반드시 연필로만 할 수 있으므로 미리 연필을 준비하여야 한다. 이렇게 내용을 살핀 후 입찰여부를 최종 결정하여 입찰에 참가한다.

○ ○ 지 방 법 원
매 각 물 건 명 세 서

사건	20 타경 부동산강제(임의)경매 (타경 중복)	매각물 건번호		작성 일자	· ·	담임 법관	(인)
부동산의 표시, 감정평가액최 적매각가격, 매수신청의 보증 금액과 보증제공방법	별지 기재와 같음			최선순위 설정			

부동산의 점유자와 점유의 권원, 점유할 수 있는 기간, 차임 또는 보증금에 관한 관계인의 진술 및 임차인이 있는 경우 배당요구 여부와 그 일자, 전입신고일자 또는 사업자등록 신청일자와 확정일자의 유무와 그 일자

점유자의 성 명	점유부분	점유의 권 원	임대차기간 (점유기간)	보 증 금	차 임	전입신고일자 ·사업자등록 신청일자	확정 일자	배당요구 여부(배당 요구일자)

※ 위 최선순위 설정일자보다 대항요건을 먼저 갖춘 주택·상가건물 임차인의 임차보증금은 매수인에게 인수되는 경우가 발생할 수 있고, 대항력과 우선변제권이 있는 주택·상가건물 임차인이 배당요구를 하였으나 보증금 전액에 관하여 배당을 받지 아니한 경우에는 배당 받지 못한 잔액이 매수인에게 인수되게 됨을 주의하시기 바랍니다.

등기된 부동산에 관한 권리 또는 가처분으로서 매각으로 그 효력이 소멸되지 아니하는 것

매각에 따라 설정된 것으로 보는 지상권의 개요

비고란

※ 1. 매각목적물에서 제외되는 미등기건물 등이 있을 경우에는 그 취지를 명확히 기재한다.
  2. 매각으로 소멸되는 가등기담보권, 가압류, 전세권의 등기일자가 최선순위저당권등기일자
      보다 빠를 경우에는 그 등기일자를 기재한다.

(3) 입찰표 작성과 주의사항

입찰표는 경매법정내에서 입찰봉투와 함께 나누어 주는데 대리인일 경우 위임장 용지를 추가로 가져가야 할 것이고 공동입찰일 경우에는 공동입찰에 필요한 서류를 배부받아서 입찰표를 작성한다.

가. 입찰표 작성요령

입찰표 작성이 끝나면 "인"자 부분에 본인 또는 대리인의 도장을 날인하여 제출하면 된다.

① 사건번호 : 입찰하려는 경매사건의 진행번호를 기재한다(예 : 2004타경1234).

② 물건번호 : 한 사건에 여러 개의 물건이 나온 경우(개별경매)에는 사건번호 외에 별도로 물건번호를 기재한다(예 : 사건번호 2007타경1818 외에 물건번호 3번).

③ 입찰자 성명 : 본인의 성명을 기재하여야 한다.

④ 대리인 : 대리인이 입찰에 참여할 경우에만 대리인의 인적사항 등을 기재한다.

⑤ 입찰가격 : 미리 생각해둔 입찰가격을 기재하는데 반드시 아라비아 숫자로 적는다.

⑥ 보증금기재란 : 구법일 경우 입찰가의 10%, 신법일 경우 최저가의 10%만 쓴다.

플러

숫자는 정정하거나 덧칠하면 무효처리가 되므로 반드시 한번에 써야하며 만약 숫자를 정정해야할 경우에는 입찰표 용지만 한 장 더 가져와서 새로 써야 된다.
입찰가격은 당일 최저매각대금이거나 그 금액 이상을 써야 유효하다.
특별매각조건(주로 재경매)은 법원에 따라 보증금이 20~30%이므로 잘 살피고 입찰보증금액수도 특별매각조건에 맞추어 기재하여야 한다.
입찰보증금 반환란에 성명을 기재하고 날인하여 입찰함에 넣으면 탈락시 보증금 수령인 도장을 찍어야하는 수고가 없게 되며 개찰진행이 빨라지므로 권장할 사항이다.

기 일 입 찰 표

<table>
<tr><td colspan="2">○○지방법원 집행관　　귀하</td><td colspan="2">입찰기일 : 200　년　월　일</td></tr>
<tr><td>사건
번호</td><td colspan="2">타경　　　　　　　호</td><td>물건
번호</td><td>※ 물건번호가 여러개 있는 경우에는 꼭 기재</td></tr>
</table>

입찰자	본인	성　　　　명		(인)	전 화 번 호	
		주민(사업자) 등 록 번 호			법인등록번호	
		주　　　　소				
	대리인	성　　　　명		(인)	본인과의관계	
		주민등록번호			전 화 번 호	
		주　　　　소				

입찰 가격	천억	백억	십억	억	천만	백만	십만	만	천	백	십	일	원	보증 금액	백억	십억	억	천만	백만	십만	만	천	백	십	일	원

| 보 증 의
제공방법 | □ 현금 · 자기앞수표
□ 보증서 | 보증을 반환받았습니다.
입찰자본인 또는 대리인　　　　(인) |

※ 주의사항

1. 입찰표는 물건마다 별도의 용지를 사용하십시오. 다만, 일괄입찰시에는 1매의 용지를 사용하십시오.

2. 한 사건에서 입찰물건이 여러 개 있고 그 물건들이 개별적으로 입찰에 부쳐진 경우에는 사건번호 외에 물건번호를 기재하십시오.

3. 입찰자가 법인인 경우에는 본인의 성명란에 법인의 명칭과 대표자의 지위 및 성명을, 주민등록란에는 입찰자가 개인인 경우에는 주민등록번호를, 법인인 경우에는 사업자등록번호를 기재하고, 대표자의 자격을 증명하는 서면(법인의 등기부 등 · 초본)을 제출하여야 합니다.

4. 주소는 주민등록상의 주소를, 법인은 등기부상의 본점 소재지를 기재하시고, 신분확인상 필요하오니 주민등록증을 꼭 지참하십시오.

5. 입찰가격은 수정할 수 없으므로, 수정을 요하는 때에는 새 용지를 사용하십시오.

6. 대리인이 입찰하는 때에는 입찰자란에 본인과 대리인의 인적사항 및 본인과의 관계 등을 모두 기재하는 외에 본인의 위임장(입찰표 뒷면을 사용)과 인감증명을 제출하십시오.

7. 위임장, 인감증명 및 자격증명서는 이 입찰표에 첨부하십시오.

8. 일단 제출된 입찰표는 취소, 변경이나 교환이 불가능합니다.

9. 공동으로 입찰하는 경우에는 공동입찰신고서를 입찰표와 함께 제출하되, 입찰표의 본인란에는"별첨 공동입찰자목록 기재와 같음"이라고 기재한 다음, 입찰표와 공동입찰신고서 사이에는 공동 입찰자 전원이 간인하십시오.

10. 입찰자 본인 또는 대리인 누구나 보증을 반환받을 수 있습니다.

11. 보증의 제공방법(현금 · 자기앞수표 또는 보증서) 중 하나를 선택하여 V표를 기재하십시오.

위 임 장

대 리 인	성 명		직 업	
	주민등록번호		전화번호	

위 사람을 대리인으로 정하고 다음 사항을 위임함.

다 음

○○지방법원　　　타경　　　호 부동산

경매사건에 관한 입찰행위 일체

본 인 1	성 명		(인감인) 직 업	
	주민등록번호		전화번호	
	주 소			
본 인 2	성 명		(인감인) 직 업	
	주민등록번호		전화번호	
	주 소			
본 인 3	성 명		(인감인) 직 업	
	주민등록번호		전화번호	
	주 소			

※본인의 인감증명서 첨부

※본인이 법인이 경우에는 주민등록번호란에 사업자등록번호를 기재

○○지방법원　　　귀중

공 동 입 찰 신 고 서

법원 집행관　　　　귀하

사건번호　　　20 타경　　　호

물건번호

공동입찰자 : 별지 목록과 같음

　　위 사건에 관하여 공동입찰을 신고합니다.

20　년　　월　　일

신청인　　　　　외　　　인(별지목록 기재와 같음)

※ 1. 공동입찰을 하는 때에는 입찰표에 각자의 지분을 분명하게 표시하여야 합니다.

　 2. 별지 공동입찰자 목록과 사이에 공동입찰자 전원이 간인하십시오.

공 동 입 찰 자 목 록

번 호	성 명	주　　　소		지 분
		주민등록번호	전화번호	
	(인)			
	(인)			
	(인)			
	(인)			
	(인)			
	(인)			

공유자 우선매수신고서

사　건　　20○○타경○○○○○ 부동산강제(임의)경매

채 권 자

채 무 자(소유자)

공 유 자
■ 매각기일　20○○.　○.　○.　○○ : ○○
부동산의 표시 : 별지와 같음

　공유자는 민사집행법 제140조 제1항의 규정에 의하여 매각기일까지(집행관이 민사집행법 제115조 제1항에 따라 최고가매수신고인의 성명과 가격을 부르고 매각기일을 종결한다고 고지하기 전까지) **민사집행법 제113조에 따른 매수신청보증을 제공하고** 최고매수신고가격과 같은 가격으로 채무자의 지분을 우선 매수하겠다는 신고를 합니다.

첨 부 서 류

1. 공유자의 주민등록표 등본 또는 초본 1통
2. 기타(　　　　　　　)

200 ．　　．　　．

우선매수신고인(공유자)　　　　　○○
(연락처 :　　　　　　　)

○○ 지방법원 경매○계 귀중

임대주택법에 따른 임차인 우선매수신고서

사　건　　20○○타경○○○○○ 부동산강제(임의)경매

채 권 자

채 무 자(소유자)

■ 매각기일　20○○.　○.　○.　○○ : ○○
부동산의 표시 : 별지와 같음

　임차인은 임대주택법 제15조의 2 제1항의 규정에 의하여 매각기일까지 (집행관이 민사집행법 제115조 제1항에 따라 최고가매수신고인의 성명과 가격을 부르고 매각기일을 종결한다고 고지하기 전까지) <u>민사집행법 제113조에 따른 매수 신청보증을 제공하고</u> 최고매수신고가격과 같은 가격으로 채무자인 임대사업자의 임대주택을 우선 매수하겠다는 신고를 합니다.

첨 부 서 류

1. 임차인의 주민등록표 등본 또는 초본 1통
2. 기 타(　　　　)

　　　　　200 ．　．　．

　　　　　우선매수신고인(임차인)　　　　　○○
　　　　　　(연락처:　　　　　　　　　　)

　　　　　　　　○○ 지방법원 경매○계 귀중

나. 입찰봉투 작성요령

입찰봉투는 대봉투(황색)와 소봉투(흰색/편지봉투 크기)의 두가지가 있다. 봉투에 기재사항을 모두 기재한 후 "인"자로 쓰여진 부분에 도장을 날인하여 제출하여야 한다.

① 흰색 입찰봉투(小) : 입찰보증금을 이곳에 넣는다. 겉면 기재란에는 사건번호와 물건번호를 기재하고 제출자의 성명도 기재한다. 대리인일 경우에는 입찰본인외에 대리인의 성명도 기재한다.

② 황색 입찰봉투(大) : 미리 작성한 입찰표와 입찰보증금이 담긴 소봉투를 이곳에 넣은 뒤 사건번호와 물건번호를 기재하고, 그 밖에 제출자(또는 대리인)의 성명을 기재한 뒤 봉투중간에 점선에 맞추어 반으로 접은 뒤 신분증과 함께 집행관에게 가져가면 신분을 확인한 후 집행관이 수취증에 접수번호를 부여한 뒤에 봉투상단의 수취증을 절취하여 신분증과 함께 돌려준다 (수취증은 개찰시에 호명하면 제출해야 하므로 반드시 개찰이 끝날 때까지 잘 보관하고 있어야 한다).

입찰봉투(황색 대봉투)

입찰자용 수취증

수원지방법원(연결번호   호)

주의 : 이부분을 절취하여 보관하다가 보증금
을 반환받을 때 제출하십시오.
분실시에는 보증금을 반환받지 못할
수가 있으니 주의하십시오.

절   취   집행관
                     인   선

← 봉투를 반으로 겹어서 이곳을 호치키스로 찍으세요→

접   는   선

수원지방법원(연결번호   번)

입

사 건 번 호	타경 호
물 건 번 호	
제출자	

접   는   선

찰

봉

투

1. 입찰보증금 봉투와 입찰표를 넣고 봉하십시오.
2. 입찰자용 수취증의 절취선을 집행관의 날인을 받으십시오.
3. 사건번호를 타인이 볼 수 없도록 겹어서 입찰함에 넣으십시오.

(앞 면)

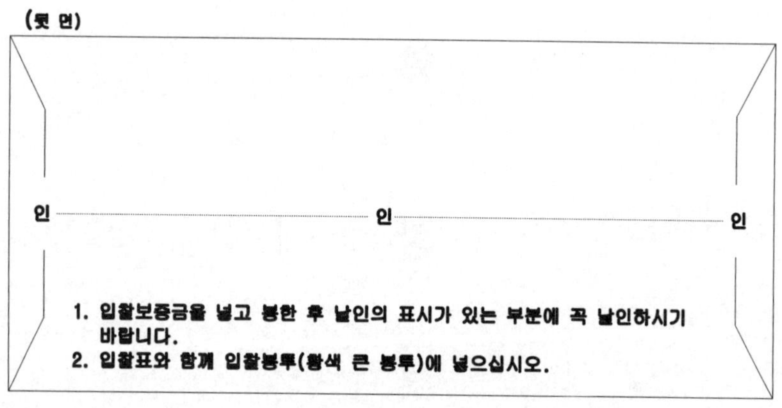

○ ○ 지방법원 ○ ○ 지원
매수신청보증봉투
사건번호 타경 호
물건번호
제 출 자 인

(뒷 면)

인 인 인
1. 입찰보증금을 넣고 봉한 후 날인의 표시가 있는 부분에 꼭 날인하시기
바랍니다.
2. 입찰표와 함께 입찰봉투(황색 큰 봉투)에 넣으십시오.

(4) 개찰 및 최고가매수신고인 결정과 차순위 매수신고

가. 개 찰

입찰이 마감되면 접수된 입찰봉투를 사건번호순으로 분류하여 정리가 끝나면 입찰자가 있는 사건번호를(법원에 따라 입찰자가 없는 사건번호를)발표 한다. 이어서 입찰봉투를 사건번호 순서로 정리를 한 뒤 개찰을 진행한다.

나. 최고가매수신고인 결정

집행관은 경매사건별로 입찰한 자들을 호명하고 개찰결과 최저가 이상을 써낸 응찰자 중에서 최고의 가격으로 응찰한 사람이 최고가매수신고인으로 정해진다.

그러나 최고가매수신고인으로 결정된 사람이 입찰보증금을 제출하지 않았거나 부족하게 제출한 경우에는 그의 응찰은 무효로 처리되고 바로 다음 가격으로 응찰한 입찰자가 최고가매수신고인으로 새로 결정되어진다.

만일 두 사람 이상이 동시에 최고가 매수가격을 썼을 경우에는 경매법원은 즉시 그들만을 상대로 입찰표를 나누어 주어 재입찰토록 하는데 이때에 이미 써낸 최고가액보다 높게 써야만 인정된다.

최고가매수신고인과 차순위 매수신고인이 결정되면 나머지 입찰자가 제출한 입찰보증금은 입찰법정에서 즉시 반환해 준다. 이때 보관하고 있던 입찰자용 접수번호가 기재된 수취증과 주민등록증을 제시하고 보증금을 수령한다. 보증금을 수령할 때에는 별도의 영수증을 작성할 필요없이 입찰표의 보증금 반환란에 서명 날인하면 된다.

다. 차순위 매수신고[40]

최고가매수신고인 이외의 입찰참가자 중에서 최고가매수액에서 입찰보증금(최저매각가격의 10%)을 뺀 금액보다 높은 가격으로 응찰한 사람은 차순위매수신고를

---

40) 경매실전에서는 차순위 매수신고에 신중을 기한다. 왜냐하면 차순위 매수신고인에게 낙찰허가가 떨어지기란 흔하지 않기 때문이다. 그리고 낙찰자가 잔금을 납부하기 전까지는 입찰보증금을 돌려 받을 수 없으므로 금전적인 손해가 있을 수 있다.

할 수 있다. 즉 최고가매수신고액이 1억원이고 입찰보증금이 1,000만원일때 1억원에서 보증금 1,000만원을 뺀 9,000만원보다 높은 가격으로 응찰한 사람은 모두 차순위 매수신고인이 될 수 있다.

그리고 차순위 매수신고를 한 사람이 둘 이상인 때에는 신고한 매수가격이 높은 사람을 차순위 매수신고인으로 정한다. 신고한 매수가격이 같은 때에는 추첨으로 차순위 매수신고인을 정하게 된다.

차순위 매수신고를 한 후 최고가매수신고인의 개인적인 사정 등으로 낙찰이 불허가 되거나 낙찰 잔금을 납부하지 않은 경우에는 다시 재입찰을 실시하지 않고 차순위 매수신고인에게 낙찰물건의 매각이 허가된다.

PART 7
부동산의 인도와 명도방법

낙찰부동산의 인도명령 및 명도소송 진행절차 흐름도

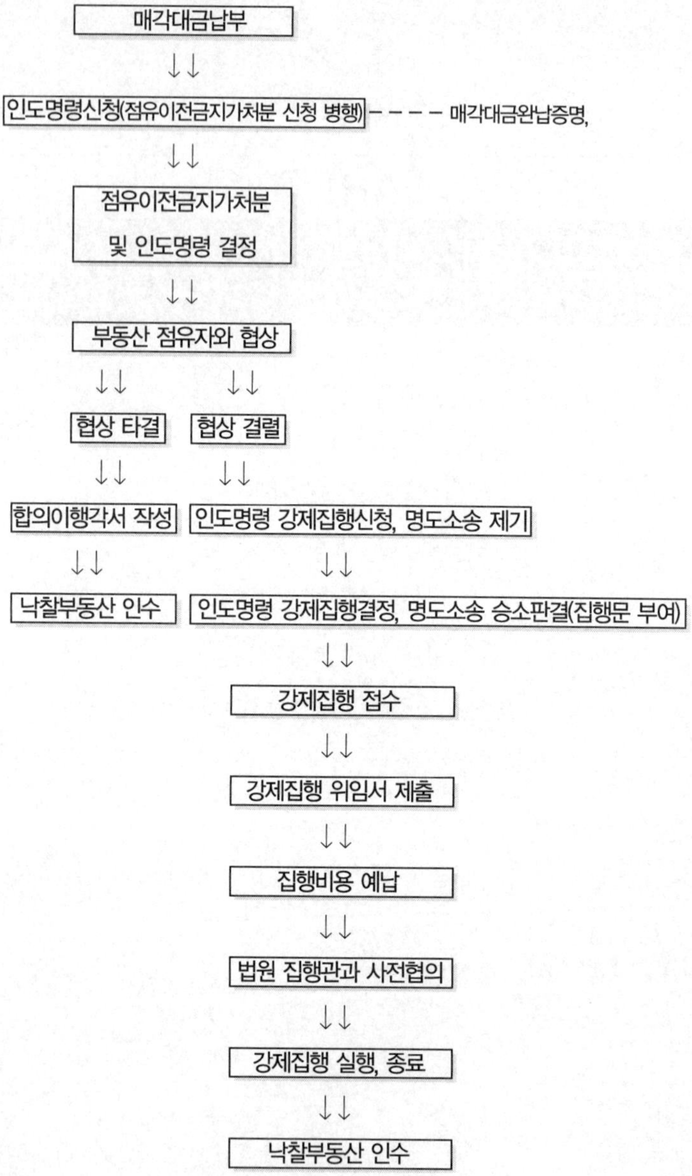

```
매각대금납부
  ↓↓
인도명령신청(점유이전금지가처분 신청 병행) - - - - 매각대금완납증명,
  ↓↓
점유이전금지가처분
및 인도명령 결정
  ↓↓
부동산 점유자와 협상
  ↓↓            ↓↓
협상 타결      협상 결렬
  ↓↓            ↓↓
합의이행각서 작성   인도명령 강제집행신청, 명도소송 제기
  ↓↓            ↓↓
낙찰부동산 인수   인도명령 강제집행결정, 명도소송 승소판결(집행문 부여)
                ↓↓
             강제집행 접수
                ↓↓
             강제집행 위임서 제출
                ↓↓
             집행비용 예납
                ↓↓
             법원 집행관과 사전협의
                ↓↓
             강제집행 실행, 종료
                ↓↓
             낙찰부동산 인수
```

1. 인도 및 명도진행

　부동산경매를 하다 보면 가장 힘든 부분이 권리분석과 경매물건의 수익성분석 그리고 마지막으로 인도 및 명도가 문제가 된다. 물론 각 경매의 과정마다 모두 중요하지만 그래도 경매의 꽃은 권리분석이 아니고 명도인 것이다. 수익성이 있다고 판단하여 낙찰받아 법원에 매각잔금까지 납부를 하고 소유권을 취득했는데도 불구하고 점유자가 집을 비워 주지 않으면 재산권행사를 하지 못해 막대한 손해를 볼 수 있다. 전 소유자 및 임차인 등을 내보내야 실질적인 소유권을 행사할 수 있기 때문이다.

　점유자가 부동산의 인도를 거절하면 통상 이사비 정도를 주고 타협하는 방법도 있지만 최후에는 법원의 집행관에 의해 강제로 내보내고 인수할 수밖에 없다. 그러므로 오고 갈데없이 살고 있는 사람을 내보내는 게 그리 쉬운 일이 아니다. 그래서 경매현장에서는 경매의 고수를 판가름하는 기준을 얼마나 무리없이 명도를 잘 하느냐를 가지고 따진다. 즉, 경매고수는 명도의 기술이 뛰어난 사람이다.

　따라서 인도 및 명도를 진행하는 데 있어서 매우 중요한 포인트는 점유자에 대해서 초반에 어떻게 협상의 주도권을 잡느냐에 달려 있다.

　초반의 협상주도권은 낙찰받은 부동산의 잔금을 납부하는 즉시 집주인으로서 소유권을 행사할 수 있도록 미리 미리 소유자 및 점유자의 연락처나 소재를 파악해 두어야 한다. 이사비나 위로비 정도를 주고 내보는 협상이 타결되지 않고 지지부진할 때에는 바로 인도명령과 점유이전금지가처분 신청을 하여 법적 조치를 병행하여야 한다. 대화를 통한 해결책과 공권력에 의한 집행을 동시에 활용하면 의외로 쉽게 해결될 수도 있다.

　여기서 주의할 점은 인도명령신청은 매각잔금 완납일로부터 6개월이내에 해야 하며 그렇지 아니하면 명도소송을 해야 하는 것이다. 명도소송은 3~4개월이 소요되므로 그 손해가 크다. 인도명령 대상자로는 매수인에게 대항력을 행사할 수 없는 소유자, 채무자, 부동산의 점유자이다. 반면에 명도소송 대상자는 인도명령 대상자의 외의 자로서 매수인에게 대항력을 행사할 수 있는 위장 선순위 임차인, 유치권자, 법정지상권자 등이다.

이렇게 인도명령을 신청하고 나서 점유자를 만나 부동산을 인도하여 줄 것을 요구한다. 대부분의 점유자는 부동산의 인도요구에 응하지 않는다.

그 사유도 여러 가지다. 이사온 지 몇 달 밖에 되지 않은 사람이 있는가 하면 사업의 부도로 집이 경매에 넘어가 갈 곳이 없는 사람 등등 집을 비워 주고 싶어도 비울 수 없는 경우가 많다. 그렇다고 그들의 입장만을 생각해 줄 수 없다. 인도받을 때까지는 매수인인 소유자가 관리비 등의 비용을 계속 부담해야 하기 때문이다. 처음으로 점유자를 만날 때는 상대방의 마음이 상하지 않도록 배려하는 입장을 보이면서 매수인의 사정도 어려우니 이해해 달라고 정중하게 부탁한다.

상대방이 아주 무리한 이사비용과 위로비 등을 요구하거나 집을 비워 줄 수 없다고 할 때에는 사정상 상대방의 요구를 들어 줄 수 없다는 입장을 단호하게 전달하고 이해시켜야 한다. 점유자의 마음을 상하지 않게 대화를 계속하면서 다른 한편으로는 신속히 법적인 조치를 취한다. 인도명령과 점유이전금지가처분 등의 법적인 조치가 진행되면 주도권은 매수인 쪽으로 넘어오게 돼 있다. 살림살이를 들어내는 법적인 강제집행 절차가 진행되면 점유자는 매수인의 요구를 대부분 수용한다. 점유자들 중에는 별 사람이 다 있다.

강제집행을 위한 인도명령서를 받으면 점유자가 유연해진다. 강제집행을 당할지도 모른다는 불안감일 것이다. 이때 상대방에 따라 전략을 세워 막무가내로 나오면 이쪽에서도 무대포로 강력하게 대응하면서 법적조치를 하겠다고 으름짱을 놓으면 대부분의 점유자들은 이사비 정도를 받아 가지고 이사를 간다. 이사비는 집행비용으로 들어가는 몫에서 준다는 생각으로 1백만원 이내에서 주도록 한다. 점유자에게는 협상이 안 될 때에는 법대로 하는 것이 가장 무서운 것이다. 강제집행을 하지 않고 점유자를 내보는게 명도의 고수이다. 즉 인도나 명도는 법대로 하되 타협과 함께 법적인 조치를 병행하면 큰 문제없이 해결할 수 있다. 협상 결과 경매 받은 부동산에 살고 있는 점유자가 집을 비워 주기로 약속한 때에는 후일의 증거를 위해 합의이행각서를 받아 두어야 한다.

건물인도 합의이행각서

사 건 번 호 :

임 차 인 :

주민등록번호 :

주   소 :

합의이행내용

1. 임차인(   )은 20 년 월   일까지 점유하고 있는 (   )을 낙찰인에게 무조건 명도한다.
2. 낙찰인은 임차인에게 필요한 경우 인감증명과 명도확인서를 교부하기로 한다.
3. 임차인은 명도일까지 관리비, 공과금 등을 정산한다.
4. 낙찰인은 임차인에게 이사비용 명목으로 일금 ( )원정을 명도시에 지불하기로 한다.
5. 상기 약정일까지 약속을 이행하지 아니할 때에는 임차인은 민사와 형사상의 모든 책임을 진다.

20   년   월 일

위 각서인(점유자, 임차인) :   (인)

위 사건 낙찰인(매수인) 홍 길 동 귀하

주소 :

2. 인도와 명도시 중요사항 정리

1) 인도명령신청은 잔금 납부와 동시에 모두(선순위 및 후순위 임차인 등 전부)에게 하는 것이 바람직하다.

2) 잔금납부 전에 부동산을 점유하고 있는 세입자들을 만나 배당유무를 고려하여 사전에 절충하거나 협의하다 보면 의외로 명도가 쉬워지는 경우가 많다.

3) 인도명령 대상은 2002년 7월 1일 개정 민사집행법에 의하여 대상이 확대되어 채무자, 소유자 외에 매수자에게 대항할 수 없는 모든 점유자가 해당된다.

4) 인도명령신청은 신청 후 1~2주 내에 결정이 되며 소유자나 채무자는 심문없이, 임차인의 경우는 사안에 따라 심문 후 인도명령을 내린다.

5) 법원은 인도명령결정 사실을 신청인(매수자), 피신청인 모두에게 인도명령 결정문을 송달하며 그 후 신청 당사자인 매수자 자신이 받은 인도명령 결정문과 각 대상자에게 송달되었다는 송달증명원을 첨부하여 집행관(집달관)사무실에 강제집행신청을 하는 것이다.

6) 강제집행 시에는 매수자 본인과 1인의 참관인을 참석시키는데 본인만 참석하여도 가능하다. 이때 집행 대상자의 부재로 문이 잠겨 있으면 집행관의 직권에 의하여 열쇠공을 시켜 강제로 문을 열고 집행할 수도 있다.

7) 집행대상자가 없을 경우 해당 가재도구는 법원지정 물품보관소에 보관한다(컨테이너 단위). 보관료 문제는 매수자가 일단 보관하고 후에 집행대상자에게 청구할 수가 있는데 거절이나 계속부재로 청구할 수 없는 경우에는 채무명의 판결로서 유체동산 압류와 (동산)경매신청을 통해 비용을 회수한다.

8) 강제집행 후 임차인이나 점유자가 재침입하면 형법 제140조의2 "부동산강제집행 효용침해죄"에 해당하여 5년 이하의 징역이나 700만원 이하의 벌금에 처한다.(형사 처벌) 인도명령신청과 동시에 "점유이전금지 가처분"을 동시에 하는 것이 좋다.

3. 실전 인도명령 신청

1) 인도명령 의미

낙찰부동산의 인도란 임차인 등 점유자의 점유를 매수자인 소유자에게 현실로 물건을 이전시키는 것을 의미한다. 예를 들면 가전제품인 TV를 구입한 사람에게 TV를 넘겨주는 것과 같다. 부동산의 경우 일반적으로 당사자간의 매매계약에 의해서 사고 팔 때에는 계약서에서 정한 날짜에 사는 사람은 매매대금의 잔금을 지급하고 파는 사람은 그 부동산의 소유권 이전에 필요한 서류를 넘겨줌과 동시에 집을 비워 준다. 이것을 일반매매에서는 법률적으로 동시이행이라 한다. 그러나 경매로 부동산을 구입하는 경우에는 다르다. 부동산 경매는 소유자나 임차인의 의지와는 상관없이 법에 의해 강제로 매각된다. 그리하여 낙찰자에 대하여 대항력이 없는데도 불구하고 소유자, 점유자 또는 채무자들이 부동산의 인도를 거부한다. 그리고 이사비, 위로비 등을 터무니없이 요구하는 경우가 빈번하게 발생한다.

그래서 민사집행법에 의해 진행하는 경매에서는 매수인(낙찰자)으로 하여금 낙찰부동산을 가능한 빨리 인도받게 하기 위하여 매수인이 매각대금을 완납한 후 6개월 이내에 인도명령을 신청하면 대항력이 없는 소유자, 점유자, 채무자 등에 대하여 부동산을 매수인에게 인도하도록 명령한다. 이것이 바로 법원에서 발하는 부동산인도명령이라고 한다.

2) 인도명령 신청

매수인은 매각대금을 완납한 후에 먼저 부동산의 인도를 요구하였지만 이에 응하지 아니하는 소유자, 점유자 등을 상대로 부동산의 인도를 명하는 인도명령을 경매법원에 신청하여 그 결정에 의하여 부동산을 인도받을 수 있다. 인도명령을 신청할 수 있는 권한을 가진 자는 매수인(낙찰자)이다. 매각대금을 납부하면 되고 소유권이전까지는 요하지 않는다. 인도명령의 대상자는 낙찰자에게 대항력을 행사할 수 없는 소유자, 후순위 임차인, 채무자 등 모두를 대상으로 한다. 단 선순위 임차인 등과 같이 권원(權原)에 의하여 대항력을 행사할 수 있는 경우에는 제외된다. 즉 부동산 점유자, 소유자, 채무자의 일반승계인과 그와 동거하는 가족 그리고 점유보조자 등은 점유의 독립성이 없으므로 소유자 및 점유자 등과 동일하게 취급되어 인도명령의 대상인 것이다.

그러면 낙찰부동산의 인도명령을 신청하는 방법에 대하여 알아본다.

먼저 낙찰부동산의 등기부등본을 발급받아서 해당 동주민센터(구, 동사무소)에 가서 누가 전입되어 있는지 주민등록 전입세대를 열람한다. 이미 입찰할 때 전입세대의 열람을 마쳤지만 인도명령 신청 전에 최종적으로 확인을 한다. 세대열람 할 때에는 매각잔금납부서 사본 등을 가지고 가야 낙찰부동산의 소유자라는 것이 확인되기 때문에 그 증빙자료를 가져가야 열람할 수 있다.

열람결과 전입자를 상대로 인도명령신청서를 작성하고 낙찰부동산의 목록을 첨부한다.

그 다음에는 법원내에 있는 은행에서 수입인지 1,000원을 사서 신청서의 우측 상단에 붙이고 인도명령정본 송달료 4회분(1명당 4회분, 2명이면 8회분)을 은행에 납부하고 그 영수증을 신청서 1면의 이면에 붙인다. 그리고 나서 신청서를 법원의 민사신청과에 접수시키면 된다. 신청서 접수 후 5~7일이면 인도명령결정이 떨어진다. 인도명령서는 매수인인 신청인과 점유자인 세입자, 소유자 등에게도 각각 송달된다.

부동산인도명령 신청서

사건번호 :

신청인(매수인) : ㅇ시 ㅇ구 ㅇ동 ㅇ번지

피신청인(임차인) : ㅇ시 ㅇ구 ㅇ동 ㅇ번지

위 사건에 관하여 매수인은 . . . 에 낙찰대금을 완납한 후 채무자(소유자, 부동산점유자)에게 별지 매수부동산의 인도를 청구하였으나 채무자가 불응하고 있으므로, 귀원 소속 집행관으로 하여금 채무자의 위 부동산에 대한 점유를 풀고 이를 매수인에게 인도하도록 하는 명령을 발령하여 주시기 바랍니다.

년   월   일

매 수 인   (인)

연락처(☎) :

ㅇㅇ지방법원   귀중

☞유의사항

1) 낙찰인은 대금완납 후 6개월내에 채무자, 소유자 또는 부동산 점유자에 대하여 부동산을 매수인에게 인도할 것을 법원에 신청할 수 있습니다.

2) 신청서에는 1,000원의 인지를 붙이고 1통을 집행법원에 제출하며 인도명령정본 송달료(2회분)를 납부하셔야 합니다.

《부동산인도명령 신청서의 별지도면(예시)》- 점유부분 도면

별지도면(가)

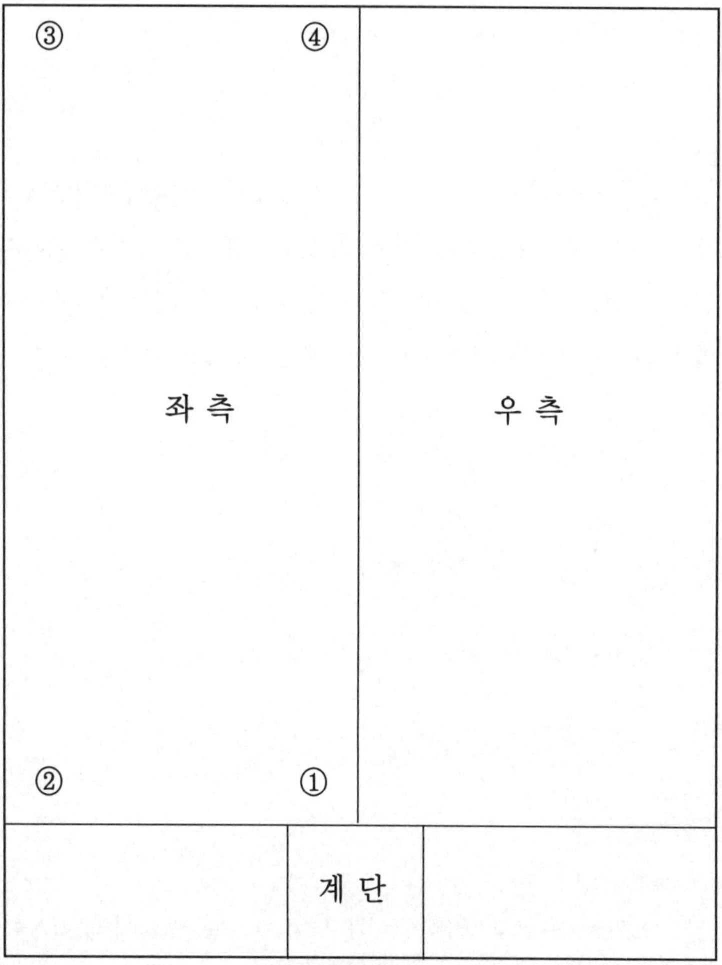

<table>
<tr><td>③</td><td>④</td><td rowspan="2"></td></tr>
<tr><td rowspan="2" style="text-align:center">좌 측</td><td rowspan="2" style="text-align:center">우 측</td></tr>
<tr></tr>
<tr><td>②</td><td>①</td><td></td></tr>
<tr><td></td><td>계 단</td><td></td></tr>
</table>

☞순차번호는 꼭지점을 잡아 매긴다.(꼭지점 표시)

매각대금완납증명원

사 건　　　　타경　　　　호

수입인지
500원

채권자 :

채무자 :

소유자 :

매수인 :

　위 사건의 별지목록기재 부동산을 금　　　　　원에 낙찰받아　.　.　.
에 그 대금전액을 납부하였음을 증명하여 주시기 바랍니다.

년　　　월　　　일

　　　　　매수인　　　　　　　　　(인)
　　　　　연락처(☎)

○○지방법원　　귀중

☞유의사항

　1) 매각부동산 목록을 첨부합니다.

　2) 2부를 작성합니다(원본에 500원 인지를 붙임).

4. 명도소송 제기

낙찰받은 부동산을 인수하는 방법에는 두 가지가 있다.

첫 번째는 경매법원에 매각대금을 완납한 후 6개월 이내에 대항력이 없는 점유자 그리고 채무자, 소유자 등에 대하여 부동산을 매수인에게 인도하도록 하는 법원의 인도명령에 의한 방법이 있다.

두 번째는 인도명령 대상 이외의 자(선순위 가장 임차인과 유치권신고자 등 권원을 가진 대항력이 있는 자) 및 인도명령 대상자이나 매각대금 완납 후 6개월 이내에 인도명령을 신청하지 아니하여 6개월이 경과된 점유자를 상대방으로 하여 소유권에 기해 제기하는 명도소송이 그것이다.

결론적으로 명도소송에 의하여 매각부동산을 인수받는 경우는 인도명령의 시기를 놓쳤거나 권원에 의한 대항력을 가지고 있는 자를 대상으로 한다.

그러므로 관할법원 경매계의 인도명령에 의하여 낙찰받은 부동산을 인수 받을 수 없는 때에는 일반 민·형사소송과 같이 관할법원에 명도소송을 제기하여 판결결과에 따라 매수인은 매각부동산을 인수받아야 한다. 그리고 부동산의 명도소송에 있어서 중요한 것은 소를 제기하기 이전에 반드시 점유이전금지가처분신청을 하여 점유이전금지가처분명령을 받아 실행한 후에 명도소송을 제기해야 한다. 그 이유는 명도소송을 제기한 이후에 점유자가 바뀌면 소송에서 승소하더라도 바뀐 점유자를 상대로 명도집행을 하지 못하므로 또다시 바뀐 점유자를 상대로 명도소송을 제기하여야 하기 때문이다. 이와 관련해서 주위에서 보면 가끔 경매초보자는 물론 경매에 대해 잘 안다고 자부하는 사람들도 인도명령 신청을 게을리하여 명도소송을 하게 되는데 금전적으로나 시간적으로 많은 손해를 볼 수 있으므로 이에 대해 세심한 주의가 요구되는 것이다.

위와 같이 매각부동산을 인도받는 방법으로 인도명령과 명도소송을 언급했지만 경매의 고수들은 최악의 경우에만 법대로 하든가 아니면 법의 힘을 빌려서 점유자 등과 협상을 통해서 집행비용의 범위내에서 이사비 정도를 주고 내보내는 것이 시간과 비용을 줄이고 수익을 극대화할 수 있는 최선의 방법이라고 본다.

☞ 인도명령 상대방 : 소유자, 채무자, 소유자 또는 채무자의 일반승계인, 권원이 없는 (대항력이 없는) 부동산의 점유자

명도소송 상대방 : 매각대금 완납후 6개월이 경과한 인도명령 대상자, 대항할 수 있는 권원을 가진 점유자(인도명령대상 이외의 자)

소 장 (명도소송)

원고 :
피고 :

건물명도 청구의 소

청 구 취 지

1. 피고는 원고에게 별지목록기재 부동산을 명도하라
2. 소송비용은 피고의 부담으로 한다.
3. 위 제1항은 가집행할 수 있다
   라는 판결을 구함.

청 구 원 인

1.
2.

입 증 자 료

1.
2.
3.

첨 부 자 료

1.
2.

년 월 일
원고 : (인)

○○지방법원 귀중

부동산점유이전금지가처분신청

신 청 인 :
주　　소 :

피신청인 :
주　　소 :

목적물가액 : 금　　　　　　　원정
목적물의 표시 : 별지도면과 같음

신 청 취 지

1. 피신청인은 별지도면 표시의 부동산에 대한 점유를 풀고 신청인이 위임하는 ○○지방법원 집행관에게 그 보관을 명한다.
2. 집행관은 그 현상을 변경하지 않는 것을 조건으로 하여 피신청인에게 보관하게 할 수 있다.
3. 집행관은 위 사실을 적당한 방법으로 공시하여야 한다.
4. 피신청인은 그 점유를 타인에게 이전하거나 또는 점유 명의를 변경하여서는 아니된다 라는 재판을 구합니다.

신 청 이 유

1.
2.

소 명 방 법

　　1. 갑 제1호증　　　　　　　　매각허가결정등본
　　2. 갑 제2호증　　　　　　　　매각대금납입영수증

첨 부 서 류

　　1. 건축물대장등본　　　　　　1통
　　2. 송달료납부서　　　　　　　1통

20　년　월　일

신청인 :　　　　　　　　　(인)

　　○○지방법원　　　귀중

5. 인도명령과 명도소송의 비교

구 분	인 도 명 령	명 도 소 송
① 신청기한 (신청시기)	• 매각대금 납부일로부터 6개월 이내	• 매각대금 납부일로부터 6개월 초과 • 매각대금 납부 후 부터
② 신청인	• 매수인 • 매수인의 일반승계인(상속인 등)	• 매수인 • 매수인의 일반승계인(상속인 등)
③ 상대방	• 채무자, 소유자 • 채무자 및 소유자의 일반승계인 • 대항력이 없는(권원이 없는) 점유자	• 인도명령 대상 이외의 자(선순위 가장 임차인과 유치권신고자 등 권원을 가진 대항력이 있다고 주장하는 자) • 매각대금 납부일부터 6개월이 경과한 인도명령대상자
④ 신청장소	• 집행법원 경매계	• 관할법원
⑤ 신청방법	• 서면 또는 구두(통상서면으로 함) • 부동산인도명령신청서 제출	• 명도소송의 소를 제기 • 점유이전금지가처분 동시 신청 (점유타인이전 및 점유명의 변경 금지)
⑥ 심리절차	• 소유자 및 채무자 : 심문하지 않음 • 소유자 및 채무자 이외의 점유자에 대해서는 심문한 후 결정	• 소제기에 따른 심문 후 판결
⑦ 소요기간	• 인도명령결정 : 신청일부터 3일내 • 낙찰자 등에게 송달 : 신청후 2주일 정도	• 소제기 후 4~6개월 정도
⑧ 소요비용	• 부동산의 면적과 층수에 따라 차이가 있으나 통상 150~200만원 정도	• 변호사 선임시 선임료(착수금) 200~500만원 정도 • 강제집행시 집행비용 등
비 고	인도명령과 명도소송의 내용을 비교한 것과 같이 인도명령 신청의 시기를 놓치면 시간적, 경제적으로 손해가 많고 재산권 행사에도 어려움이 있으므로 매각대금 납부 후 6개월 이내에 반드시 이행할 수 있도록 명심해야 한다. 따라서 인도명령이나 명도소송이나 어느 경우든 법적절차에 따라 해결하려면 시간과 비용이 많이 들어가므로 위의 비용내에서 점유자 등과 합의해서 원만하게 처리하는 것이 낙찰자 입장에서는 유리하다.	

PART 8
배당절차 및 배당실시

1. 배당절차 및 배당

1) 배당진행절차도

❶ 법원의 경매개시결정

❷ 채권자의 채권신고 및 세금공과 최고

❸ 배당요구종기까지 배당요구 ----
① 집행력 있는 정본을 가진 채권자(임차인 등)
② 경매개시결정등기후 가압류한 채권자
③ 민법, 상법 그 밖의 법률에 의거 우선변제 청구권이 있는 자(①+②+③ 은 요구배당)
※첫 경매개시결정등기 전에 등기된 우선변제권자 등은 배당요구 불필요(당연배당)

❹ 매각기일에 경매물건 매각

❺ 매각허가결정

❻ 매각허가결정 확정

❼ 법원에 매각잔금납부

❽ 배당기일의 지정 및 통지 ---- 매각대금 납부 후 3일안에 배당기일 지정 및 통지 (이해관계인과 배당요구 채권자), 배당기일은 대금납부 후 4주 안의 날로 정함

❾ 배당표의 작성 비치 ---- 배당기일의 3일 전에 배당표 원안을 작성 비치

❿ 배당기일의 실시 ---- 배당기일에 출석한 채권자, 채무자 및 이해관계인의 의견을 들어 배당표 확정(완성), 배당표에 이의가 있으면 그 이의가 있는 부분에 한하여 배당표는 확정되지 아니함

⓫ 배당표 확정시 배당실시 ---- 이의부분에 대한 배당표 미확정시(이의부분은 배당 실시 유보) 법원에 배당이의의 소 제기, 집행법원에 소 제기를 증명하면 이의부분에 대한 배당액을 공탁, 이의가 없을시 확정된 배당표에 따라 배당실시

⓬ 재배당(배당이의 소 결과에 따름)
추가배당, 배당표의 재조제

2) 배당표에 대한 이의제기 및 배당

(1) 배당표에 대한 이의는 배당기일에 법원에 출석하여 이의를 제기할 수 있다.

출석한 채무자 및 각 채권자 그리고 이해관계인은 배당표의 작성, 확정 및 배당의 실시, 다른 채권자의 채권과 그 채권의 순위에 대하여 이의를 제기할 수 있다.

(2) 배당기일의 통지를 받고도 법원에 출석하지 않은 채권자는 배당표와 같이 배당을 실시하는 데 동의한 것으로 보며, 채무자가 배당기일까지 서면으로 이의한 경우에는 배당기일에 출석하지 아니하였더라도 적법하게 이의를 제기한 것으로 본다.

(3) 채권자 및 채무자로부터 이의가 없을 때에는 법원이 작성한 배당표 원안이 그대로 확정되므로 확정된 배당표에 의거 배당을 실시한다. 그러나 배당표에 대한 이의가 있을 때에는 이의있는 부분에 대해서는 배당실시가 유보된다.

○○ 법 원
배 당 표

20　타경　부동산강제(임의)경매					

명 세	배당할 금액(①)	금　51,000,000 원			
	매 각 대 금	금　45,500,000 원			
	지 연 이 자	금　　　　　원			
	항고보증금	금　　　　　원			
	전매수인의 매수신청보증금	금　5,000,000 원			
	보증금등이자	금　500,000 원			
집 행 비 용(②)		금　1,500,000 원			
실제 배당할 금액 (①-②)		금　49,500,000 원			
매각부동산		서울 서초구 서초동 130 대 100㎡, 위 지상건물 150㎡			
채권자		김갑동	종로구	한국주택은행	이을순	박병식

채권금액	원 금	16,000,000	1,000,000	10,000,000	20,000,000	10,000,000
	이 자			495,000		
	비 용		화재보험료 5,000			
	계	16,000,000	1,000,000	10,500,000	20,000,000	10,000,000
배 당 순 위		1	2	3	4	4
이 　 유		임차인 (소액)	당해세	근저당권자	경매신청 채권자	가압류권 채권자
채 권 최 고 액		16,000,000	1,000,000	10,000,000	20,000,000	10,000,000
배 당 액		16,000,000	1,000,000	10,000,000	15,000,000	7,500,000
잔 여 액		33,500,000	32,500,000	22,500,000	7,500,0000	
배 당 비 율		100%	100%	100%	75%	75%
공 탁 번 호 (공탁일)		년 금제 호 (． ．)	년 금제 호 (． ．)	년 금제 호 (． ．)	년 금제 호 (． ．)	년 금제 호 (． ．)

20 　．　．　．

판 사　　　　　　　(인)

○○지방법원
배당기일통지서

귀하

사 건 20 타경 부동산강제경매

채 권 자 ○○○

채 무 자 ○○○

소 유 자 ○○○

아래와 같이 배당기일이 지정되었음을 통지합니다.

배당기일 ． ． ． ： (제 호 법정)

20 ． ． ．

법원사무관 (직인생략)

◼ 유 의 사 항 ◼

1. 채권자는 채권의 원금·배당기일까지의 이자, 그 밖의 부대채권 및 집행비용을 적은 계산서를 이 통지서를 받은 날부터 1주 안에 법원에 제출하시기 바랍니다. 채권계산서 양식은 아래와 같습니다.

2. 계산서에는 채권원인증서의 사본을 첨부하고, 채권원인증서의 원본은 배당요구서에 첨부한 경우가 아니면 배당당일에 제출하셔야 합니다(임차인은 아래3. 참조).

3. 임차인이 배당금을 수령하려면 ① 임대차계약서원본, ② 주택임차인은 주민등록등본, 상가건물임차인은 등록사항 등의 현황서등본 ③ 매수인의 인감이 날인된 임차목적물명도확인서, ④ 매수인의 인감증명서를 각 1통씩 배당당일에 제출하셔야 합니다(단, 배당요구종기까지 배당 요구한 임차인에 한하여 배당받을 수 있습니다).

4. 대리인이 출석할 때에는 위임장 2통, 위임자의 인감증명서 2통, 법인인 경우 법인 등(초)본 2통, 기타 자격증명서면을 제출하셔야 합니다.

5. 배당기일통지서를 받은 이해관계인일지라도 법정배당순위에 따라서는 배당금이 없는 경우도 있습니다.

6. 채권자가 배당액을 입금할 예금계좌 및 채권자의 주민등록번호(법인인 경우 사업자등록번호)를 신고하면 그 예금계좌에 입금하여 드릴 수 있습니다. 이 경우 입금에 소요되는 수수 료는 채권자 부담입니다.

7. 사건진행ARS는 지역번호 없이 1588-9100입니다. 바로 청취하기 위해서는 안내음성에 관계없이 '1' + '9' +[열람번호 000999 2001 013 3334]+ '*'를 누르면 됩니다(광주·전남 지역에서 타지역 사건조회 : (02)530-1234).

법 원 소재지		담 당	
		전 화	

	채 권 원 금	이자 (20 . . .부터 20 . . .까지)	기 타 (비용, 부대채권)	합 계
채권계산서				

20 . . .

채 권 자 　　　　　(날인 또는 서명) ☎:

3) 배당이의의 소

(1) 배당표의 이의에 대한 배당이의의 소 제기

집행력있는 집행권원의 정본을 가지지 아니한 채권자의 채권이나 부동산상의 담보권자의 채권에 대하여 이의를 제기한 경우에는 이의가 배당기일에 완결되지 않으면 그 부분에 대한 배당실시가 일시 유보되고 이의를 한 채무자가 배당이의의 소를 제기하여야 한다. 그리고 집행법원에 소를 제기하였음을 증명하면 그 이의 부분에 대한 배당액이 공탁된다. 배당이의의 소를 제기하고 1주일 이내에 소제기증명을 경매법원에 제출하여야 한다. 소제기증명을 제출하지 아니하면 배당표는 확정되어 배당이 실시된다.

(2) 배당이의의 소와 부당이득반환청구의 소와의 관계

배당을 받아야 할 자가 배당을 못받은 경우, 배당이의의 소를 통하여 구제받을 수 없게된 경우, 적법한 배당요구를 하지 않은 경우, 배당이의의 소제기 기간이 지난 경우에 상대방을 상대로 하여 부당이득반환청구가 가능한 것인지에 대하여 대법원의 판례는 다음과 같이 판시하고 있다.

① 배당을 받아야 할 자가 배당을 받지 못한 경우에는 배당을 받았던 자를 상대로 부당이득반환청구권을 갖는다고 판시하였다(대판 '01.3.13, 99다26948).

② 우선변제권이 있는 채권자라고 해도 적법한 배당요구를 하지 아니한 경우에는 후순위 채권자를 상대로 부당이득의 반환을 청구할 수 없다(대판 '98.10.13, 98다12379).

(3) 추가배당, 재배당, 배당표의 재조제

일단 작성된 배당표를 집행법원이 후에 변경하거나 다시 작성하여 배당을 실시하는 절차를 추가배당 및 재배당이라 하는데 실무상 종전의 배당표상 배당받는 것으로 기재된 채권자에 대한 배당액의 전부 또는 일부를 당해 채권자가 배당받지 못하는 것으로 확정한 경우에 그 채권자의 배당액에 대하여 이의제기를 하였는지의 여부에 관계없이 배당에 참가한 모든 채권자를 대상으로 배당순위에 따라 추가로 배당하는 절차를 추가배당이라 한다.

배당이의의 소의 결과에 따라 원고와 피고사이에서만 다시 배당하는 절차를 재배당이라한다.

또한 일단 작성된 배당표의 전부 또는 일부를 무시하고 그 부분에 대하여 새로운 배당표를 작성하는 행위를 실무상 배당표의 재조제라 한다.

2. 배당의 우선순위

물권은 언제나 채권에 우선하지만 소액 최우선변제권과 임금채권에는 뒤진다. 국가의 채권은 개인간의 민사채권보다 우선한다는 원칙이 있다.

배당받을 각 채권자는 민법, 상법, 그 밖의 법률에 의한 우선순위에 따라 배당순위가 정하여진다(민집법 제145조 제2항). 즉 배당순위는 개별법에서 정한 규정에 의하여 정하여지므로 아주 복잡하다.

배당순위를 알아본다는 것은 입찰하고자 하는 물건에 대하여 배당과 무배당을 가리는 것과 동시에 일부배당을 판독하여 입찰가능여부와 또는 잉여, 무잉여를 알아보기 위한 중요한 학습과제이다.

1) 제1순위 배당(경매를 신청한 신청인의 경매비용) : 경매집행비용

경매신청 당시의 인지대/등본 및 증명서등의 발급비용/현황조사를 위한 여비와 일당/송달료/경매개시결정 기입등기 촉탁비용/감정평가 수수료/매각집행 집행관 집행수수료 등이 제1순위로 배당된다.

2) 제2순위 배당 : 저당물의 제3취득자가 목적부동산에 대한 보존과 개량을 위해 투입한 필요경비(필요비, 유익비, 민법 제367조)

즉, 경매신청자/근저당권자/지상권자/전세권자/임차권자 등의 권리를 갖춘 자로서 목적부동산에 대하여 투입한 비용과 경비가 제2순위로 배당된다.

3) 제3순위 배당

① 소액임차인의 보증금중 최우선 변제금액(소액임차보증금 채권)

② 최종 3개월분 임금과 최종 3년간의 퇴직금 및 재해보상금(근로기준법 제37조 등), ①과 ②는 3순위로서 동등하다.

서울시 및 수도권과밀억제권역 2,000만원까지, 광역시 1,700만원까지 기타지역은 1,400만원까지(소액배당표 참조) 제3순위로 배당된다.

4) 제4순위 배당 : 당해세(집행의 목적부동산에 부과된 국세 및 지방세와 가산금)

당해세의 세목으로는 국세중 상속세, 증여세, 재평가세(국세기본법 시행령 제18조 규정)가 당해세에 속하며, 지방세중 재산세, 자동차세, 종합토지세, 도시계획세 및 공동시설세(지방세법 시행령 제14조 규정, 헌재결정)가 당해세에 해당되어 제4순위로 배당된다.

지방세의 취득세와 등록세는 헌법재판소의 결정에 의해서 당해세가 아니다.

5) 제5순위 배당 : 국세나 지방세 부과 전에 설정된 권리

근저당권/전세권/담보가등기/질권 등이 설정일자 순서대로 제5순위로
배당된다.

6) 제6순위 배당 : 각종조세 채권

7) 제7순위 배당 : 건강 보험료

8) 제8순위 배당 : 각종 공과금

9) 제9순위 배당 : 일반 채권자, 이상 순위로 배당이 된다.

이상의 순위에 의하여 실무에서는 흡수, 순환배당을 하므로 등기의 선
후에 따라 안분 배당 후 선권리자에게 흡수되기도 하여 모두 위 순위대로
만 원칙을 지켜 배당하는 것은 아니다.

3. 가압류와 강제경매개시 기입등기의 배당

1) 가압류의 배당

① 가압류 등기의 본질은 채권이며 "채권자 평등주의"에 따라 다른 권리에 대하여 순위에 의한 우선변제권을 주장할 수 없다. 그러므로 물권과 부딪쳐 다투게 되면 물권우선주의에 의하여 물권에게 흡수된다. 그러나 물권보다도 앞선 가압류는 동순위로서 비율만큼 안분배당을 받게 되며, 이때에는 서로가 우선변제권을 주장하지 못하는 것이다.

① 가압류	② 근저당권	③ 가압류
채권비율만큼 안분배당	<u>1차 안분배당</u> 1차 안분배당으로 채권액이 충족되지 않으면 3번가압류의 배당액을 흡수하여 충족한다	<u>1차 안분배당</u> 2번 근저당권(물권)에게 일부 또는 전액 흡수 될 수 있다. (근저당권의 채권 충족시 까지)

이렇게 1번 가압류는 채권비율에 따라 안분배당액의 전액을 받을 수 있지만 2번 근저당권은 채권이 충족될 때까지 3번 가압류의 안분배당액을 흡수하게 된다

즉, 1차 채권자 평등주의에 의해 세권리가 채권비율만큼 안분배당을 받은 뒤에 근저당보다 후순위 권리인 가압류로부터 "물권우선주의"에 의해 근저당권의 채권액이 충족할 때까지 흡수할 수 있다는 것이다.

☞ 안분흡수배당(판례, 실무통설)

경매시 채권인 가압류 이하 권리에 대하여 배당하고자 할 때에는 제1단계로 채권액에 비례하여 채권자평등주의에 따라 안분배당을 하고난 후에 제2단계로 근저당권 등의 물권우선주의에 의거 제1단계에서 안분받지 못한 금액(부족액)에 달할 때까지 후순위 채권자의 제1단계 안분액을 흡수하는 배당방식이다.

☞ 예시) 안분흡수배당(배당재단 2,000만원)

권리순위	① 가압류(갑)	② 1번 저당권(을)	③ 2번 저당권(병)
배당액	채권액 : 500만원 (10%)	채권액 : 1,500만원 (30%)	채권액 : 3,000만원 (60%)
	① 제1단계 안분배당액 : 200만원 ② 제2단계 흡수 : 없음	① 제1단계 안분액 : 600만원 ② 제2단계 흡수액 : 900만원	① 제1단계 안분액 : 1,200만원 ② 제2단계 흡수액 : 흡수당함(900만원)
	배당확정 : 200만원	배당확정 : 1,500만원 (600만원+900만원)	배당확정 : 300만원 (1,200만원-900만원)

※ 제1단계 안분액 계산 = (2,000 × 500)/(500 + 1,500 + 3,000)

② 가압류가 선순위이고 그 후 확정일자부 임차인이 거주하다가 경매로 인하여 배당을 하게 되면 가압류와 임차인은 안분배당을 받는다(채권자 평등주의)

① 가압류(채권자평등주의)	② 임차인
임차인과 안분배당	선순위 가압류와 안분배당

③ 가압류는 채무자가 민사집행법 제282조[41]에 의하여 가압류 금액(청구금액 상당)에 대해서 법원에 공탁금을 걸고 집행정지 또는 취소신청을 하면 가압류 등기가 말소되는데 이를 해방공탁(해방공탁금)이라고 한다. 법원의 경매실무에서는 거의 이용되지 않고 있다.

④ 가압류는 경매시 이해관계인이 되지 못하므로 매각기일이나 매각결정기일 등을 통보해 주지 않고, 다만, 배당기일만 통지하므로 차별대우를 받는 권리이다.

---

41) 민집법 제282조(가압류해방금액)의 가압류 명령에는 가압류의 집행을 정지시키거나 집행한 가압류를 취소시키기 위하여 채무자가 공탁할 금액을 적어야 한다(법원실무제요 Ⅳ권 161쪽 참조).

1. 이해관계인의 범위(해당) : 경매신청 채권자, 채무자, 소유자, 등기부에 기입된 부동산
   위의 권리자(전세권자, 지상권자, 임대차 등기한 임차권자, 저당권자), 부동산위의 권리를
   증명한 자(유치권자, 점유권자, 대항력을 갖춘 주택임차인 및 상가임차인, 법정지상권자 등)

2. 이해관계인이 부정되는 범위 : 가압류권자, 예고등기권리자, 재매각시 전의 매수인,
   처분금지가처분권자, 대항력을 갖추지 않은 임차인 등

2) 강제경매개시 기입등기의 배당

예를 들어 말소기준권리가 되는 근저당권/가압류/담보가등기/압류 등
의 등기가 전혀 없는 상태에서 임차인등이 보증금을 반환받기 위하여 강
제경매 신청을 한 경우이다.

이러한 경우에는 강제경매개시 기입등기가 말소기준권리가 되므로 유
의하여야 한다.

4. 임차인과 채권자의 배당

반드시 배당요구(배당요구종기까지)를 하여야만 배당되는 경우

① 말소기준등기 보다 빠른 선순위 전세권자
   ☞ 후순위 전세권자는 자동 배당된다(배당요구 불필요)

② 경매개시 결정등기 이후에 등기된 저당권자와 가압류권자

③ 경매개시 결정등기 이전의 대항력을 갖춘 소액임차인(상가 포함)

④ 임차권등기를 한 임차권자

⑤ 임금채권자(최종 3개월분 임금과 최종 3년분 퇴직금), 우선변제 청구권자

⑥ 법원의 판결문이나 집행력 있는 정본을 갖춘 채권자

⑦ 근저당 설정금액이 초과하는 부분의(초과부분=일반채권)초과부분을 청구한 근
   저당권자.

이상의 권리자들은 배당요구종기일까지 배당신청을 하여야만 배당에
참여할 수 있다.

5. 근저당권과 선·후 권리 및 배당

1) 근저당권이 설정되기 이전에 가압류가 있다면?

최선순위로 가압류가 등기되어 있는 상태에서 후에 근저당권이 설정되
었다면 가압류와 근저당권자는 동순위가 된다(채권자 평등주의). 따라서 이
러한 경우에는 선순위 가압류와 후순위 근저당권이 안분배당을 받게 된
다.

2) 근저당권이 설정된 이후에 소유권이전 청구권에 의한 보전가등기가 있다면?

이러한 경우에는 매각허가결정 후 잔금을 납부하고 소유권이전등기시
에 말소된다.

3) 근저당권 이후에 예고등기가 되어 있다면?

예고등기는 해당 부동산에 대하여 소송이 진행되고 있음을 법원이 경고
차원에서 직권으로 하는 등기이므로 말소기준등기(권리)와 선·후를 따질

필요도 없으며 말소도 되지 않는다. 다시 말하면 후에 소송에 의하여 소유권을 상실할 우려가 있다는 것이다. 즉, 예고등기는 선·후를 불문하고 매수자에게 인수되는 권리이다.

4) 근저당권이 전유부분만 되어 있는 구분건물

최초에 건물의 전유부분에만 근저당권을 설정하였다가 후에 대지지분을 분할 받아 대지권등기를 마친 상태에서 다시 담보가등기나 가압류 등의 후순위등기가 존재하는 상태에서 근저당권자가 경매를 신청하였다면, 구분건물(아파트, 연립 등)의 경우에는 건물만의 매각대금에서 배당받는 것이 아니라 건물과 대지가 포함된 총매각대금에서 우선하여 근저당권자가 채권액을 배당받는다.

그러나 단독주택이나 다가구주택, 근린주택 등의 경우에는 건물 매각대금에서만 배당을 받게 된다.

플러스

경매는 처음부터 확인과 확인을 반복하는 일련의 과정이라고 할 수 있다. 어느 것 하나라도 간과하거나 생략할 수가 없는 것이 법원경매인 것이다.

경매에서의 실수는 완전 초보자보다도 오히려 어설프게 좀 안다고 자부하는 사람들이 실수를 많이 한다. 어차피 경매를 배우려 하였다면 차분하게 한가지 씩 경매지식을 늘려가면서 실전에 대한 요령을 터득하여야 한다.

경매의 성공을 위해서는 침착확인·답사확인·시세확인·임차확인·대조확인·열람확인·또 확인 등의 과정이 필수사항인 것이다. 꼭 실천하여야 진정한 경매전문가의 반열에 오를 수 있다.

6. 매수자 위주로 알아보는 배당

배당은 정해진 기일에 실시하며 배당신청을 한 채권자 및 이해관계인 등을 출석시켜 진술하게 하고 배당표를 확정하여 배당한다.

1) 이해관계인 등은 배당표에 대한 이의가 있을 시 당일 이의가 종결되지 않으면 배당기일부터 7일 이내에 이의신청서를 제출해야 한다.

2) 배당이 확정된 임차인이 배당기일에 참석하지 않으면 이의제기를 하지 못하며 배당금액은 공탁하게 된다. 공탁금을 나중에 찾기 위해서는 공탁금 출급청구서를 제출하여야 하며 본인의 은행계좌로 계좌입금을 신청하면 통장 사본 및 신청서와 수수료를 납부해야 한다.

3) 이미 등기된 전세권이나 임차권은 집을 비우고 명도확인서를 제출하여야 배당이 된다. 이때 대항력 있는 최선순위 전세권은 배당요구를 하면 명도확인 여부에 관계없이 배당이 된다.

4) 소액임차인이 후에 전세금을 증액하여 소액임차인의 범위를 초과했을 시 소액 최우선 배당금은 제외되며 순위에 따른 배당만 해당된다.

5) 소액 임차인이 다수여서 매각대금의 50%를 넘게 되면 집행비를 제외한 남은 금액의 50%범위 내에서 안분배당하며 소액임차인의 소액 변제액이 50% 미만일시에는 소액최우선 변제액을 모두 배당받을 수 있다.

6) 소액 최우선변제권은 1984년 1월 1일부터 시행하였다. 따라서 1984년 1월 1일 이전의 근저당권은 소액임차인보다 우선하여 배당을 받는다. 이 경우 기타의 말소기준등기 모두가 동일하게 우선 배당을 받는다

7) 말소기준등기보다 선순위로 전입한 대항력 있는 임차인이 확정일자가 없으면 매수자가 임차보증금을 전액 인수하게 된다.

8) 말소기준등기보다 빠른 선순위 임차인이 전입과 확정일자를 갖춘 상태에서 배

당요구를 하지 않았다면 매수자가 인수부담하게 된다. 이 경우 배당요구를 하였다가 배당요구 종기일 이전에 철회하여도 매수자가 인수하게 된다. 대항력 있는 임차인이 전액 배당받지 못하면 차액은 매수자가 인수부담한다.

7. 배당실무의 원칙

1) 경매개시 결정등기 이전에 등기를 마친 권리자는 배당요구를 하지 않아도 배당을 받을 수 있다(임금채권과 임차인은 제외).

 (근저당권, 담보가등기, 가압류, 압류 등은 채권계산서 신고만으로도 배당 참여 가능함)

2) 임금이 최우선 순위이기는 하지만 전소유자의 채권보다는 후순위이다.

3) 최선순위 소액임차인과 임금채권은 배당요구를 해야만 배당을 받을 수 있다.

4) 경매개시결정 이후에 보증금을 감액하여 소액임차인으로 할 수가 없다.

5) 소액보증금이 아닌 일반 임차인은 주택점유 및 전입신고와 확정일자를 갖추어야만 순위에 의한 배당을 받을 수 있다(전입은 빠르고 확정일자가 늦으면 낙찰자 인수함).

6) 모든 임차인은 배당요구 종기일까지 배당요구를 하여야만 배당을 받는다.

7) 경매개시결정 이전에 임차권등기를 마친 자는 배당요구 없이 배당이 가능하다.

8) 상가 임차인의 경우 2002년 11월 1일(상가건물임대차보호법 제정 · 시행일) 이후 갱신이나 계약한 임대차부터 적용한다.

9) 상가 임대차는 반드시 영업용 건물(사업자등록 대상건물)이라야만 적용이 된다.

10) 상가 임대차의 대항력은 2002년 11월 1일 이전에 존속된 기간도 적용받는
   다.(보증금 우선변제권, 소액 최우선변제권에 한함)

11) 상가 임대차는 건물을 점유하고 사업자등록을 신청한 익일부터 대항력을 인
   정한다.(모두 배당요구를 하여야만 배당을 받을 수 있다)

12) 상가 임차인의 소액보증금은 매각대금의 3분의 1의 범위 내에서 우선한다.

13) 전세권자[42]는 토지의 매각대금에서 배당을 받을 수 없다.

   공동주택인 집합건물(아파트/연립/빌라/오피스텔)의 경우는 예외로 한다(대지권
   의 일체성 때문임).

---

42) 여기서 전세권자는 단독주택과 다가구주택을 말한다. 다가구 및 단독주택의 경우는 건물매각대금에서만 배당
(변제)된다. 즉 토지매객대금에서는 배당받지 못한다. 그러나 아파트 등 집합건물은 토지＋건물의 매각대금에서 배
당받는다.

배 당 요 구 신 청

사건번호

채 권 자

채 무 자

배당요구채권자 :　○시　○구　○동　○번지

배당요구채권

1. 금　　　　　원정

　○○ 법원　　　가단(합) ○○호　○○청구사건의 집행력 있는 판결정본

　에 기한 채권 금　　　　원의 변제금

1. 위 원금에 대한　년 ○ 월 ○ 일 이후 완제일까지 연 ○ 푼의 지연손해금

신 청 원 인

　위 채권자 채무자 간의 귀원　　　타경 ○○ 호 부동산강제경매사건에 관

하여 채권자는 채무자에 대하여 전기 집행력 있는 정본에 기한 채권을 가

지고 있으므로 위 매각대금에 관하여 배당요구를 합니다.

년　　　　월　　　　일

　　　　위 배당요구채권자　　　　　　　　(인)

　　　　연락처(☎)

　　지방법원　　　　　　　귀중

☞ 유의사항

실체법상 우선변제청구권이 있는 채권자, 집행력 있는 정본을 가진 채권자 및 경매신청
의 등기 후 가압류한 채권자는 배당요구종기일까지 배당요구할 수 있으며, 배당요구는
채권의 원인과 수액을 기재한 서면으로 하여야 합니다.

권리신고 겸 배당요구신청서

사건번호　　　타경　부동산강제(임의)경매

채 권 자

채 무 자

소 유 자

　본인은 이 사건 경매절차에서 임대보증금을 우선변제받기 위하여 아래와 같이 권리신고 겸 배당요구를 하오니 매각대금에서 우선배당을 하여 주시기 바랍니다.

아　　　래

1. 계 약 일 :　.　.　.
2. 계약당사자 : 임대인(소유자)　〇〇〇

　　　　　　　　임　차　인　〇〇〇

3. 임대차기간 :　.　.　.부터　.　.　.까지(　년　간)
4. 임대보증금 : 전세　　　　　원

　　　　　　　보증금　　　　　원에　월세

5. 임차 부분 : 전부(방　칸), 일부(　층 방　칸)

　(※ 뒷면에 임차부분을 특정한 내부구조도를 그려주시기 바랍니다)

6. 주택인도일(입주한 날) :　.　.　.
7. 주민등록전입신고일 :　.　.　.
8. 확정일자 유무 : □ 유(　.　.　.), □ 무
9. 전세권(주택임차권)등기 유무 : □ 유(　.　.　.), □ 무

　　　　　〔첨부서류〕

1. 임대차계약서 사본 1통
2. 주민등록등본　1통

년　월　일

　　　권리신고 겸 배당요구자 :(인)

　　　　　　연락처(☎)

　　〇〇 지방법원 귀중

배당액 영수증

사건번호

채 권 자

채 무 자

  위 사건에 관하여 집행력 있는 정본에 기한 집행채권액   원 중
그 일부인   원을 배당액으로서 정히 영수함.

년   월   일

위 영수인 채권자(배당요구채권자)   (인)
연락처(☎)

○○ 지방법원 귀중

☞ 유의사항

채권전부의 배당을 받는 채권자는 배당액지급증을 수령하는 동시에 집행력 있는 정본
또는 공정증서(채권증서)등을 채무자에게 교부하여야 하고, 채권의 일부만 배당받는 채
권자는 집행력 있는 정본 또는 공정증서(채권증서)등을 제출하여 배당액을 기입하여 반
환받음과 동시에 배당액 영수증을 제출하셔야 합니다.

명도확인서

사건번호 :

이　름 :
주　소 :

　위 사건에서 위 임차인은 임차보증금에 따른 배당금을 받기 위해 매수인에게 목적부동산을 명도하였음을 확인합니다.

첨부서류 : 매수인 명도확인용 인감증명서 1통

년　　　월　　　일

매 수 인　　　　　　　　(인)
연락처(☎)

○○ 지방법원 귀중

☞ 유의사항

1) 주소는 경매기록에 기재된 주소와 같아야 하며, 이는 주민등록상 주소이어야 합니다.

2) 임차인이 배당금을 찾기 전에 이사를 하기 어려운 실정이므로, 매수인과 임차인간에 이사날짜를 미리 정하고 이를 신뢰할 수 있다면 임차인이 이사하기 전에 매수인은 명도확인서를 해줄 수도 있습니다.

PART 9
경매실전 사례 및 문답

1. 전대차 임차인 권리분석

전대차 임차인이 있는 물건이다.

채권·채무 소유	소재지	면적(m²)	등기부상 권리관계	임차관계 전입현황	감정가액 (원)
아파트 우리은행 박길수	수원시 조원동 1122 한일타운 아파트 206 동 1502호	95.4392m² (38평형, 방 3)19층 94.7.7 준공	근저당권 95.05.16 우리은행 6,900만원 근저당 96.10.17 신한은행 5,000만원 가압류 98.02.07 대양신용금고 2,500만원 임의경매개시 99.6.19 우리은행	홍철환 8,000만원 95.04.20 확정일자 95.04.21 배당요구 오근식 5,000만원 96.11.10 배당요구 (홍철환의 전차)	150,000,000 120,000,000 (80%) 99.12.29 유찰

대항력 있는 임차인(홍철환)이 오근식에게 전대차한 것이다.

이 물건의 말소기준등기(권리)는 95.05.16의 우리은행의 근저당권이다.

임차인 홍철환은 말소기준권리인 우리은행보다 선순위이므로 대항력 있는 임차인이며 확정일자도 빠르므로 후순위 권리보다 우선하여 배당을 받는다. 오근식의 경우는 임대인의 동의를 얻어 홍철환에게 주택을 전대 받음으로써 홍철환의 대항력을 이어받아 대항력을 주장할 수가 있다.

이러한 경우는 오근식은 먼저 5천만원 전액을 배당받으며, 그 후 홍철환의 전체 전세 보증금 중 오근식의 5천만원을 제외한 나머지 3천만원을 배당받게 된다.

1) 이 경우는 임대인(소유자)의 동의를 얻어 전대차한 경우이다.

2) 만약 집주인(임대인)의 동의를 얻지 않고 홍철환과 일방으로 맺은 계약서였다면 오근식은 대항력을 이어 받을 수도 없지만 집주인에게는 물론 본건 낙찰자에게도 대항할 수가 없었을 것이다.

다만, 홍철환 에게만 보증금 반환청구가 가능하다 할 것이다.

3) 임차인 2인의 배당이 끝나고 남은 금액은 말소기준권리인 우리은행에 배당이 되며 그 이후의 모든 권리는 소유권이전할 때에 촉탁으로 말소된다.

2. 경매외 주택의 처리문제

입찰에서 제외되는 건물(주택)이 있는 사례이다.

채권·채무 소유	소재지	면적(㎡)	등기부상 권리관계	임차관계 전입현황	감정가액 (원)
대지 군포농협 심은하	안양시 동안구 관양동 672-2	대 173㎡(52평) 경매외 주택 93.6 소재	가압류 95.5.17 교보생명 500만원 근저당 96.1.19 이만섭 5,000만원 근저당권 97.12.21 교보생명 3,400만원 임의경매개시 98.10.19 이만섭	최현수 (점유)	140,000,000 71,400,000 (51%) 99.2.21 유찰 99.3.25 유찰

1) 물건은 대지이며 95.5.17 교보생명의 가압류가 말소기준 권리이며 그 이후 권리들은 잔금납부 후 촉탁등기로 말소가 된다.

2) 그러나 이 경우 대지위에 경매외 주택이 있음으로 해서 낙찰 후 전체적으로 물건에 대하여 소유권을 즉시 행사할 수가 없게 된다. 다만, 건물 소유자로부터 지료청구소송을 통하여 연7% 범위 내에서 지료를 청구할 수 있다 할 것이다.

3) 지상물의 소유자와 합의로서 기한을 설정하여 일정액의 지료를 약정하여 계약서를 작성한 뒤 2년(2회)이상 지료를 연체할 경우는 지상물에 대하여 철거소송이나, 또는 지상물에 대하여 강제경매를 신청할 수는 있는데 많은 시간과 번거로움이 뒤따른다.

4) 만약 입찰외 주택이 전체대지의 일부만 차지했을 경우는 나머지 공간만으로도 수익성이 충분하다고 판단될 경우에는 응찰해도 될 것이지만 그렇지 않고 많은 부분을 차지하고 있을 경우에는 입찰을 피하는 게 좋을 것이다.

그 외에 건물소유자와 타협으로 건물을 사들일 수도 있지만 판단은 본인이 신중하게 고려하여 선택해야 할 몫이다.

3. 예고등기 처리

입찰에서 예고등기가 있는 물건이다.

채권·채무 소유	소재지	면적(㎡)	등기부상 권리관계	임차관계 전입현황	감정가액 (원)
아파트 상일제약 김동언	노원구 중계동 265-12 대림(아) 102동 301호 ★노원초등학교 남측위치 ★버스정류장 인근소재 ★중앙공급식 난방 ★부정형토지 ★일반주거지역	대지 30.15 /14426.9 건물 59.91 (18.12평) 방3(24평형) 복도식 92.9.15 준공 15층 아파트 토지 : 29,800,000 건물 : 69,500,000	근저당권 97.12.23 성일제약 4,000만원 예고등기 98.2.12 가처분 98.8.11 기업은행 가압류 99.7.30 한일은행 300만원(목동) 가압류 99.8.3 농협중앙회 6,500만원 임의경매 99.11.30 성일제약	소유자 거주	99,300,000 32,769,000 (33%) 명성감정 99.12.20 연기 00.1.25 유찰 00.3.20 유찰 00.4.24 유찰 00.5.26 유찰

앞에서도 배웠지만 예고등기는 그 등기의 선후를 가리지 아니하고 무조건 낙찰자인 매수인이 인수한다.

예고등기는 등기의 원인무효라든가, 그밖에 취소로 인한 등기의 말소외에 회복의 소송을 제기한 경우 그러한 사실이 있다는 것을 제3자에게 경고하기 위해 소송을 접수받은 법원이 직권으로써 등기소에 촉탁등기하는 것으로서 예비등기의 일종이다.

이러한 부동산은 경매로 다른 권리는 모두 소멸된다 하더라도 예고등기는 소멸되지 않고 낙찰자인 매수인이 인수하는 것이다.

상기 물건은 예고등기로 인하여 수차례 유찰된 물건이다. 만약 소송을 제기한 원고가 승소하면 낙찰자는 소유권을 잃게 된다.

위 내용의 경우 예고등기를 제외한 모든 권리는 말소된다.

4. 각종권리에 대한 실전문답

문1) 가등기가 선순위일 경우에 주의할 점은 무엇인가요?

가등기가 최선순위일 경우에는 가등기의 종류가 무엇인지 알아야 합니다. 이것을 알기 위해서는 입찰기일 7일전에 법원 경매계에 가서서 매각물건명세서와 입찰당일 열람이 가능한 경매조서로 알 수가 있습니다.

이때, 가등기의 종류가 소유권이전 청구권 가등기인지 또는 담보가등기인지의 여부에 따라 소멸기준이 달라지게 됩니다.

소유권이전 청구권 가등기가 최선순위일 시에는 응찰하면 안 됩니다. 왜냐하면 후일 소유권이전 청구권 가등기자가 본등기를 하게 되면 낙찰자는 소유권을 잃게 되고 가등기권자가 새로운 소유자가 되기 때문입니다.

만약, 가등기가 담보가등기일 때에는 소멸기준(말소기준권리)이 되며 그 이후의 권리는 모두 말소되므로 응찰해도 되지만 이때에도 가등기 외에 선순위 세입자의 유무를 확인하여 입찰 후에도 목적한 수익이 발생할 수 있다는 확신하에 입찰해야 합니다.

문2) 법정지상권의 지료는 어떻게 청구하나요?

법정지상권이 있는 토지는 상대적으로 매우 헐값에 낙찰을 받을 수 있지요. 그러나 그에 상응하는 만큼 번거로움이 뒤따른다 할 것입니다. 우선 건물소유자와 협상을 시도하여 보고 여의치 않을 경우 지료청구에 관하여 소송을 하여야 합니다.

> ☞ 법정지상권의 지료는 당사자의 협의가 성립되지 아니하면 법원이 결정한다.
> (민법 305조 및 366조 등)

시멘트블록으로 허술하게 지은 집이라도 낙찰자가 잔금을 납부한 때로부터 15년이라는 법정지상권이 성립된다.

당사자와 지료에 관한 약정을 새로 체결하든가, 아니면 대상주택을 흥정으로 구매하는 것도 좋은 방법일 수가 있다.

지료에 관한 약정은 지료의 금액과 지불시기를 명확히 해놓아야 만약 2회(연체액을 합산하여 2년분 이상을 의미)를 연체할 경우에 지상권 소멸 통보 및 청구소송을 할 수가 있다.

위의 내용이 명시된 계약서나 법원의 지료청구에 대한 확정판결이 없을 경우는 2회(2년)동안 지료를 내지 않았다 해서 지상권 소멸 청구를 할 수가 없다. 당사자간의 협의로 작성한 약식 계약서도 가능하다.

문3) 소유자의 가족(아들)이 임차인으로 인정이 될 수 있나요?

현재 우리나라의 법원에서는 부부간의 계약만 인정하지 않습니다. 소유자의 아들이라 해도 적법하게 계약을 체결하고 전입신고와 확정일자 등의 조건을 증명할 수 있다면 배당을 받을 수가 있습니다. 소유자의 아들이라서 위장 임차인일 경우도 배제할 수는 없으나 그 진위여부를 낙찰자가 증명해야 하므로 어렵습니다. 가족이니까 배당에서 제외되려니 판단하면 안 됩니다.

철저하게 진위여부를 조사하여 법원에 입증하여야만 배제됩니다.

입증을 하지 못하면 낙찰자가 인수해야 하는 경우도 많습니다.

문4) 공유자 우선매수권 신고와 일반 입찰가의 차이는 무엇인지요?

공유자 우선매수권이란 하나의 부동산에 수인이 함께 지분으로 등기된 경우 그 중 경매사건의 채무자가 아닌 경매의 공유자로서 일부 지분이 경매로 매각처리 진행중인 때에 입찰당일에 일반인이 최고가 매수신고한 가격과 같은 가격으로 매수할 것을 신고하고, 당일 입찰최저가격의 10%에 해당하는 금액을 보증금으로 납부하면 당일 일반인이 응찰하여 최고가 매수신고한 금액으로 우선하여 해당 지분을 매수할 수 있는 권리입니다.

공유자의 우선매수권 행사는 집행관이 해당사건에 대하여 입찰종결을 선언하기 전까지 하여야 인정되며, 당일 해당사건에 응찰자가 없는 경우에는 같은 가격으로 우선 매수할 대상이 없으므로 우선 매수권을 행사할 수가 없습니다.

유찰되면 다음 입찰기일에 다시 우선 매수권을 행사할 수 있습니다. 공유자 우선 매수 신청은 서면으로도 가능합니다. 일반 응찰자는 공유지분을 입찰하고자 할 때 공유자가 우선 매수신고를 하면 허사가 되므로 사전에 공유자가 우선매수권 행사를 할만한 가능성을 충분히 검토하여 입찰에 응하여야 낭패가 없을 것입니다.

문5) 포도밭을 낙찰받았습니다. 포도를 딸 때가 되었는데 과실의 수확권은 누구에게 있는지요? (과수목 포함이며, 잔금납부와 소유권 이전 됨)

질문내용에 따르면 과수목이 평가되어 경매로 낙찰을 받았다면 포도나무는 귀하의 소유가 확실합니다. 그러나 귀하의 소유권 취득시점과 경작자의 과실 수확권의 다툼 문제입니다. 경매로 인하여 과수원을 취득하였을 경우 과수의 수확시기가 1개월 이내이면 경매당시의 소유자(경작자)에게 있으며, 수확시기가 1개월 이후에나 가능하면 낙찰자가 소유권을 갖게 됩니다.

귀하가 실질적인 소유권을 취득한 시점은 잔금을 납부한 날을 기준하면 되며 잔금일을 기준하여 수확시기가 1개월 이내이면 경매당시의 소유자가 수확할 권리가 있으며, 1개월 이후라면 귀하가 수확할 권리가 있습니다.

문6) 선순위 임차인이 권리신고를 하지 않았을 때의 대처요령은 무엇입니까?

현행법에는 임차부동산에 대해서 대항력이 있는 임차인은 임차보증금을 반환받을 때까지 명도를 거절할 권리가 있습니다. 이 경우 현장답사와 탐문으로 임차금액을 확인하여 입찰하여도 수익을 기대할 만한 경우에는 응찰하여도 되지만, 실전에서는 소유자와 대항력 있는 임차인이 서로 짜고 배당요구를 기피한 뒤 낙찰자에게 인수되면 거액의 전세계약서를 내밀며 반환을 주장하는 경우가 발생하기도 합니다.

임대차 보증금의 금액을 정확히 파악하지 못한 상태에서는 입찰불가입니다.

문7) 아파트가 대지권 미등기로 나온 경우 확인사항으로 어떤 것이 있나요?

아파트 등 구분건물이 대지권 미등기로 나오는 경우가 종종 있습니다. 이 경우는 경매정보지 등에서 감정가액을 확인하여야 합니다. 감정가격에 대지가격이 포함되어 감정가격이 산정되었다면 낙찰로 인하여 대지에 대한 권리도 포함하여 취득하게 되는 것이므로 안전합니다.

그러나 감정가액에 건물만 감정되어 경매로 나왔다면 후일 낙찰가 외에도 대지권에 대하여 추가비용을 들여 취득하여야 하므로 감안해야 할 사항입니다.

문8) 정원이 있는 주택을 낙찰받았는데 채무자겸 소유자가 정원수를 캐간다고 하는데 가능한가요?

경매 부동산에 정원수나 정원석등 토지에 딸린 부합물은 실전에서는 명도받을 때 경매부동산의 전소유자가 부합물은 경매에 포함된 것이 아니라고 주장하며 옮겨 가겠다고 하거나, 별도로 매입을 요구할 경우가 있습니다.

이에 대해 법원의 실무에서는 한 점의 가치가 수백만원을 호가하는 부합물은 그렇다 해도 부합물이 제3자의 소유이거나 입목인 경우 별도 등기된 수목은 경매의 대상에 포함되지 않습니다.

법원의 감정평가서를 재확인하여 경매당시 부합물의 가치를 평가하여 포함하였는지의 여부를 알아보아 평가포함이면 신경쓸 일이 없습니다.

문9) 최선순위 환매등기가 있는 집을 낙찰받으려 하는데 주의할 점은?

환매등기의 기간은 민법 제591조에 의하여 5년을 초과할 수 없으며, 만약 약정이 있을 때는 약정기간 동안 환매권을 행사하지 않을 경우 소멸합니다. 따라서 환매등기 기입일이 5년을 경과하였다면 전혀 부담이 없습니다.(5년이 경과한 환매등기는 말소시킬 수가 있습니다).

또한 환매등기가 5년 이내일지라도 환매금액이 시세보다 높을 경우에는 환매된다 하더라도 차익을 노릴 수가 있으므로 응찰 가능합니다.

그러나 환매기간이 5년이내이면서 환매금액이 낙찰가에도 미치지 못한다면 응찰한 뒤 환매권자가 환매해 버리면 손해의 위험성이 뒤따릅니다.

문10) 아파트의 체납관리비는 낙찰자가 부담 하나요?

아파트나 집합상가 오피스텔 등 관리비를 지급해야 하는 부동산에 대하여 입찰전에 반드시 해당 관리사무소에 가셔서 체납관리비의 금액을 미리 알아두셔야 합니다. 체납 관리비중 낙찰자가 부담해야 되는 부분은 공용부분인데 이 공용부분에 관하여 체납관리비 금액을 부담하셔야 합니다.

경우에 따라 엄청난 관리비를 부담해야 하므로 반드시 확인을 요합니다.

5. 임차인문제에 대한 실전문답

문1) 선순위 전세권이 전세기간은 만료되었는데 낙찰자가 인수하나요? (후순위 근저당 설정자가 경매신청하였습니다)

현행 민사집행법에 의하면 경매절차에서 선순위 전세권자가 전세금의 배당요구를 하면 소멸하고, 배당요구를 안 하면 매수인이 인수합니다. 배당요구를 할 것인가 안 할 것인가는 전세권자의 선택에 달려 있습니다. 따라서 선순위 전세권자가 배당요구를 했으면 전세금을 법원에서 배당해 주므로 매수인은 그 만큼 부담을 덜게 됩니다.

문2) 선순위 임차인이 배당을 철회하면 낙찰자가 인수 하나요?

그렇습니다. 선순위 대항력 있는 임차인이 배당요구를 하였다가 배당요구 종기일 이전에 배당철회를 하였다면 해당 임차인의 임차보증금은 낙찰자인 매수인이 인수하게 되므로 인수금액 만큼 유찰된 뒤에 입찰에 응해야 할 것입니다.

문3) 임차인이 배당이의의 소를 제기하고 명도를 거부하는데 내보낼 방법은 없는지요?

대항력과 우선변제권을 가지고 있는 임차인에 대한 배당 이의 소송이 종결될 때까지는 임차인은 낙찰인(매수인)에 대하여 임차부동산에 대하여 명도를 거절할 수 있다 라는 대법원 판결이 있으므로 소송이 끝날 때까지 기다리셔야 할 것입니다.

☞ 배당이의의 소란 배당받을 권한을 가진 배당받지 못한 채권자는 배당을 받지 못할 자 이면서도 배당을 받은 자를 상대로 배당이의의 소를 제기한다.

☞ 대법원 판결을 보면 임차인의 배당표 확정시까지 경락인의 명도청구에 응하지 아니한다. 즉 명도를 거절한다. 따라서 배당이의의 소가 종료되고 배당표가 확정되면 명도가 가능하다. 다시 말해 임차인의 명도시점은 배당표가 확정된 때이다.

문4) 다세대주택 임차인이 주소정정신고를 하였는 바 대항력 시점
은?

아파트, 연립, 빌라 등 구분건물은 지번 외에도 반드시 동, 호수를 표기해야 임차
보증금을 배당받을 수 있습니다. 지번만 전입신고했다가 추후 호수를 추가하여
정정하였다면 정정신고일이 대항력 시점입니다. 그러나 동주민센터(구, 동사무소)
직원의 실수로 동, 호수가 누락되었다면 최초 전입일이 대항력 발생일이 됩니다.

문5) 배당요구를 하지 않은 선순위 임차인이 그 후 근저당설정 후
에 증액을 하였는데 낙찰자가 인수하여야 하는 범위는?

1순위 : 임차보증금 4,000만원/ 2순위 : 근저당권 9,000만원/ 3순위 : 1순위 보증
금 증액 2,000만원일 경우 6,000만원을 인수해야 되나요?

말소기준권리인 근저당권보다 빠른 임차인이 배당요구를 하지 않은 경우 질문
내용중 4천만원은 낙찰자(매수인)가 인수하여야 하며, 그 후 근저당권이 설정된
이후에 추가로 증액한 2천만원은 배당금이 근저당권의 채권을 충족하고도 남는
다면 배당을 받지만, 그렇지 아니하고 근저당권 배당 후 남는 금액이 없을 경우
에는 한 푼도 배당받지 못합니다.
따라서 근저당권 이후의 증액분에 대하여는 낙찰자(매수인)가 인수하지 않습니
다.

문6) 부부가 전세보증금을 반씩 나누어서 따로 계약서를 작성하여
확정일자를 받아 두었다면 둘 다 소액최우선변제 혜택을 받을 수
있는가요?

주택임대차보호법 시행령 제3조 제4항에 보면 하나의 주택에 임차인이 2인 이상
일 경우 이들이 해당 주택에서 공동생활을 영위하는 경우 1인의 임차인으로 보아
서 각각의 보증금을 합산한 금액을 기준하여 소액보증금에 해당하는지의 여부를

확인해야 한다 라고 명시되어 있습니다.

따라서 이 경우 부부는 1가구로 보아 임차금을 합산하여 소액임차인의 여부를 따지므로 소액임차인으로 인정받을 수가 없는 경우입니다.

소액 최우선변제는 받을 수 없습니다.

문7) 선순위 임차인이 낙찰 받은 뒤 상계처리하려면 어떻게 해야 하는지요?

선순위 임차인이 낙찰을 받고 상계처리를 하려면 반드시 배당요구를 해야만 됩니다. 배당요구를 하지 않게 되면 선의의 일반 입찰자들이 선순위 임차인의 임차보증금을 인수해야 하는 부담 때문에 낙찰가가 떨어지는 결과가 되므로 낙찰허가 자체를 허락하지 않습니다.

먼저 배당요구 종기일까지 배당신청을 하신 뒤 적당히 유찰된 뒤에 응찰하여 낙찰을 받게 되면 본인의 배당금만큼 상계처리하고 낙찰가가 본인의 배당액보다 높을 경우에는 그 차액만큼만 납부하면 됩니다.

PART 10
경매부동산의 세금

1. 경매부동산 세금의 개요

주택이나 토지 등의 부동산을 경매로 낙찰받았을 때 어떤 세금을 얼마만큼 내야 하는지 알아본다. 먼저 경매받은 부동산에 관한 세금은 국세와 지방세로 나누어 납부하여야 한다. 국세는 팔 때 내는 양도소득세가 있으며, 지방세는 매각잔금 납부로 취득할 때 내는 취득세와 경매받은 부동산을 소유권이전 촉탁등기할 때 내는 등록세가 있고, 낙찰받은 부동산을 계속하여 보유하고자 할 때에는 매년 재산세를 납부하여야 한다.

납부 장소는, 양도소득세는 낙찰물건의 소재지가 아닌 낙찰자 주소지 관할세무서에 납부하고, 취득세와 등록세 그리고 재산세는 부동산 소재지 관할 시·군·구청의 세무과에 가서 납부하면 된다.

참고로 국세와 지방세의 구분은 아래와 같다.

구 분	세 목
국 세 (15종)	소득세(양도소득세, 종합소득세 등), 법인세, 상속세, 증여세, 재평가세 부당이득세, 부가가치세, 특별소비세, 주세, 인지세, 증권거래세, 교육세 종합부동산세, 교통세, 농어촌특별세
지방세 (16종)	취득세, 등록세, 레저세, 면허세, 주민세, 재산세, 자동차세, 주행세, 농업소득세, 담배소비세, 도축세, 도시계획세, 공동시설세, 사업소세, 지역개발세, 지방교육세

① 취득세는 낙찰가격의 2%이다(주택만 '06.9.1부터 50%감면 시행 : 2% →1%, 토지 등 기타부동산 2% 적용). 매각잔금 납부일인 취득일로부터 30일 이내에 자진신고 납부하여야 한다. 만약 자진신고 납부하지 아니한 때에는 20%의 가산세가 부과된다. 그리고 취득세에 부가되는 농어촌특별세는 취득세액의 10%로 국세이지만 취득세와 함께 시·군·구청에 내면 된다. 따라서 낙찰부동산의 취득에 따른 비용이 주택의 경우에는 낙찰가격의 1.1%가 된다.

② 등록세도 취득세와 마찬가지로 낙찰가격의 2%이다(주택만 '06.9.1부터 50%감면 시행 : 2%→1%, 토지 등 기타부동산 및 권리설정등기 0.2%~2% 적용). 등록세에 부가되는 지방교육세는 등록세액의 20%이다. 따라서 낙찰부동산이 주택인 경우에는 소유권이전 촉탁등기에 따른 등록비용이 모두 낙찰가격의 1.2%가 되는 셈이다. 낙찰받은 부동산은 매각잔금을 납부한 날로부터 60일 이내에 해당 법원의 경매계에 신청하여 소유권이전촉탁등기를 마쳐야 한다.

위와 같이 낙찰받은 부동산의 취득에 따른 세금의 비용은 본세인 취득세와 등록세, 부가세인 농어촌특별세와 지방교육세로 그 비용의 합계가 낙찰가격의 2.3%가 된다.

③ 양도소득세는 낙찰받은 부동산의 등기여부, 보유기간, 주택보유수 등에 따라 그 세율이 9%부터 70%까지 다양하게 적용되며, 양도금액(매매금액)에서 필요경비, 장기보유특별공제, 양도소득기본공제를 빼고 세율을 적용하여 산출된 금액에서 자진납부(예정신고납부)하는 때에는 또 납부할 세액에서 10%를 공제하여 준다.

예정신고납부는 낙찰부동산을 팔았을 때 그 양도일(판은 날)이 속하는 달의 말일을 기준으로 2개월(60일) 이내에 양도차익이 없어도 신고는 하여야 한다. 예정신고 기한내에 신고를 하지 아니했을 때에는 다음년도 5월 1일부터 5월 31일까지 사이에 양도소득세 확정신고를 하여야 하며, 확정신고를 하지 아니하면 10%의 가산세를 더 내야 한다.

따라서 예정신고납부를 하지 않으면 납부할 세액에서 10%의 공제도 못 받고 또 확정신고납부도 하지 아니하면 엎친 데 덮친 격으로 10%의 가산세를 더 납부해야 하므로 양도차액이 클 때에는 손해가 많으므로 신고기한을 놓치는 일이 없도록 하여야 한다.

그러면 경매부동산과 관련되는 세금인 취득세, 등록세, 양도소득세에 대하여 좀 더 구체적으로 알아본다.

2. 취득세

1) 취득의 개념

취득이라 함은 매매, 교환, 상속, 증여, 법인에 대한 현물출자, 건물의 건축(신축, 증축 등) 등 유상 및 무상취득을 불문한 일체의 취득을 의미한다. 여기서 취득은 등기, 등록과 관계없이 사실상의 취득을 말하는 것으로서 사실상 취득자가 취득세를 낸다.

취득세의 특징

① 도세 등 광역지방세로서 취득행위에 대해 과세한다.

② 물세의 성격으로 부동산 물건소재지에 납부한다.

③ 취득에 대해 법률상의 효력요건인 등기, 등록에 관계없이 사실상 취득을 취득으로 본다.

즉, 취득세는 실질과세원칙을 적용한다.

※ 사실상 취득이란 잔금지급일, 물건인도일, 사용수익일을 말한다.

2) 취득의 구분

(1) 사실상의 취득

① 원시취득(처음 취득)으로는 토지의 공유수면매립과 간척, 건축물의 신축·증축·개축·재축·이전, 차량 등의 제조·조립, 선박의 건조, 민법상의 시효취득 등이 있다.

② 승계취득(타인으로부터 취득)으로는 매매, 교환, 현물출자 등의 유상승계취득과 상속, 증여, 기부 등의 무상승계취득으로 구분된다.

(2) 취득의제(간주취득)

토지의 지목변경, 건축물의 개수 등으로 인하여 그 가액이 증가된 경우 그 증가분에 대한 취득이 있는 것으로 본다. 즉 취득으로 간주하는 것이다.

3) 취득의 시기

(1) 유상승계취득

가. 사실상 잔금지급일 : 유상승계취득에 의한 취득의 경우는 원칙적으로 잔금지급일을 취득시기로 한다. 그러나 잔금지급일이 객관적으로 확인이 가능한 다음의 경우에는 사실상 잔금지급일을 취득시기로 한다.

  ⓐ 국가, 지방자치단체 및 지방자치단체조합으로부터의 취득

  ⓑ 외국으로부터의 수입에 의한 취득

  ⓒ 경매 및 공매방법에 의한 취득

  ⓓ 판결문(화해, 포기, 인낙, 의제자백은 제외)에 취득가액이 입증되는 취득

  ⓔ 법인장부 중 취득가액이 입증되는 취득

  ⓕ 공인중개사의 업무 및 부동산거래신고에 관한 법률에 의하여 신고서를 제출하여 검증이 이루어진 취득

위의 ⓒ에 해당되는 경매방법에 의한 취득은 잔금지급일이 매각허가결정이 확정된 날로부터 30일 이내에 아무 때나 매각잔금을 납부할 수 있으므로 사실상 잔금을 납부한 날에 취득한 것으로 본다.

나. 계약상 잔금지급일 또는 계약상 잔금지급일이 명시되지 아니한 경우는 계약일로부터 30일이 경과되는 날

위 "가"에 해당되지 아니한 유상승계취득의 경우에는 잔금지급일이 명시된 때에는 계약상의 잔금지급일이고, 계약상 잔금지급일이 명시되지 아니한 때에는 계

약일로 부터 30일이 경과되는 날을 취득일로 본다.

다. 잔금지급일 이전에 등기 또는 등록을 한 경우는 등기 또는 등록일

사실상 잔금지금일이나 계약상 잔금지급일 이전에 등기 또는 등록을 한 때에는 그 등기일 또는 등록일이 취득일이다.

(2) 무상승계취득

① 상속에 의한 취득은 상속개시일을 취득일로 본다.

② 증여, 기부 등 무상승계취득의 경우는 그 계약일에 취득한 것으로 본다.

　다만, 계약일 이전에 등기 또는 등록을 한 경우는 그 등기일 또는 등록일이 취득일이다.

(3) 건축에 의한 취득

사용승인서교부일 또는 사용승인서교부일 이전에 먼저 사용한 경우나 임시사용승인을 받은 경우는 사실상의 사용일 또는 임시사용승인일에 취득한 것으로 본다.

(4) 토지의 지목변경에 의한 취득

토지의 지목변경은 토지의 지목이 사실상 변경된 날에 취득한 것으로 본다.

예외적으로 지적공부상 변경일 또는 변경일 이전에 먼저 사용한 경우는 사실상 사용일에 취득한 것으로 본다.

(5) 시효취득

토지 등을 20년이상 점유하여 시효완성에 의한 취득은 등기접수일이 취득일이다.

4) 과세표준

여기서는 경매와 관련이 있는 유상취득의 경우만 설명한다.

(1) 원칙 : 유상취득의 과세표준은 취득자가 취득당시의 가액으로 신고한 가액을 과세표준으로 한다.

(2) 예외

ⓐ 취득신고가 없거나 취득신고는 하였지만 신고가액의 표시가 없는 경우와 취득신고가액이 시가표준액에 미달하는 때에는 시가표준액을 과세표준으로 한다.

ⓑ 경매 및 공매방법에 의한 취득과 같이 객관적으로 확인이 가능한 취득에 대하여는 사실상의 취득가격을 과세표준으로 한다.

5) 세 율

(1) 표준세율(기준세율) : 2%(20/1,000)

(2) 탄력세율 : 표준세율의±50%(50% 범위내에서 가감 적용)

토지 등은 2%의 세율이 적용되나 주택의 경우는 2006.9.1부터 50%가 감면되어 1%의 세율이 적용된다(토지 2%, 주택 1% 적용)

(3) 중과세율

ⓐ 사치성 재산(별장, 골프장, 고급주택, 고급오락장, 고급선박) : 표준세율의 5배(10%) 적용

ⓑ 과밀억제권역 안에서의 공장 신설, 증설, 과밀억제권역 안에서 법인의 본점 또는 주사무소용 부동산 취득 : 표준세율의 3배(6%) 적용

6) 부과징수

(1) 취득세는 취득한 날로부터 30일 이내에 자진신고 납부하여야 한다.

상속의 경우는 상속개시일로부터 6개월 이내, 납세자가 외국에 주소를 둔 경우는 9개월 이내에 신고 납부한다.

(2) 가산세

ⓐ 신고불성실가산세 : 20%부과

ⓑ 기한후 신고(신고기한 종료일부터 30일 이내에 보통징수 부과고지서 받기 전까지 신고한 경우) : 10%부과(신고불성실가산세의 50% 경감)

ⓒ 납부불성실가산세 : 1일 0.03%(취득세 자진신고후 납부를 해태한 경우)

ⓓ 납부불성실가산세 계산 = 미납세액 × 납부지연일수 × 0.03%

3. 등록세

등록세는 광역지방세로 부동산의 등기, 자동차 등의 등록에 따른 수수료적 성격의 특징이 있다.

1) 납세의무자 : 등기 · 등록을 받은 자(등기권리자)

등록세의 납세의무자는 공부에 등기를 하는 경우에 그 등기를 받은 자이다.

즉, 부동산 등 재산권의 권리를 등기, 등록하는 자는 등기, 등록을 하기 전까지 등록세를 납부하여야 한다.

예) 등록세 납세의무자(등기권리자) : 소유권이전등기(매수자), 저당권설정등기(저당권자), 전세권설정등기(전세권자)

2) 등록세 과세대상

(1) 등록세의 과세대상은 부동산(주택, 토지), 기타 권리 등의 취득, 이전, 변경 또는 소멸에 관한 이동사항을 공부에 등기·등록하는 행위자체가 과세대상이다.

(2) 등록세 과세대상이 되는 등기·등록은 정당성, 합법성 여부와 관계없이 외형상 정당한 절차에 의하여 공부상에 등기·등록의 형식적인 요건만 갖춘 경우에도 등록세가 과세된다.

(3) 등록세는 등기 또는 등록행위가 있은 후 쟁송 기타의 사유로 인하여 그 등기·등록을 하게 된 권원(權原)이 무효 또는 취소가 되어 등기·등록이 말소되는 경우에도 이미 납부한 등록세에는 아무런 영향을 미치지 아니 한다(대법원 판례). 즉 등록세는 수수료 성격이 있으므로 등기·등록이 말소되었다 하더라도 납세의무가 있는 것이다.

> 예) 부동산 보존등기, 이전등기, 분할등기, 멸실등기, 저당권 설정등기, 가압류 및 가처분등기, 가등기, 말소등기 등이 등록세의 과세대상에 해당한다.

3) 과세표준

등록세의 과세표준은 유상취득이든 무상취득이든 등기·등록자가 등기·등록할 당시의 신고한 부동산 가액으로 한다. 그리고 부동산에 대한 저당권, 경매신청 등은 채권금액을 과세표준으로 하며 말소등기, 토지지목변경등기 등은 건수를 과세표준으로 한다.

그러나 공매 및 경매방법에 의한 취득은 예외로서 사실상의 취득가액을 과세표준으로 하는 것이다.

4) 부동산등기의 세율

(1) 등록세 표준세율(일반세율)

구 분		과세표준	세 율	
소유권 유상취득 등기(낙찰부동산 해당)		부동산 가액	일반부동산	2%
			농 지	1%
소유권	증여 등 무상취득 등기(상속 제외)	〃	일 반	1.5%
			비영리법인	0.8%
	상속으로 인한 취득등기	〃	일반부동산	0.8%
			농 지	0.3%
	소유권 보존(토지, 건물)	〃	0.8%	
	공유물, 합유물, 총유물 분할	〃	0.3%	
	지상권 설정 및 이전	〃		
	저당권 설정 및 이전	채권금액		
소유권 이외	지역권 설정 및 이전	요역지 가액	0.2%	
	전세권 설정 및 이전	전세금액		
	임차권 설정 및 이전	월임대차 금액		
	경매, 가압류, 가처분	채권금액		
	가등기	부동산 가액		
	기타 등기(말소, 지목변경, 구조변경)	건 수	건당 3,000원	

※ 유상취득의 주택만 등록세 감면 : '06.9.1부터 50%감면 시행, 법인이나 개인간의 거래시 부동산가액(낙찰가격)의 2% → 1%로 과세한다.

(2) 등록세 중과세율

일반세율의 3배를 적용하여 등록세를 부과한다. 경매로 낙찰받은 부동산에는 해당되는 사항이 없다. 즉 중과세의 대상은 과밀억제권역안에서 법인의 설립과 지점 또는 분사무소 설치에 따른 등기, 공장 신설·증설의 등기이다.

5) 부과와 징수

(1) 신고납부기한 : 등기 또는 등록신청서를 등기소 또는 등록관청에 접수하는 날까지 등록세를 신고납부하여야 한다.

(2) 가산세 : 신고불성실가산세(신고납부하지 아니한 경우)는 20%이고, 납부불성실가산세(신고납부세액에 미달하게 납부한 경우)는 일할계산하여 1일 0.03%를 가산세로 부과한다.

(3) 등록세에 대한 부가세 : 지방교육세는 등록세 납부세액의 20%이다.

6) 등록세 비과세

(1) 토지수용 등으로 인한 대체취득등기에 대한 비과세

공익사업을 위한 토지 등의 취득 및 보상에 관한 법률 등 관계법령의 규정에 의하여 부동산이 매수, 수용, 철거된 자가 그 보상금을 받은 날로부터 1년 이내에 부동산을 대체 취득하는 경우에는 비과세된다.

(2) 환지 등에 의한 부동산 취득등기

도시개발법에 의한 사업시행인가 당시 소유자가 환지계획 등에 의하여 취득하는 토지, 관리처분계획에 의하여 취득 등기하는 토지 및 건축물, 사업시행자가 취득 등기하는 체비지 또는 보류지 등이다.

4. 양도소득세

1) 양도소득세의 의의

양도소득세는 개인이 토지, 건물 등 양도소득세의 과세대상 자산을 비경상적이고 비반복적으로 사업적이 아닌 양도로 인하여 발생하는 양도소득에 대하여 부과하는 국세의 소득세에 해당한다. 과세기간은 1월 1일부터 12월 31일까지이다.

☞개인의 양도소득에 대해서는 양도소득세가 부과되지만 법인의 양도소득에 대하여는 법인세가 부과된다.

2) 양도의 개념

(1) 양도의 정의

양도란 자산의 등기 또는 등록에 관계없이 매도, 교환, 법인에 대한 현물출자 등으로 인하여 그 자산이 유상으로 사실상 이전되는 것을 말한다.

(2) 양도로 보는 경우

① 매도 ② 교환(쌍방 모두 양도에 해당) ③ 법인에 대한 현물출자 ④ 부담부 증여의 채무인수액 ⑤ 대물변제 ⑥ 환지청산금을 교부받은 경우 ⑦ 양도담보물이 채무의 변제에 충당된 경우 ⑧ 상속의 포기대가로 현금을 받은 경우 등이 있다.

(3) 양도로 보지 않는 경우

① 무상이전 : 양도소득세는 유상양도로 인한 소득을 그 대상으로 하므로 무상으로 이전하는 경우에는 과세되지 않는다.

② 법률의 규정에 의해서 환지처분, 체비지로 충당되는 경우

③ 양도담보의 목적으로 소유권이 이전되는 경우

④ 매매대금의 청산(잔금지급일) 전에 계약의 해제로 소유권이 환원되는 경우

⑤ 매매원인 무효의 소에 의하여 그 매매사실이 원인무효로 환원된 경우

⑥ 공동소유의 토지를 소유지분별로 단순히 분할하는 경우

⑦ 상속등기후 각 상속인간에 지분을 변경하는 경우(이 경우는 증여로 본다).

⑧ 재산분할청구권에 의한 재산분할 등

3) 양도 또는 취득시기

(1) 일반적인 거래

① 원칙 : 대금을 청산한 날로써 사실상 잔금을 수취한 날이다.

② 예외 : 대금을 청산한 날이 분명하지 않거나 대금을 청산하기 전에 소유권이
전등기를 해 버린 경우에는 등기접수일이 양도 또는 취득일이 된다.

(2) 상속 또는 증여에 의하여 취득한 자산

상속은 상속이 개시된 날이고 증여는 증여를 받은 날이 양도 또는 취득일이 된다

(3) 의제취득시기

부동산을 아주 오래 전에 취득하여 양도할 때에는 그 양도차익이 너무 커서 많은
세금을 내야 하므로 조세형평에 따라 취득이 오래된 것은 일정한 시점을 정하여
그 취득을 의제하여 주는 것을 말한다.

의제취득시기로는 ① 토지 · 건물 · 부동산에 관한 권리 · 기타자산은 1985년 1월
1일이고 ② 주식 또는 출자지분은 1986년 1월 1일이다.

4) 과세대상

(1) 부동산 : 토지, 건물

(2) 부동산에 관한 권리 : 지상권, 전세권, 등기된 부동산임차권, 부동산을 취득할
수 있는 권리(분양권, 토지상환채권, 주택상환채권, 미등기 전매권 등)

(3) 주식 또는 출자지분

(4) 기타자산 : 과점주주 및 특수업종의 부동산과다보유 법인의 주식의 양도, 영
업권, 특정시설물이용권, 회원권, 권리가 부여된 주식 등이 있다.

즉 양도소득세는 과세대상을 (법률에서 열거주의를 채택하고 있으므로) 4개
그룹에 대해서만 국한한다.

5) 납세의무자

(1) 거주자[43] : 국내와 국외 양도소득 모두에 대하여 납세의무를 진다.

(2) 비거주자[44] : 국내 양도소득에 대하여만 납세의무를 진다.

(3) 납세지 : 거주자의 납세지는 주소지 관할세무서이고 비거주자의 납세지는 양
도자산의 소재지 관할세무서이다.

---

43) 거주자란 국내에 주소(住所)를 두거나 1년 이상 거소(居所)를 둔 개인을 말한다.
44) 비거주자란 거주자가 아닌 자를 말한다.

6) 양도소득 과세표준 산출 및 세액계산 방법

(1) 양도소득세 산출(계산) 순서

❶ 양도차익 = 양도가액(실지거래가액 또는 기준시가) − 필요경비(취득가액,자본적지출,양도비, 필요경비개산공제액)

❷ 양도소득금액 = 양도차익 − 장기보유특별공제액(토지와 건물 또는 1세대 1주택자가 3년이상 보유시 보유기간에 따라 양도차익의 10% ~ 80% 공제)

❸ 양도소득과세표준 = 양도소득금액 − 양도소득기본공제(그룹별로 각각 연250만원 공제)

❹ 양도소득산출세액 = 양도소득과세표준×양도소득세율(등기여부, 보유기간, 주택 보유수에 따라 9%~70% 적용)

❺ 양도소득세 최종 납부세액 = 양도소득산출세액 − 예정신고납부세액 공제
(예정신고납부의 경우)   (납부할 세액의 10% 공제)

(1-1) 양도차익 세부계산 구조

양도가액을 실지거래가액으로 계산할 경우	양도가액을 기준시가로 계산할 경우
양 도 가 액	양도당시 기준시가
(−) 취 득 가 액	(−) 취득당시 기준시가
(−) 기타 필요경비 (자본적지출, 양도비)	(−) 필요경비 개산공제
= 양 도 차 익	= 양 도 차 익

(1-2) 양도소득세를 쉽게 계산하는 방법

= ① 양도가액(실지거래가액, 기준시가) – 필요경비

= ② 양도차익 – 장기보유특별공제액(토지, 건물 3년 이상 보유시)

= ③ 양도소득금액 – 양도소득기본공제(연 250만원 공제)

= ④ 양도소득과세표준 × 양도소득세율

= ⑤ 양도소득산출세액 – 예정신고납부세액 공제(납부할 세액의 10% 공제)

= ⑥ 양도소득세 결정세액 – 기 납부세액

= ⑦ 양도소득신고납부 세액(최종 양도소득세로 납부하여야 할 세금)

즉, 〔(양도가액 – 필요경비 – 장기보유특별공제 – 양도소득기본공제) × 양도소득 세율〕– 예정신고납부세액 공제 – 기 납부세액 = 양도소득신고납부 세액(실제 내야하는 양도소득세액)이 산출되므로 이 방법을 이용하면 쉽게 구할 수 있다.

(2) 양도가액과 취득가액의 결정

구 분	원 칙	예 외
① 토지, 건물, 부동산에 관한 권리의 양도	실지거래가액	기준시가[45](일부 계산특례[46] 있음) 〔(2006.12.31까지 양도한 경우에 실지거래가액 적용대상(고가주택의 양도 등)이 아닌 자산에 대해서 양도당시의 기준시가를 예외로 적용하였으나 2007.1.1부터 예외 규정 폐지, 즉 기준시가 적용안하고 모든 부동산 대상 실거래가 적용함)〕
② 주식, 출자지분, 기타 자산의 양도	실지거래가액	실지거래가액 확인 불가능시 적용순서 ① 매매사례가액 ② 감정가액 ③ 환산취득가액 ④ 기준시가

---

45) 기준시가란 소득세법에 의한 양도소득세 계산시 양도가액 및 취득가액의 산정과 상속세 및 증여세법에 의한 상속재산(또는 증여재산)가액 산정의 기준이 되는 정부가 정한 가액을 말한다

46) 양도가액과 필요경비의 계산 특례로는 수용, 경매, 공매 및 배우자로부터 증여받은 재산의 양도 등에 대해서는 실지거래가액 또는 기준시가의 금액으로 한다.

① 토지 또는 건물 ② 부동산에 관한 권리의 양도 ③ 주식 또는 출자지분 ④ 회원권 등 기타자산의 양도가액은 당해 자산의 양도 당시의 양도자와 양수자간에 실제로 거래한 가액(실지거래가액)으로 한다(소득세법 제96조 제1항).

양도차익을 계산함에 있어서 양도가액을 실지거래가액에 의하는 때에는 취득가액도 실지거래가액에 의하고 양도가액을 기준시가에 의하는 때에는 취득가액도 기준시가에 의한다(소득세법 제100조 제1항).

양도가액 또는 취득가액을 실지거래가액에 의하여 산정하는 경우로서 토지와 건물 등을 함께 취득하거나 양도한 경우에는 이를 각각 구분하여 기장하되 토지와 건물 등의 가액의 구분이 불부명한 때에는 대통령령이 정하는 바에 따라 안분한다(소득세법 제100조 제2항).

(3) 필요경비의 계산

실지거래가액에 의한 경우	① 취득가액(실지거래가액)+② 자본적 지출+③ 양도비
기준시가에 의한 경우	① 취득가액(기준시가)+② 필요경비개산공제액

(가) 양도가액과 취득가액을 실지거래가액에 의한 경우 필요경비 계산

① 취득가액의 범위 : 매입가액 + 매입제비용을 말한다.

- 취득세, 등록세, 기타 부대비용을 포함한다. 그리고 취득세, 등록세는 납부영수증이 없는 경우에도 포함된다.
- 취득에 관한 소송비용, 화해비용 등
- 부동산 매매계약의 해약으로 인하여 지급하는 위약금 등은 제외
- 토지에 나무 재배를 위하여 소요된 비용 등은 제외
- 등록세에 대한 지방교육세는 포함
- 매입자(부동산 매수자)가 부담하기로 한 양도소득세는 포함

② 자본적 지출의 범위

- 부동산의 보존 관리를 위한 수선유지비 등 통상적으로 지출하는 필요비는 수익적 지출에 해당하므로 필요경비의 자본적 지출에 포함될 수 없으며, 반면 부동산의 개량(변경, 확장, 증설 등) 등으로 자산의 내용연수를 연장시키거나 자산의 가치를 증가시키기 위하여 지출한 비용은 포함된다. 그 예는 다음과 같다.
    - 용도변경을 하기 위한 개조, 엘리베이터 및 냉난방장치의 설치
    - 빌딩 등의 피난시설 등의 설치, 기타 개량·확장·증설 등

- 수익자부담금 및 개발부담금

- 토지이용의 편의를 위하여 지출한 장애물 철거비용

- 토지이용의 편의를 위하여 토지에 도로를 신설한 경우의 그 시설비

- 사시방사업에 소요된 비용 등

양도소득세 낼 때 아파트 수리비 공제방법

양도소득세는 양도가액에서 취득가액을 뺀 양도차익에 부과된다. 취득가액은 구입가격이나 신고가격, 등기부에 기록되는 가격과는 다르다. 전 주인에게 건넨 구입가격과 집을 사고 유지하는 데 들어간 필요경비를 합친 금액이다. 집을 살 때 구입가격외에 각종 세금 등도 취득비용에 포함된다. 취득세·등록세·교육세·농어촌특별세·인지세 등 세금과 공인중개사 수수료, 법무사 수수료 등도 공제되고, 전용면적 85㎡초과의 중대형 아파트를 분양받을 때 내는 채권할인액도 공제 받는다. 집을 살 때 드는 비용만 공제되는 게 아니다. 팔기 전까지 유지·관리하는 비용 중에도 필요경비로 공제되는 항목이 있다.

법적용어로 "자본적 지출"은 공제되지만 "수익적 지출"은 공제대상이 아니다. 즉 자본적 지출은 건물연수를 연장시키거나 건물의 가치를 올리는 데 드는 비용을 말한다. 리모델링, 구조변경, 발코니 확장, 냉난방시설 교체비 등이 대상이다. 수익적 지출은 현재 상태를 유지하기 위한 비용으로 화장실 수리, 싱크대 교체 등이 해당된다. 도배나 장판, 문짝의 교체비용도 수익적 지출에 해당된다. 자본적 지출 비용을 인정받으려면 지출항목이 적힌 명세서를 업체로부터 받아둬야 한다. 수리비 총액만 적힌 간단한 명세서로는 인정받지 못할 수 있다. 은행 온라인 송금서류나 세금계산서도 챙겨두고 공사 전후의 사진을 찍어두면 더 좋다.

③ 양도비의 범위

• 자산을 양도하기 위하여 직접 지출한 비용으로 자산을 양도하기 위한 계약서 작성 비용, 공증비용, 인지대, 소개비(중개수수료) 등

• 토지 또는 건물을 취득함에 있어서 법령 등의 규정에 따라 매입한 국민주택채권 및 토지개발채권을 만기 전에 금융기관 등에 양도(일반인에게 매각하는 것은 해당 안됨)함으로써 발생하는 매각차손(매각으로 손해 본 금액).

> ☞국민주택채권을 매입하는 경우에는 이자가 없으며 만기시 원금을 돌려받는 것이다. 채권을 팔 때는 증권회사에 매각하면 된다. 통상적으로 부동산 소유권이전등기시 법무사에게 위임하여 처리하는 경우는 법무사가 매각처리함으로 인하여 자산 양도시 필요경비 공제를 못받는 것이 허다하다. 그러므로 법무사에게 맡기지 말고 본인이 직접 매입해서 매각하면 그만큼 비용을 줄일 수 있다.

(나) 양도가액과 취득가액을 기준시가[47]에 의한 경우 필요경비 계산

양도가액과 취득가액 결정시 2007.1.1부터는 토지와 건물의 경우는 기준시가의 적용이 배제되고 실지거래가액으로 계산하도록 되어 있으므로 기준시가에 의한 필요경비의 계산은 수용, 경매, 공매, 배우자로부터 증여받은 재산의 양도 등의 특례가 있기는 하나 여기서는 생략한다.

참고로 취득가액으로 삼는 기준시가는 토지의 경우는 개별공시지가이고 주택은 개별주택가격과 공동주택가격이다. 필요경비개산공제는 토지는 취득당시 개별공시지가의 3%(미등기 양도 0.3%)를 공제하고 건물은 취득당시 기준시가의 3%(미등기 양도 0.3%)를 공제한다.

(4) 장기보유특별공제액의 계산

장기보유특별공제의 목적은 물가상승분에 대한 보전과 부동산의 장기간 보유에 따른 양도소득세의 경감에 있다.

---

47) 기준시가란 양도소득금액을 계산함에 있어서 양도자산의 취득 및 양도당시의 기준이 되는 가액을 말한다. 대부분의 자산에 있어서 양도 또는 취득가액의 계산은 원칙적으로 실지거래가액에 의하도록 규정되어 있지만 예외적으로 기준시가를 인정하고 있다. 기준시가는 국세에만 적용된다.

(가) 공제대상 자산(부동산)

보유기간이 3년 이상인 토지와 건물에 대해서 장기보유특별공제를 해준다. 단,
부동산의 미등기 양도는 제외된다.

(나) 공제배제 대상자산

① 보유기간이 3년 미만인 토지와 건물은 장기보유특별공제 대상이 아니다. 또한
② 등기를 하지 아니하고 양도하는 미등기 양도도 장기보유특별공제 대상이 아
　니다.

③ 1세대 2주택 이상인자의 주택의 양도와 ④ 비사업용 토지의 양도도 장기보유
　특별공제 대상이 아니다.

(다) 보유기간에 따른 장기보유특별공제액

① 장기보유특별공제율(3년이상 보유, 토지 또는 건물만 해당, 1세대 1주택외의 자 적용)

보유기간	공제율	보유기간	공제율
3년이상 4년미만	10%	7년이상 8년미만	21%
4년이상 5년미만	12%	8년이상 9년미만	24%
5년이상 6년미만	15%	9년이상 10년미만	27%
6년이상 7년미만	18%	10년 이상	30%

② 장기보유특별공제율(3년이상 보유, 1세대 1주택자(부수토지 포함)만 적용)

보유기간	공제율	보유기간	공제율
3년이상 4년미만	12%	12년이상 13년미만	48%
4년이상 5년미만	16%	13년이상 14년미만	52%
5년이상 6년미만	20%	14년이상 15년미만	56%
6년이상 7년미만	24%	15년이상 16년미만	60%
7년이상 8년미만	28%	16년이상 17년미만	64%
8년이상 9년미만	32%	17년이상 18년미만	68%
9년이상 10년미만	36%	18년이상 19년미만	72%
10년이상 11년미만	40%	19년이상 20년미만	76%
11년이상 12년미만	44%	20년 이상	80%

(5) 양도소득 기본공제액 계산

양도소득이 있는 거주자, 비거주자에 대하여는 다음의 소득별로 당해연도의 양도소득금액에서 각각 연 250만원을 공제한다. 양도소득기본공제는 당해연도 중 먼저 양도한 자산의 양도소득금액에서부터 순차로 공제한다.

① 제1그룹 : 토지 및 건물·부동산에 관한 권리·기타자산의 소득금액(미등기 양도자산은 공제대상에서 제외한다)

② 제2그룹 : 주식 또는 출자지분의 소득금액

즉, ①과 ②의 2개 그룹에 대해서 그룹별로 각각 연 250만원을 소득금액에서 공제하여 준다.

(6) 양도소득세의 세율

양도자산을 ① 토지 또는 건물 및 부동산에 관한 권리 ② 주식 또는 출자지분 ③ 기타자산의 3개 그룹으로 분류하여 세율을 적용한다. 그리고 양도자산의 종류, 등기여부, 주택수, 보유기간 등에 따라 초과누진세율(9~36%)과 차등비례세율(40%, 50%, 60%, 70% 등)이 적용된다.

(가) 양도소득세의 세율 구분

양도자산	등기여부	세율 구분	세 율
토지·건물 및 부동산에 관한 권리	등기자산	① 2년이상 보유	9~36% 초과누진세율
		② 1년이상 2년미만 보유	40%
		③ 1년미만 보유	50%
		④ 1세대 2주택(부수토지 포함)	50%
		⑤ 1주택과 1조합원 입주권을 보유한 경우의 1주택	50%
		⑥ 1세대 3주택 이상에 해당하는 주택(부수토지 포함)	60%
		⑦ 주택과 조합원 입주권수의 합이 3이상인 경우의 1주택	60%
		⑧ 비사업용 토지	60%
	미등기자산	⑨ 미등기 양도	70%
주식 또는 출자지분		① 중소기업외의 법인의 대주주가 1년미만 보유한 주식	30%
		② 중소기업 법인 주식(상장, 비상장)	10%
		③ 중소기업외의 법인의 주식(상장, 비상장)	20%
기타자산		① 주식	9~36% 초과누진세율
		② 주식외의 것	9~36% 초과누진세율
		③ 비사업용토지 과다보유법인주식	60%

(가-1) 양도소득세의 초과누진세율(9%~36%, 4단계로 구분)

양도소득의 초과누진세율은 9%~36%를 4단계로 구분하여 토지 또는 건물, 부동산에 관한 권리, 기타자산에 적용한다.

● 초과누진세율 구분

양도소득 과세표준	초과누진세율(4단계)	
1,000만원 이하		9%
1,000만원 초과 4,000만원 이하	90만원 + 1,000만원 초과금액의	18%
4,000만원 초과 8,000만원 이하	630만원 + 4,000만원 초과금액의	27%
8,000만원 초과	1,710만원 + 8,000만원 초과금액의	36%

(가-2) 양도세율 적용시 보유기간의 계산

① 원칙은 당해자산의 취득일부터 양도일까지를 보유기간으로 한다.

② 상속받은 자산의 보유기간은 피상속인이 당해 자산을 취득한 날부터 양도일까지로 한다. 즉 상속개시일을 취득일로 보지 않는다.

③ 배우자로부터 증여받은 토지와 건물을 5년 이내에 양도한 경우에는 증여자가 당해 자산을 취득한 날부터 양도일까지로 한다.

(가-3) 2이상의 세율에 해당하는 경우

양도세율을 적용하고자 할 때에 2이상의 세율에 해당하는 경우에는 그 중 가장 높은 세율을 적용한다.

(가-4) 양도소득세의 탄력세율

양도소득세의 세율은 그 세율에 15%를 가감한 범위안에서 대통령령으로 조정할 수 있다. 다만, 부동산 가격의 안정을 위하여 필요한 경우에는 그 적용대상을 다음에 해당하는 부동산으로 한정할 수 있다.

① 투기지역에 해당하는 부동산의 양도

② 투기지역에 해당하는 부동산으로서 대통령령이 정하는 1세대 2주택 이상에 해당하는 주택

(나) 1세대 3주택에 해당하는 주택의 범위

1세대가 국내에 주택을 3개 소유하고 있는 경우에는 1세대 3주택에 해당하지만 다음의 어느 하나에 해당하면 1세대 3주택에 해당하지 않는다.

① 수도권 및 광역시외의 지역에 소재하는 주택(부수토지 포함)으로 기준시가의 합계액이 당해주택 또는 그 밖의 주택의 양도가액이 3억원을 초과하지 아니하는 주택

② 임대사업자 등록을 한 거주자가 임대주택으로 등록하여 임대하는 장기임대주택

③ 문화재 주택

④ 상속받은 주택(상속받은 날부터 5년이 경과하지 않아야 한다)

⑤ 저당권 실행으로 인하여 취득하거나 채권변제를 대신하여 취득한 주택으로서 취득일부터 3년이 경과하지 아니한 주택

⑥ 5년 이상 가정보육시설로 사용하고 가정보육시설로 사용하지 아니하게 된 날부터 6월이 경과하지 아니한 주택

⑦ 주택의 기준시가가 4,000만원 이하인 일정규모 이하의 소형주택(대지면적 120㎡이하, 전용면적 60㎡이하)

(다) 1세대 2주택에 해당하는 주택의 범위('07년부터 시행)

1세대가 국내에 주택을 2개 소유하고 있는 경우에는 1세대 2주택에 해당하지만 다음의 어느 하나에 해당하면 1세대 2주택에 해당하지 않는다.

① 수도권 및 광역시외의 지역에 소재하는 주택(부수토지 포함)으로 기준시가의 합계액이 당해주택 또는 그 밖의 주택의 양도가액이 3억원을 초과하지 아니하는 주택

② 임대사업자 등록을 한 거주자가 임대주택으로 등록하여 임대하는 장기임대주택

③ 문화재 주택

④ 상속받은 주택(상속받은 날부터 5년이 경과하지 않아야 한다)

⑤ 저당권 실행으로 인하여 취득하거나 채권변제를 대신하여 취득한 주택으로서 취득일부터 3년이 경과하지 아니한 주택

⑥ 5년 이상 가정보육시설로 사용하고 가정보육시설로 사용하지 아니하게 된 날부터 6월이 경과하지 아니한 주택

⑦ 1세대의 구성원중 일부가 근무상의 사유로 인하여 다른 시군으로 주거를 이전하기 위하여 1주택을 취득함으로써 1세대 2주택이 된 경우의 당해 주택(취득후 1년이상 거주하고 당해 사유가 해소된 날부터 3년이 경과하지 아니한 경우에 한한다)

⑧ 1주택을 소유한 1세대가 그 주택을 양도하기 전에 다른 주택을 취득(자기가 건설하여 취득한 경우 포함)함으로써 일시적으로 2주택을 소유하게 되는 경우의 종전의 주택(다른 주택을 취득한 날부터 1년이 경과하지 아니한 경우에 한함)

⑨ 주택의 기준시가가 1억원 이하인 소형주택 등

(라) 미등기 양도자산에 대한 불이익 처분

취득자산에 대해서 소유권이전등기를 하지 아니하고 양도하는 때에는 미등기 양도자산에 해당되어 다음과 같은 불이익을 감수해야 한다.

① 투기성 거래에 해당하여 실지거래가액에 의한 양도차익을 계산한다.

② 필요경비개산공제의 경우에는 저율(3% → 0.3% 적용)을 적용한다.

③ 장기보유특별공제를 배제한다.

④ 양도소득기본공제를 배제한다.

⑤ 미등기 양도자산에 대해서는 70%의 높은 세율을 적용한다.

⑥ 양도소득세의 비과세 및 감면을 배제한다.

7) 양도소득세의 비과세 및 감면

(1) 비과세 양도소득

다음의 사유로 인하여 발생하는 소득에 대하여는 양도소득세를 과세하지 아니한다.

① 파산선고(사업의 실패 등으로 법원의 파산선고를 받은 것)에 의한 처분으로 인하여 발생하는 소득

② 농지의 교환[48] 또는 분합[49]으로 인하여 발생하는 소득(비과세 대상 농지의 범위는 전, 답에 한한다)

- 금액의 조건은 교환 또는 분합하는 쌍방토지가액의 차액은 가액이 큰편의 1/4이하 이어야 한다.

③ 1세대 1주택과 이에 부수되는 토지의 양도로 인하여 발생하는 소득

1세대 1주택 양도소득세 비과세의 요건

1. 거주자 및 그 배우자가 그들과 동일한 주소 또는 거소에서 생계를 같이하는 가족과 함께 구성하는 1세대가

2. 양도일 현재 국내에 1주택을 보유하고 있는 경우로서

3. 당해 주택의 보유기간이 3년 이상인 것

   단, 서울특별시, 과천시 및 분당·일산·평촌·산본·중동 신도시지역에 소재하는 주택의 경우에는 당해 주택의 보유기간[50]이 3년 이상이고 그 보유기간중 거주기간[51]이 2년 이상인 것을 말한다. 이러한 보유기간은 양도하는 주택별로 계산한다.

---

48) 농지의 교환이라 함은 자기의 농지와 타인의 농지를 서로 바꾸는 것을 말한다.

49) 농지의 분합이란 자기소유 농지의 일부를 타인에게 주고 타인소유 농지의 일부를 자기가 차지하는 것을 말한다.

50) 당해 주택의 보유기간은 취득일부터 양도일까지로 한다.

51) 당해 주택의 거주기간은 주민등록표상의 전입일부터 전출일까지의 기간에 의한다.

(2) 양도소득세의 감면

현행 소득세법은 양도소득세에 대한 감면규정이 없으나 조세특례제한법은 많은 감면규정을 두고 있다.

조세특례제한법에 의한 양도소득세의 감면(면제)대상은 ① 거주자의 8년 이상 자경농지와 ② 3년 이상 자경한 농지의 대토(代土)이며, 그 감면세액은 100%이다.

8) 양도소득세의 신고납부

(1) 양도소득과세표준 예정신고와 자진납부

예정신고와 자진납부의 대상자산은 토지 또는 건물, 부동산에 관한 권리 및 기타자산으로서 그 양도일이 속하는 달의 말일부터 2개월 이내에 신고 납부하여야 한다.

예정신고납부세액공제는 납부할 세액의 10%이다. 예정신고는 양도차익이 없거나 양도차손이 발생한 때에도 신고는 하여야 하며, 예정신고납부를 하지 않을 경우에는 가산세는 없으며 세액공제를 받을 수 없다.

예정신고 산출세액의 계산

예) 당해연도에 초과누진세율의 적용대상 자산에 대한 예정신고를 2회 이상 하는 경우

예정신고산출세액 = 〔(이미 신고한 양도소득과세표준 + 제2회 이후 신고하는 양도소득과세표준) ×초과누진세율〕 – 이미 신고한 예정신고산출세액

---

(2) 양도소득과세표준 확정신고와 자진납부

토지 또는 건물, 부동산에 관한 권리 및 기타자산을 양도한 후 예정신고를 하지 아니한 자는 다음연도 5월 1일부터 5월 31일까지 사이에 확정신고 납부하여야 한다.

예정신고가 없을 때에는 또 한번의 확정신고할 기회가 있기 때문에 가산세를 부과하지 아니하지만 확정신고가 없는 경우에는 신고불성실로서 10%의 가산세를

부과한다.

(3) 양도소득세의 가산세

① 확정신고를 하지 아니한 신고불성실가산세는 무신고 또는 미달신고세액의 10%를 부과한다.

② 예정신고나 확정신고는 하였지만 신고한 세액을 제대로 납부하지 않았을 때 부과 하는 납부불성실 가산세는 미납세액 또는 미달납부세액에 1일 0.03%을 가산하여 부과한다.

(4) 양도소득과세표준과 세액의 결정통지

납세지 관할세무서장 또는 지방국세청장은 예정신고를 하여야 할 자 또는 확정신고를 하여야 할 자가 그 신고를 하지 아니한 때에는 당해 거주자의 양도소득과세표준과 양도소득세의 세액을 직권으로 결정하여 납세의무자에게 납부하도록 통지한다.

양도소득과세표준 결정시 실지거래가액을 확인할 수 없는 때에는 ① 매매사례가액 → ② 감정가액 → ③ 환산한 취득가액 → ④ 기준시가의 순서에 의해서 결정한다.

5. 경매부동산의 취득과 양도세금의 실제 계산사례

1) 법원경매로 부동산을 낙찰받아 취득할 때 내는 세금과 팔 때 내는 세금의 계산을 실제 낙찰받은 부동산의 사례를 통해서 실전에서 적용될 수 있도록 하였다.

2) 취득세, 등록세, 양도소득세의 실제 계산사례

(1) 낙찰받은 주상복합아파트 물건명세

○ ○ 지 방 법 원
매 각 물 건 명 세 서

사건	20 타경 부동산강제(임의)경매 (타경 중복)	매각물 건번호	작성 일자	· ·	담임 법관	(인)
부동산의 표시, 감정평가액최 적매각가격, 매수신청의 보증 금액과 보증제공방법	별지 기재와 같음		최선순위 설정			

부동산의 점유자와 점유의 권원, 점유할 수 있는 기간, 차임 또는 보증금에 관한 관계인의 진술 및 임차인이 있는 경우 배당요구 여부와 그 일자, 전입신고일자 또는 사업자등록신청일자와 확정일자의 유무와 그 일자

점유자의 성 명	점유부분	점유의 권 원	임대차기간 (점유기간)	보 증 금	차 임	전입신고일자 ·사업자등록 신청일자	확정 일자	배당요구 여부(배당 요구일자)

※ 위 최선순위 설정일자보다 대항요건을 먼저 갖춘 주택·상가건물 임차인의 임차보증금은 매수인에게 인수되는 경우가 발생할 수 있고, 대항력과 우선변제권이 있는 주택·상가건물 임차인이 배당요구를 하였으나 보증금 전액에 관하여 배당을 받지 아니한 경우에는 배당 받지 못한 잔액이 매수인에게 인수되게 됨을 주의하시기 바랍니다.

등기된 부동산에 관한 권리 또는 가처분으로서 매각으로 그 효력이 소멸되지 아니하는 것

매각에 따라 설정된 것으로 보는 지상권의 개요

비고란

※ 1. 매각목적물에서 제외되는 미등기건물 등이 있을 경우에는 그 취지를 명확히 기재한다.
  2. 매각으로 소멸되는 가등기담보권, 가압류, 전세권의 등기일자가 최선순위저당권등기일자
     보다 빠를 경우에는 그 등기일자를 기재한다.

(2) 취득세의 계산

① 취득금액(낙찰받은 금액) : 133,300,000원

② 취득일(매각잔금 납부일) : 2007.1.31

③ 소유권이전등기일(촉탁등기) : 2007.1.31

④ 취득세 자진신고 납부기한 : 2007.3.2까지(취득일로부터 30일 이내)

⑤ 납세의무자 : 낙찰자(김철수)

⑥ 취득세 과세표준액(경매로 취득한 부동산은 사실상 취득가액임) : 133,300,000원

⑦ 취득세 세율 : 1% (2% → 1%, 유상취득한 주택에 한해서 '06.9.1부터 50%감면 적용)

⑧ 취득세 및 부가세(농어촌특별세)의 계산

• 취득세(지방세)

취득가액 133,300,000원×세율 1%(50% 감면) = 1,333,000원(납부할 취득세액)

• 취득세에 대한 부가세인 농어촌특별세(국세, 납부할 취득세액과 감면받은 취득
세액 구분계산)

ⓐ 실제 납부할 취득세액 : 1,333,000원×세율10% = 133,300원

ⓑ 50% 감면을 받고 실제 납부하지 않는 취득세액 : 1,333,000원×세율
20% = 266,600원

ⓒ 납부할 농어촌특별세 = ⓐ 133,300원 + ⓑ 266,600원 = 399,900원

☞ 취득세에 대한 부가세인 농어촌특별세의 세율은 지방세법에 의하여 납부하여야 할 취득세액
의 10%(기준세율)을 적용하는 것이 원칙이나 지방세법에 의해 세액감면을 받고 실제 납부는 하
지 않는 취득세액에 대해서도 20%의 세율을 적용하여 징수한다. 즉 취득세는 지방세법에 의거
50% 감면을 받지만 국세인 농어촌특별세는 감면이 없다.

• 주상복합아파트 취득관련 총납부세액

: 취득세 1,333,000원 + 농어촌특별세 399,900원 = 1,732,900원

• 계산한 취득세 납부일 : 2007.3.2(납부장소 : 관할 시 · 군 · 구청)

• 취득후 30일 이내에 자진신고납부를 하지 않을 경우에는 취득세액에 대해 20%의 신고불성실 가산세가 부과된다.

(3) 등록세의 계산

① 부동산 취득에 따른 소유권이전등기일(촉탁등기) : 2007.1.31

② 납세의무자 : 등기를 받는 자(등기권리자), 즉 낙찰자(김철수), 소유권이전등기는 매수자

③ 납부장소 : 부동산등기의 경우는 부동산 소재지 시·군·구청

④ 등록세 자진신고 납부기한 : 등기 또는 등록신청서를 등기소나 등록관청에 접수하는 날까지, 등기일이후 납부시 가산세 20%가 부과된다.

⑤ 등록세 과세표준액(경매로 유상취득한 부동산은 사실상 취득가액임) : 133,300,000원

⑥ 등록세 세율 : 1% (2%→1%, 유상취득한 주택에 한해서 '06.9.1부터 50%감면 적용)

⑦ 등록세 및 감면받은 등록세액에 대한 농어촌특별세, 부가세(지방교육세)의 계산

• 등록세(지방세)
등기·등록가액 133,300,000원 ×세율 1%(50% 감면) = 1,333,000원(납부할 등록세액)

• 등록세에 대한 부가세인 지방교육세(지방세)
납부할 지방교육세액 : 등록세액 1,333,000원 ×세율20% = 266,600원

• 감면받은 등록세액에 대한 농어촌특별세(국세)
납부할 농어촌특별세액 : 감면받은 등록세액 1,333,000원 ×세율20% = 266,600원

• 주상복합아파트 소유권이전등기 관련 총납부세액 : 등록세 1,333,000원+지방교육세 266,600원+농어촌특별세 266,600원 = 1,866,200원

• 계산한 등록세 납부일 : 2007.1.31(소유권이전등기 당일, 납부장소 : 관할 시·

군 · 구청)

☞ 등록세(본세)에 대한 부가세는 지방교육세만 있고, 국세인 농어촌특별세는 등록세
에 대한 부가세가 아니지만 지방세법에 의해서 등록세를 세액감면 받은 경우에는 감
면받은 등록세액에 대해서 20%의 세율을 적용하여 농어촌특별세를 징수한다. 즉 등
록세를 감면받지 아니하면 농어촌특별세는 부과되지 않는다.

(4) 양도소득세의 계산

① 취득금액 및 취득시기 : 133,300,000원, 법원에 매각잔금 납부일 2007.1.31

② 양도금액 및 양도시기 : 193,000,000원, 매매잔금 받은 날 2007.5.7

③ 매각부동산의 소유권이전등기일 : 2007.5.7(매도자:김철수, 매수자:김순이)

④ 양도소득세 자진신고 납부기한 : 예정신고와 확정신고로 나누어 진다.

- 예정신고 자진납부 : 토지와 건물의 경우는 그 양도일이 속하는 달의
  말일부터 2개월 이내, 납부할 양도세액의 10%를 공제 받는다. 예정신
  고를 하지 않을 경우는 가산세는 부과되지 않지만 세액공제 10%를
  받을 수 없다.
- 확정신고 자진납부 : 다음연도 5월 1일부터 5월 31일까지이며, 예정
  신고를 한 경우는 확정신고를 하지 않아도 되고 예정신고를 안했으면
  반드시 확정신고를 해야 한다. 확정신고를 하지 아니하면 양도세액의
  10%를 가산세로 더 내야 한다. 즉, 예정신고를 안하면 가산세는 없으
  나 확정신고를 하지 않으면 10%의 가산세를 더 부담한다.

⑤ 납세의무자 : 거주자(국내와 국외 양도소득), 비거주자(국내 양도소득)

⑥ 납세지 : 거주자의 납세지는 주소지 관할세무서이고 비거주자의 납세지는 양
  도자산의 소재지 관할세무서이다.

⑦ 양도소득세 세율 : 등기자산인 주상복합아파트(토지+건물)로 양도시점에서 보유
  기간을 계산하면 1년 미만을 보유하였으므로 그 세율은 50%를 적용해야 한다.

⑧ 양도소득세 세액계산

☞ 양도소득세를 쉽게 계산하는 산식

〔(양도가액 − 필요경비 − 장기보유특별공제 − 양도소득기본공제) × 양도소득세율〕−
예정 신고납부세액 공제 − 기 납부세액 = 양도소득신고납부 세액(실제 내야 하는 양
도소득세액)

※ 필요경비에 포함되는 비용 : 취득가액(매입가액, 매입제비용으로 취득세, 등록세, 매입자
가 부담하기로 한 양도소득세, 낙찰후 소유권이전등기 법무사비, 선순위 임차인의 임차보증금
변제), 자본적지출(건물의 내용연수 및 가치를 증가시키는 비용으로 베란다 확장, 구조변경 등
이며 도배 및 장판과 싱크대 교체 등은 포함되지 아니함), 양도비(양도시 지출한 비용으로 중개
수수료, 법무사비, 인지대, 계약서 작성비용, 공증비용, 국민주택채권의 매각차손 등)

• 양도소득신고납부 세액산출(국세)

(단위 : 원)

양 도 가 액	193,000,000	• 실지거래가액(매도금액)
−취득가액	− 133,300,000	• 실지거래가액(낙찰받은 금액) 공제
−기타필요경비	− 56,868,960	• 취득세, 등록세, 법무사비, 중개수수료 선순위 임차보증금 변제, 방베란다 확장비용 등 실제경비 공제
⇩		
양 도 차 익	2,831,040	• 주택보유기간 3년 미만으로 공제액 없음
−장기보유특별공제	− 0	• 계산식 = (토지 또는 건물의 양도차익) × 공제율
⇩		
양도소득금액	2,831,040	
−양도소득기본공제	−2,500,000	• 그룹별 각 2,500,000원 공제(2개 그룹) • 미등기 양도자산 적용배제
⇩		
양도소득과세표준	331,040	
×세율	50%	• 주택보유기간 1년 미만은 세율이 50%임(양도소득세율표 참조)
⇩		
양도소득산출세액	165,520	
−예정신고납부세액공제	− 16,552	• 예정신고납부세액공제는 산출세액의 10%임
−조세특례제한법상 감면세액	− 0	• 감면세액 해당 없음
⇩		
자진납부할 세액	148,968원	• 자진납부할 세액이 148,968원이나 원단위를 절사하여 148,960원만 세무서에 납부하면 됨

[(양도가액 193,000,000원-필요경비의 취득비용으로 매입가액 133,300,000원-취득세 및 부가세 1,732,900원-등록세 및 부가세 1,866,200원- 등기이전 법무사비 699,860원-선순위 임차보증금 변제 30,000,000원-자본적 지출로 방베란다 확장 등 용도변경 비용 21,800,000원-양도비로 중개수수료 770,000원-보유기간 3년 미만으로 장기보유특별공제액 없음—양도소득기본공제 2,500,000원)×세율 50%]

= (양도가액 193,000,000원 - 필요경비 190,168,960원 - 장기보유특별공제 없음 - 양도소득기본공제 2,500,000원)×세율 50% = 양도소득과세표준 331,040원×세율 50% = 양도소득산출세액 165,520원 - 예정신고납부세액공제(165,520원×10% = 16,552원)16,552원 = 자진 납부할 세액 148,968원(원단위 절사)

= 자진납부세액(세무서 납부금액) 148,960원(낙찰자겸 양도자 김철수가 내야 할 세금)

• 양도소득세에 부가되는 소득세할 주민세 세액산출(지방세)

낙찰받은 주택을 등기 이전후 양도시에는 양도소득세에 부가세로 부과되는 소득세할 주민세를 자진납부할 양도소득 세액(세무서 납부금액)의 10%에 해당되는 금액을 양도소득세 신고기한내에 납부하여야 한다. 주민세는 지방세이므로 시·군·구청의 수입으로 된다.

☞ 시·군·구청에 납부할 소득세할 주민세 계산 = 148,960원(자진납부할 양도소득세액) × 10%(주민세 세율) = 14,896원(원단위 절사후 14,890원만 납부)

• 주상복합아파트 소유권이전등기 후 양도시 총납부할 세액

양도소득세 148,960원 + 소득할 주민세 14,890원 = 163,850원을 세무서나 시·군·구청 또는 세금수납대행 시중은행에 납부하면 주택의 양도에 따른 세금은 모두 해결된다.

6. 양도소득세 신고서 작성사례

☞ 2007년부터 모든 부동산에 대해「실거래가 과세제도」가 전면 시행되었다.

【사례1】 아파트를 양도한 경우로서 실지취득가액이 있는 경우

(1세대 1주택이나 비과세대상이 아님)

◎ 자료내용
- 주택현황
  - 구조 : 철근콘크리트조아파트
  - 면적 : 대지권 25.5㎡   건물 87.3㎡
  - 양도일자 : 2008. 04. 15   - 취득일자 : 2002. 04. 05
- 실지거래가액
  - 실지양도가액 : 520,000,000원   - 실지취득가액 : 380,000,000원
- 기타필요경비
  - 자본적지출액 : 10,000,000원   - 취득 · 등록세 : 5,000,000원   - 양도비 : 2,000,000원

◎ 자료의 특성
- 주택으로 예정신고기한(2008.06.30)까지 실지거래가액으로 신고 · 납부(분납세액은 분납기한내 납부)함
- 미등기양도 · 조세특례제한법상 감면대상이 아님
- 사례의 경우는 1세대 1주택이지만 비과세 요건인 거주요건을 충족하지 못함

◎ 작성시 주의사항
- 서식 뒷면에 있는 작성요령을 참고하여 기재하십시오.
- 2007년부터는 모든 부동산의 양도신고는 실지거래한 가액으로 신고해야 합니다.
- 양도소득세 신고서는 아래의 순서로 서식 3개를 작성하여 신고하여야 합니다.
  ① 취득가액 및 필요경비계산 상세 명세서
  ② 양도소득금액계산명세서
  ③ 양도소득과세표준 신고 및 자진납부계산서
- 양도소득세는 국세청의 홈택스로 신고할 수 없으니 계약서 등 증빙서류를 첨부하여 우편등의 방법으로 세무서에 신고서를 접수하여야 합니다.
- 양도소득세 및 주민세 납부서는 신고서 작성요령을 참고하여 작성한 후 양도소득세 신고기한내에 납부하여야 예정신고납부세액공제를 받을 수 있습니다.

[별지 제84호서식]

[별지 제84호서식]

(앞 쪽)

양도소득과세표준 신고 및 자진납부계산서

(☑예정신고, □확정신고, □수정신고, □기한 후 신고)

관리번호		-						

① 신고인 (양도인)	성 명	김성실	주민등록번호	500625-1234567		전자우편주소	kim123@naver.com
	주 소		서울 종로구 수송동 104번지			전 화 번 호	02-1234-5678

② 양수인	성 명	주민등록번호	양도자산 소재지		지분	양도자와의 관계
	박신고	600419-1234567	세류 주공APT 000-000호		1/1	타인

③ 세율구분	코 드	합 계	국내분 소계	누진 부동산	1-10	-		-	국외분 소계
④ 양 도 소 득 금 액		93,480,000	93,480,000	93,480,000					
⑤ 가신고·결정·경정된 양도 소득금액 합계									
⑥ 양도소득기본공제		2,500,000	2,500,000	2,500,000					
⑦ 과 세 표 준 (④+⑤-⑥)		90,980,000	90,980,000	90,980,000					
⑧ 세 율		36%	36%	36%					
⑨ 산 출 세 액		21,052,800	21,052,800	21,052,800					
⑩ 감 면 세 액									
⑪ 외국납부세액공제									
⑫ 예정신고납부세액공제		2,105,280	2,105,280	2,105,280					
⑬ 원천징수세액공제									
⑭ 수정신고가산세 등									
⑮ 가신고·결정·경정세액									
⑯ 자진납부할 세액 (⑨-⑩-⑪-⑫-⑬+⑭-⑮)		18,947,520	18,947,520	18,947,520					
⑰ 분납(물납)할 세액		8,947,520	8,947,520	8,947,520					
⑱ 자 진 납 부 세 액		10,000,000	10,000,000	10,000,000					
⑲ 환 급 세 액									

농어촌특별세 자진납부계산서		주민세 자진납부계산서		신고인은 「소득세법」 제105조(예정신고)·제110조(확정신고), 「국세기본법」 제45조(수정신고)·제45조의3(기한후신고), 「농어촌특별세법」 제7조 및 「지방세법」 제177조의4에 따라 신고하며, 위 내용을 충분히 검토하였고 신고인이 알고 있는 사실 그대로를 정확하게 적었음을 확인합니다.
⑳ 소득세 감면세액		㉙소득세 자진 납부할 세액	18,947,520	
㉑ 세 율		㉚세 율	10%	
㉒ 산 출 세 액		㉛산 출 세 액	1,894,752	
㉓ 수정신고가산세등		㉜자진납부세액	1,894,750	2008 년 06 월 30 일
㉔ 가신고·결정·경정세액		㉝환 급 세 액		신고인 김 성 실 (서명 또는 인)
㉕ 자진납부할 세액		환급금 계좌신고		세무대리인은 조세전문자격자로서 위 신고서를 성실하고 공정하게 작성하였음을 확인합니다. 세무대리인 홍길동 (성명 또는 인)
㉖ 분 납 할 세 액		㉞금융기관명		
㉗ 자진납부 세 액		㉟계좌 번 호		종로세무서장 귀하
㉘ 환 급 세 액				

첨부서류	신고인 제출서류	담당공무원 확인사항	접수일자인
	1. 양도소득금액계산명세서(부표1, 및 부표3, 또는 부표2) 1부 2. 매매계약서 1부 3. 필요경비에 관한 증빙서류 1부 4. 감면신청서 1부 5. 기타 양도소득세 계산에 필요한 서류 1부	1. 토지 및 건물등기부등본 1부 2. 토지 및 건축물대장등본 1부 ※ 담당공무원의 확인에 동의 하지아니하는 경우 신고인이 직접제출하여야 함	

본인은 이 건 업무처리와 관련하여 「전자정부법」 제21조제1항에 따른 행정정보의 공동이용을 통하여 담당공무원이 위의 담당공무원 확인사항을 확인하는 것에 동의합니다.
　　　　　신고인 　　김 성 실　　　　　　　(서명 또는 인)

세무대리인	성명(상호)	홍길동	사업자번호	123-45-12345	전화번호	02-1234-1234

관리번호	-	**양도소득금액계산명세서**

※ 관리번호는 적지 마십시오.

□ 양도자산 및 거래일자

①세 율 구 분 (코드)		합 계	누진세율(1-10)	(-)	(-)
②소 재 지			수원 권선 세류 00 주공apt 000-000호		
③자 산 종 류 (코드)			아파트 (3)	( )	( )
거래일자	④양 도 일 자		2008. 4. 15.		
	⑤취 득 일 자		2004. 4. 5.		
거래자산 면적(㎡)	⑥총면적 (양도지분) 토지		25.5㎡ (1/ 1)	(/)	(/)
	건물		87.3㎡ (1/ 1)	(/)	(/)
	⑦양도면적 토지		25.5㎡		
	건물		87.3㎡		
	⑧취득면적 토지		25.5㎡		
	건물		87.3㎡		

□ 양도소득금액 계산

거래금액	⑨양 도 가 액	520,000,000	520,000,000		
	⑩취 득 가 액	385,000,000	385,000,000		
	취득가액 종류	실지거래가액	실지거래가액		
⑪기납부 토지초과이득세					
⑫기타 필 요 경 비		12,000,000	12,000,000		
양도차익	전체 양도차익	123,000,000	123,000,000		
	비과세 양도차익				
	⑬ 과세대상양도차익	123,000,000	123,000,000		
⑭장기보유특별공제		29,520,000	29,520,000		
⑮양 도 소 득 금 액		93,480,000	93,480,000		
⑯감 면 소 득 금 액					
⑰감면종류	감면율				

□ 기준시가 (기준시가 신고 또는 취득가액을 환산가로 신고하는 경우에만 적습니다)

양도시 기 준 시 가	⑱건물	개별·공동주택			
		상업용·오피스텔			
		일반건물			
	⑲토 지				
	합 계				
취득시 기 준 시 가	⑳건물	개별·공동주택			
		상업용·오피스텔			
		일반건물			
	㉑토 지				
	합 계				

210㎜×297㎜(일반용지 60g/ ㎡(재활용품))

취득가액 및 필요경비계산 상세 명세서[1]

구 분	상호	사업자등록번호	지급일자	지급금액	증빙종류(코드)
취득가액 ① 타인으로부터 매입한 자산 — 매 입 가 액				380,000,000	
취 득 세				2,600,000	
등 록 세				2,400,000	
기타부대비용 / 법무사비용					
기타부대비용 / 취득중개수수료					
기타부대비용 / 기타					
소 계				385,000,000	
② 자기가 제조·생산·건설한 자산					
③ 가산항목 / 취득시 쟁송비 / 변호사비용					
취득시 쟁송비 / 기타비용					
매 수 자 부 담 양 도 소 득 세					
기 타					
소 계					
④ 차감항목 / 감 가 상 각 비					
⑤ 계 (①+③-④ 또는 ②+③-④)				385,000,000	
기타필요경비 ⑥ 자본적 지출액 / 용도 변경·개량·이용 편의를 위한 지출	◇◇리모델링	000-00-12345	05.09.20	5,000,000	03
엘리베이터, 냉난방설치	△△냉난방기	100-20-54321	05.09.20	5,000,000	02
피 난 시 설 등 설 치					
재해 등으로 인한 자산의 원상복구					
개 발 부 담 금, 재 건 축 부 담 금					
자산가치 증가 등 수선비					
기 타					
소 계				10,000,000	
⑦ 취득후 쟁송비용 / 변호사 비용					
기타 소송, 화해비용					
⑧ 기타비용 / 수 익 자 부 담 금					
토지 장애 철거비					
도로시설비 등					
사방사업소요비용					
기 타					
소 계					
⑨ 계 (⑥+⑦+⑧)				10,000,000	
양도비등 ⑩ 양도시 중개수수료 등 직접지출비용	△△중개사	010-02-00123	08.04.10	2,000,000	01
⑪ 국민주택채권 및 토지개발채권 매각차손					
⑫ 계 (⑩+⑪)				2,000,000	
⑬ 기타 필요경비 계 (⑨+⑫)				12,000,000	

※ 음영 부분은 작성하지 않는다.   210㎜×297㎜(일반용지 54g/㎡(재활용품))

【사례 2】 단독주택을 양도한 경우로서 실지취득가액을 알 수 없는 경우

(1세대1주택 비과세 대상이 아님)

□ **자료내용**

○ 주택현황
- 구조 : 철근콘크리트조 주택
- 면적 : 토지 100㎡, 주택 100㎡   - 신축연도 : 2000년
- 양도일자 : 2008. 04. 15   - 취득일자 : 2003. 07. 20

○ 실지거래가액
- 실지양도가액 : 300,000,000원   - 실지취득가액 : 알 수 없음

○ 개별주택 공시현황
- 최초공시 : 150,000,000원(2005. 04. 30) - 양도당시 : 200,000,000원(2007. 04. 30)

○ 기준시가 자료
- 최초공시당시 개별공시지가 2004년   500,000/㎡
- 취득당시 개별공시지가 2003년   300,000/㎡
- 최초공시당시 건물기준시가 2005년   393,000/㎡
- 취득당시 건물기준시가 2003년   389,000/㎡

□ **자료의 특성**

○ 1세대1주택자로서 거주요건을 충족하지 못하여 비과세 대상이 아니며 예정신고기한
(2008.06.30)까지 실지거래가액으로 신고·납부(분납세액은 분납기한내 납부)함

○ 취득당시 실거래가액을 알 수 없어 소득세법 시행령 제176조의2 제3항 규정에
의하여 환산취득가액으로 계산한 사례임

□ **작성시 주의사항**

○ 서식 뒷면에 있는 작성요령을 참고하여 기재하십시오.

○ 2007년부터는 모든 부동산의 양도신고는 실지거래한 가액으로 신고하여야 합니다.

○ 신고서는 아래의 순서로 작성하는 것이 편리합니다.

① 양도소득금액계산명세서 → ② 양도소득과세표준 신고 및 자진납부계산서

○ 양도소득세는 홈택스로 신고할 수 없으니 계약서 등 증빙서류를 첨부하여 우편등의
방법으로 세무서에 신고서를 접수하여야 합니다.

○ 양도소득세 및 주민세 납부서는 신고서 작성요령을 참고하여 작성한 후 양도
소득세 신고기한내에 납부하여야 예정신고납부세액공제를 받을 수 있습니다.

양도소득과세표준 신고 및 자진납부계산서

(□예정신고, □확정신고, □수정신고, □기한 후 신고)

관리번호	-

① 신고인 (양도인)	성 명		주민등록번호		전자우편주소	
	주 소				전 화 번 호	

② 양수인	성 명	주민등록번호	양도자산 소재지	지분	양도자와의 관계

③ 세율구분	코 드	합 계	국내분 소계	-	-	-	국외분 소계
④ 양 도 소 득 금 액							
⑤ 가신고·결정·경정된 양도소득금액합계							
⑥ 양 도 소 득 기 본 공 제							
⑦ 과 세 표 준 (④＋⑤－⑥)							
⑧ 세 율							
⑨ 산 출 세 액							
⑩ 감 면 세 액							
⑪ 외 국 납 부 세 액 공 제							
⑫ 예정신고납부세액공제							
⑬ 원 천 징 수 세 액 공 제							
⑭ 수 정 신 고 가 산 세 등							
⑮ 가신고·결정·경정세액							
⑯ 자 진 납 부 할 세 액 (⑨-⑩-⑪-⑫-⑬+⑭-⑮)							
⑰ 분 납(물 납)할 세 액							
⑱ 자 진 납 부 세 액							
⑲ 환 급 세 액							

농어촌특별세 자진납부계산서		주민세 자진납부계산서		신고인은 「소득세법」 제105조(예정신고)·제110조(확정신고), 「국세기본법」 제45조(수정신고)·제45조의3(기한후신고), 「농어촌특별세법」 제7조 및 「지방세법」 제177조의4에 따라 신고하며, 위 내용을 충분히 검토하였고 신고인이 알고 있는 사실 그대로를 정확하게 적었음을 확인합니다.
⑳ 소득세 감면세액		㉙ 소득세 자진 납부할 세액		
㉑ 세 율		㉚ 세 율		년 월 일
㉒ 산 출 세 액		㉛ 산 출 세 액		신고인 (서명 또는 인)
㉓ 수정신고가산세등		㉜ 자진납부세액		세무대리인은 조세전문자격자로서 위 신고서를 성실하고 공정하게 작성하였음을 확인합니다.
㉔ 가신고·결정·경정세액		㉝ 환 급 세 액		
㉕ 자진납부할 세액		환급금 계좌신고		세무대리인 (성명 또는 인)
㉖ 분 납 할 세 액		㉞ 금융기관명		
㉗ 자진납부 세액		㉟ 계 좌 번 호		세무서장 귀하
㉘ 환 급 세 액				

첨부서류	신고인 제출서류	담당공무원 확인사항	접수일자인
	1. 양도소득금액계산명세서(부표1, 및 부표3, 또는 부표2) 1부 2. 매매계약서 1부 3. 필요경비에 관한 증빙서류 1부 4. 감면신청서 1부 5. 기타 양도소득세 계산에 필요한 서류 1부	1. 토지 및 건물등기부등본 1부 2. 토지 및 건축물대장등본 1부 ※ 담당공무원의 확인에 동의 하지아니하는 경우 신고인이 직접제출하여야 함	

본인은 이 건 업무처리와 관련하여 「전자정부법」 제21조제1항에 따른 행정정보의 공동이용을 통하여 담당공무원이 위의 담당공무원 확인사항을 확인하는 것에 동의합니다.

신고인   (서명 또는 인)

세무대리인	성명(상호)		사업자번호		전화번호	

 (앞 쪽)

<table>
<tr><td colspan="2">관리번호</td><td colspan="2">-</td><td colspan="4" align="center">양도소득금액계산명세서</td></tr>
</table>

※ 관리번호는 적지 마십시오.

□ 양도자산 및 거래일자

①세 율 구 분 (코드)			합 계	누진세율(1-10)	(-)	(-)
②소 재 지				수원 권선 세류 00 주공apt 000-000호		
③자 산 종 류 (코드)				아파트 (3)	( )	( )
거래일자	④양 도 일 자			2008. 4. 15.		
	⑤취 득 일 자			2004. 4. 5.		
거래자산 면적(㎡)	⑥총면적 (양도지분)	토지		25.5㎡ (1/ 1)	(/)	(/)
		건물		87.3㎡ (1/ 1)	(/)	(/)
	⑦양도면적	토지		25.5㎡		
		건물		87.3㎡		
	⑧취득면적	토지		25.5㎡		
		건물		87.3㎡		

□ 양도소득금액 계산

거래금액	⑨양 도 가 액	520,000,000	520,000,000		
	⑩취 득 가 액	385,000,000	385,000,000		
	취득가액 종류	실지거래가액	실지거래가액		
⑪기납부 토지초과이득세					
⑫기 타 필 요 경 비		12,000,000	12,000,000		
양도차익	전체 양도차익	123,000,000	123,000,000		
	비과세 양도차익				
	⑬ 과세대상양도차익	123,000,000	123,000,000		
⑭장기보유특별공제		29,520,000	29,520,000		
⑮양 도 소 득 금 액		93,480,000	93,480,000		
⑯감 면 소 득 금 액					
⑰감면종류	감면율				

□ 기준시가 (기준시가 신고 또는 취득가액을 환산가로 신고하는 경우에만 적습니다)

양도시 기준 시가	⑱건물	개별·공동주택				
		상업용·오피스텔				
		일반건물				
	⑲토 지					
	합 계					
취득시 기준 시가	⑳건물	개별·공동주택				
		상업용·오피스텔				
		일반건물				
	㉑토 지					
	합 계					

210㎜×297㎜(일반용지 60g/㎡(재활용품))

〈사례 2에 대한 보충설명〉

1. 양도가액 계산
 ○ 양도당시의 실지거래가액 : 300,000,000원

2. 취득가액 계산

 ※ 양도당시 기준시가는 2007.04.30 공시된 가액인 200,000,000원임

 ○ 환산취득가액 계산

 - 환산취득가액 = 양도당시의 실지거래가액 × $\dfrac{\text{취득당시의 개별주택 기준시가}}{\text{양도당시의 개별주택기준시가}}$

 ☞ 173,600,223원 = 300,000,000 × $\dfrac{115,733,482}{200,000,000}$

 ※ **취득당시의 개별주택** = 최초공시개별주택가격 × $\dfrac{\text{취득당시 토지·건물기준시가 합계액}}{\text{최초공시당시 토지·건물기준시가 합계액}}$
 기준시가

 ☞ 115,733,482원 = 150,000,000 × $\dfrac{68,900,000}{89,300,000}$

 ※ 토지·건물기준시가 합계액 계산내용
 - 취득시 : 68,900,000원 = 300,000 × 100㎡(토지) + 389,000 × 100㎡(건물)
 - 최초공시당시 : 89,300,000원 = 500,000 × 100㎡(토지) + 393,000 × 100㎡(건물)

3. 기타 필요경비 계산
 ○ 취득당시 개별주택 기준시가에 3%를 곱하여 계산

4. 장기보유특별공제
 ○ 보유기간이 4년이상 5년미만 1주택외 : 양도차익에 16%를 곱하여 계산

5. 양도소득기본공제
 ○ 양도자별로 주식과 주식외의 자산으로 구분하여 1인당 각각 연간 250만원씩을 공제합니다.

6. 세율적용
 ○ 보유기간이 2년 이상이며 1주택자이므로 누진세율이 적용되는 것이며 과세표준이
  8천만원초과에 해당하므로 36%의 세율을 적용합니다.
 ☞ 산출세액 24,573,358원 = (100,759,330원 × 0.36) - 11,700,000원

7. 예정신고납부세액공제
 ○ 예정신고기한내에 신고·납부하여 납부할세액에 10%를 곱하여 계산

8. 주민세
 ○ 주민세는 분납이 허용되지 않아 일시에 납부하여야 합니다.

양도소득과세표준 신고 및 자진납부계산서

(□예정신고, □확정신고, □수정신고, □기한 후 신고)

관리번호	－

① 신고인 (양도인)	성　명		주민등록번호			전자우편주소	
	주　소					전 화 번 호	

② 양수인	성　명	주민등록번호	양도자산 소재지	지분	양도자와의 관계

③ 세율구분	코　드	합　계	국내분 소계	－	－	－	국외분 소계
④ 양 도 소 득 금 액							
⑤ 가신고·결정·경정된 양도소득금액합계							
⑥ 양도소득기본공제							
⑦ 과 　세 　표 　준 (④+⑤-⑥)							
⑧ 세　　　　　율							
⑨ 산 　출 　세 　액							
⑩ 감 　면 　세 　액							
⑪ 외국납부세액공제							
⑫ 예정신고납부세액공제							
⑬ 원천징수세액공제							
⑭ 수정신고가산세 　등							
⑮ 가신고·결정·경정세액							
⑯ 자진납부할세액 (⑨-⑩-⑪-⑫-⑬+⑭-⑮)							
⑰ 분납(물납)할 　세액							
⑱ 자 진 납 부 세 액							
⑲ 환 　급 　세 　액							

농어촌특별세 자진납부계산서		주민세 자진납부계산서		신고인은 「소득세법」 제105조(예정신고)·제110조(확정신고), 「국세기본법」제45조(수정신고)·제45조의3(기한후신고), 「농어촌특별세법」 제7조 및 「지방세법」제177조의4에 따라 신고하며, **위 내용을 충분히 검토하였고 신고인이 알고 있는 사실 그대로를 정확하게 적었음을 확인합니다.** 　　　　　　년　　　월　　　일 　신고인　　　　　(서명 또는 인)
⑳ 소득세　감면세액		㉙ 소득세　자진 납부할 세액		
㉑ 세　　　　　율		㉚ 세　　　율		
㉒ 산 　출 　세 　액		㉛ 산 출 세 액		
㉓ 수정신고가산세등		㉜ 자진납부세액		
㉔ 가신고·결정·경정세액		㉝ 환 급 세 액		
㉕ 자진납부할 　세액		**환급금 계좌신고**		**세무대리인은 조세전문자격자로서 위 신고서를 성실하고 공정하게 작성하였음을 확인합니다.** 　세무대리인　　　　(성명 또는 인)
㉖ 분 납 할 　세액		㉞ 금융기관명		
㉗ 자진납부 　세액		㉟ 계 좌 번 호		**세무서장 귀하**
㉘ 환 　급 　세 　액				

첨부서류	신고인 제출서류	담당공무원 확인사항	접수일자인
	1. 양도소득금액계산명세서(부표1, 및 부표3, 또는 부표2) 1부 2. 매매계약서 1부 3. 필요경비에 관한 증빙서류 1부 4. 감면신청서 1부 5. 기타 양도소득세 계산에 필요한 서류 1부	1. 토지 및 건물등기부등본 1부 2. 토지 및 건축물대장등본 1부 ※ 담당공무원의 확인에 동의 하지아니하는 경우 신고인이 직접제출하여야 함	

본인은 이 건 업무처리와 관련하여 「전자정부법」 제21조제1항에 따른 행정정보의 공동이용을 통하여 담당공무원이 위의 담당공무원 확인사항을 확인하는 것에 동의합니다.

　　　　　　신고인　　　　　　　　　　　(서명 또는 인)

세무대리인	성명(상호)		사업자번호		전화번호	

작 성 방 법

1. 관리번호는 작성자가 적지 아니합니다.
2. ②양수인란 : 양도물건별로 적되, 양수인이 공동으로 양수한 경우에는 양수인별 지분을 적고, 양수인이 다수인 경우에는 별지로 작성합니다.
   ※ 양도자와의 관계 예시 : 타인, 배우자, 자, 부모, 형제자매, 조부모, 손자·손녀 등
3. ③세율구분란 : 양도소득금액계산명세서의 세율구분코드가 동일한 자산을 합산하여 적되, 주식의 경우에는 주식양도소득금액계산명세서(별지 제84호서식 부표 2)상의 ③주식종류코드란의 세율이 동일한 자산(기타자산 주식 및 국외주식은 제외합니다)을 합산하여 적습니다
4. ⑥양도소득기본공제란 : 해당 연도 중 먼저 양도하는 자산의 양도소득금액에서부터 순차로 공제하며, 미등기양도자산의 경우에는 공제하지 아니합니다(부동산 등과 주식은 각각 연 250만원을 말합니다).
5. ⑨산출세액란·⑩감면세액란·⑪외국납부세액공제란 및 ⑫예정신고세액공제란 : 해당 신고분까지 누계금액을 적습니다.
6. ⑫예정신고납부세액공제란 : (직전까지 예정신고납부세액공제 누계액)+(금회 예정신고세액 중 기한 내 납부할 세액×공제율)의 방법으로 계산한 금액을 적습니다.
7. ⑬원천징수세액공제란 : 비거주자의 양도소득에 대하여 양수자가 원천징수한 세액을 적습니다.
8. ⑭수정신고가산세 등란 : 수정신고가산세·기장불성실가산세 및 기한후신고가산세 등을 합계한 금액을 적습니다.
9. ⑮기신고·결정·경정세액란 : 기신고세액(누계금액으로서 납부할 세액을 포함합니다), 무신고결정·경정 결정된 경우 총결정세액(누계금액을 말합니다)을 적습니다.
10. ⑯자진납부할세액란부터 ⑲환급세액란까지 : 금회 신고납부할 세액 등을 적습니다.
11. 환급금 계좌신고(㉞·㉟)란 : 송금받을 본인의 예금계좌를 적습니다. 다만, 환급세액이 500만원 이상인 경우에는 「국세기본법 시행규칙」에 따른 계좌개설(변경)신고서(별지 제22호서식)에 통장사본을 첨부하여 신고하여야 합니다.
12. 「소득세법 시행령」 제175조의2제4항에 따라 양도소득세 물납을 신청하려는 경우에는 양도소득세물납신청서(별지 제86호서식)를 별도로 제출하여야 합니다.

과세대상자산 및 세율

	세 율 구 분	코 드	세 율
국내 자산	1. 「소득세법」 제4조제1항제1호 및 제2호(토지·건물 및 부동산에 관한 권리)		
	가. 2년 이상 보유	1-10	9~36% 누진세율
	나. 1년 이상 2년 미만 보유	1-15	40%
	다. 1년 미만 보유	1-20	50%
	라. 1세대2주택(부수토지 포함)	1-21	50%
	마. 1주택과 1조합원입주권을 보유한 경우 1주택	1-22	50%
	바. 1세대3주택이상에 해당하는 주택(부수토지 포함)	1-25	60%
	사. 주택과 조합원입주권수의 합이 3 이상인 경우의 주택	1-28	60%
	아. 비사업용토지	1-26	60%
	자. 미등기양도	1-30	70%
	2. 「소득세법」 제94조제1항제3호(주식 또는 출자지분)		
	가. 중소기업 외의 법인의 대주주가 1년 미만 보유한 주식	1-70	30%
	나. 중소기업법인 주식(상장, 비상장)	(1-62,	10%
	다. 중소기업 외의 법인의 주식(상장, 비상장)	1-42)	20%
		(1-61,	
		1-41)	
	3. 「소득세법」 제94조제1항제4호(기타자산)		
	가. 주식	1-11	9~36% 누진세율
	나. 주식 외의 것	1-12	9~36% 누진세율
	다. 비사업용토지 과다보유법인 주식	1-27	60%
	4. 「조세특례제한법」 제99조의2(신축주택취득을 위한 주택양도)	1-91	10%
	5. 「조세특례제한법」 제98조(미분양주택에 대한 과세특례)	1-92	20%
국외 자산	1. 「소득세법」 제118조의2제1호 및 제2호(토지·건물, 부동산에 관한 권리)		
	가. 2년 이상 보유	2-10	9~36% 누진세율
	나. 1년 이상 2년 미만 보유	2-15	40%
	다. 1년 미만 보유	2-20	50%
	2. 「소득세법」 제118조의2제3호(주식 또는 출자지분)		
	가. 중소기업의 주식	2-61	10%
	나. 가목 외의 주식	2-64	20%
	3. 「소득세법」 제118조의2제4호(기타자산)		
	가. 주식	2-62	9~36% 누진세율
	나. 주식 외의 것	2-10	9~36% 누진세율

<table>
<tr><td>관리번호</td><td>-</td><td colspan="4" rowspan="2"><h1>양도소득금액계산명세서</h1></td></tr>
<tr><td colspan="2">※ 관리번호는 적지 마십시오.</td></tr>
</table>

□ 양도자산 및 거래일자

			합 계	누진세율(1-10)	(-)	(-)
①세 율 구 분 (코드)				누진세율(1-10)	(-)	(-)
②소 재 지				수원 권선 세류 00 주공apt 000-000호		
③자 산 종 류 (코드)				아파트 (3)	( )	( )
거래일자	④양 도 일 자			2008. 4. 15.		
	⑤취 득 일 자			2004. 4. 5.		
거래자산 면적(㎡)	⑥총면적 (양도지분)	토지		25.5㎡ (1/ 1)	(/)	(/)
		건물		87.3㎡ (1/ 1)	(/)	(/)
	⑦양도면적	토지		25.5㎡		
		건물		87.3㎡		
	⑧취득면적	토지		25.5㎡		
		건물		87.3㎡		

□ 양도소득금액 계산

		합계			
거래금액	⑨양 도 가 액	520,000,000	520,000,000		
	⑩취 득 가 액	385,000,000	385,000,000		
	취득가액 종류	실지거래가액	실지거래가액		
⑪기납부 토지초과이득세					
⑫기타 필 요 경 비		12,000,000	12,000,000		
양도차익	전체 양도차익	123,000,000	123,000,000		
	비과세 양도차익				
	⑬ 과세대상양도차익	123,000,000	123,000,000		
⑭장기보유특별공제		29,520,000	29,520,000		
⑮양 도 소 득 금 액		93,480,000	93,480,000		
⑯감 면 소 득 금 액					
⑰감면종류	감면율				

□ 기준시가 (기준시가 신고 또는 취득가액을 환산가로 신고하는 경우에만 적습니다)

양도시 기준 시가	⑱건물	개별·공동주택				
		상업용·오피스텔				
		일반건물				
	⑲토 지					
	합 계					
취득시 기준 시가	⑳건물	개별·공동주택				
		상업용·오피스텔				
		일반건물				
	㉑토 지					
	합 계					

210㎜×297㎜(일반용지 60g/㎡(재활용품))

작 성 방 법

1. ①세율구분란 : 다음의 세율구분내용과 소재지 및 세율구분코드를 적습니다.

소재지구분	소재지		세율구분	토지·건물									부동산에 관한권리			기타자산(주식외)	비사업용토지과다보유법인주식
	국내	국외		2년이상	1년이상 2년미만	1년미만	1세대2주택 (부수토지포함)	1주택과 1조합원입주권을 보유한경우 1주택	1세대3주택이상의주택 (부수토지포함)	주택과 조합원입주관수 3이상인경우주택	비사업용토지	미등기	2년이상	1년이상 2년미만	1년미만		
코드	1	2	코드	10	15	20	21	22	25	28	26	30	10	15	20	10	27

2. ③자산종류란 : 다음의 자산종류 및 코드를 적습니다.

자산종류	토지·건물				부동산에 관한 권리				기타자산			
	토지	고가주택	일반주택	기타건물	지상권	전세권	등기된 부동산 임차권	부동산을 취득할수 있는 권리	특정주식	영업권	시설물 이용권	부동산과다보유법인주식
코드	1	2	3	4	5	6	7	8	14	15	16	17

3. ⑥총면적란 : 양도자산의 전체면적을 적고, 양도지분을 별도로 적습니다.
4. ⑦양도면적란 : ⑥총면적 × 양도지분으로 산정한 면적을 적습니다.
5. ⑩취득가액란 : 아래와 같이 적습니다.
  가. 실지거래가액으로 하는 경우 : 취득에 실지 소요된 가액(별지 제84호서식 부표3의 ⑤번란의 금액)
  나. 매매사례가액에 의하는 경우 : 취득일 전후 3개월 이내의 매매사례가액을 적음
  다. 감정가액에 의하는 경우 : 취득일 전후 3개월 이내의 감정가액 2개 이상의 평균가액을 적음
  라. 환산가액에 의하는 경우 : 양도가액(⑨번) × [취득시기준시가(⑳+㉑)/양도시기준시가(⑱+⑲)]
      로 환산한 가액을 적음
  ※ 취득가액 종류란 : 실지거래가액, 매매사례가액, 감정가액, 환산가액, 기준시가로 구분하여 적음
6. ⑪기납부토지초과이득세란 : 해당 양도토지에 대하여 기납부한 토지초과이득세가 있는 경우 기납부한
      토지초과이득세액을 적습니다.
7. ⑫기타 필요경비란 : 취득당시 가액을 실가에 의하는 경우에는 자본적지출액 등(별지 제84호서식 부표
      3의 ⑬란의 금액)을 적고, 취득당시 가액을 매매사례가액·감정가액·환산
      가액 또는 기준시가에 의하는 경우에는 「소득세법 시행령」 제163조제6항을
      참조하여 적습니다.
8. ⑭장기보유특별공제란 : 토지·건물의 ⑬양도차익에 다음의 보유기간에 따른 공제율을 곱하여 계산합니다.

2008. 1. 1. ~ 2008. 3. 20. 까지 양도분	1세대1주택	3년이상 보유 10%, 4년이상 보유 12%부터 매년 3%씩 추가 공제하며 15년 이상은 45%한도로 공제
	1세대1주택외	3년이상 보유 10%, 4년이상 보유 12%부터 매년 3%씩 추가공제하며 10년 이상은 30%한도로 공제
2008. 3. 21 이후 양도분	1세대1주택	3년이상 보유 12%부터 매년 4%씩 추가공제하며 20년 이상은 80%한도로 공제
	1세대1주택외	3년이상 보유 10%, 4년이상 보유 12%부터 매년 3%씩 추가공제하며 10년 이상은 30%한도로 공제

9. ⑯감면소득금액란 : 양도소득금액 중 감면되는 소득금액을 적습니다.
10. ⑰감면종류 및 감면율란 : 양도소득세 감면규정 및 감면율을 적습니다.(감면신청서는 별도로 작성
      하여 제출하여야 합니다)
11. ⑱건물란 : 다음의 구분에 따라 양도당시 금액을 적습니다.
  가. 개별·공동주택 : 국토해양부장관이 고시한 금액(토지+건물)
  나. 상업용·오피스텔 : 국세청장이 고시한 금액(토지+건물)에 건물면적(전용+공용)을 곱하여 계산한 금액
  다. 일반건물 : 국세청장이 고시한 금액(건물 ㎡당 가액)에 건물면적(전용+공용)을 곱하여 계산한 금액
12. ⑲토지란 : 양도시 개별공시지가에 면적을 곱하여 계산한 금액을 적습니다.
13. ⑳건물란 : ⑱건물란의 작성요령에 따라 취득당시 금액을 적습니다.(최초 고시일전에 취득한 경
      우에는 최초 고시금액을 취득시로 환산한 가액)
14. ㉑토지란 : 취득시 개별공시지가에 면적을 곱하여 계산한 금액을 적습니다.(취득일이 '90.8.29
      이전인 경우에는 '90.1.1. 기준 개별공시지가를 토지등급에 의해 취득시로 환산한 가액)

취득가액 및 필요경비계산 상세 명세서[1]

구 분			거래상대방		지급 일자	지급금액	증빙종류 (코드)
			상호	사업자등록번호			
취 득 가 액	①타인으로부터 매입한 자산	매 입 가 액					
		취 득 세					
		등 록 세					
		기타 부대 비용 / 법무사비용					
		기타 부대 비용 / 취득중개수수료					
		기타 부대 비용 / 기타					
		소 계					
	②자기가 제조·생산·건설한 자산						
	③가산 항목	취득시 쟁송비 / 변호사비용					
		취득시 쟁송비 / 기타비용					
		매 수 자 부 담 양 도 소 득 세					
		기 타					
		소 계					
	④차감 항목	감 가 상 각 비					
	⑤계 (①+③-④ 또는 ②+③-④)						
기 타 필 요 경 비	자 본 적 지 출 액 등	⑥자본적 지출액 / 용 도 변 경·개 량·이 용 편의를 위한 지출					
		엘리베이터, 냉난방설치					
		피 난 시 설 등 설 치					
		재해 등으로 인한 자산의 원 상 복 구					
		개 발 부 담 금, 재 건 축 부 담 금					
		자산가치 증가 등 수 선 비					
		기 타					
		소 계					
		⑦취득후 쟁송비용 / 변호사 비용					
		⑦취득후 쟁송비용 / 기타 소송, 화해비용					
		⑧기타 비용 / 수 익 자 부 담 금					
		토지 장애 철거비					
		도로시설비 등					
		사방사업소요비용					
		기 타					
		소 계					
		⑨계 (⑥+⑦+⑧)					
	양 도 비 등	⑩양도시 중개수수료 등 직접지출비용					
		⑪국민주택채권 및 토지개발채권 매 각 차 손					
		⑫계 (⑩+⑪)					
	⑬ 기타 필요경비 계 (⑨+⑫)						

210㎜×297㎜(일반용지 54g/㎡(재활용품))

작 성 방 법

(음영표시란은 적으실 필요가 없습니다)

1. 증빙종류 코드

증빙종류	현금영수증	신용카드 영수증	세금계산서	계산서	계약서	기타
코드	01	02	03	04	05	10

2. ①타인으로부터 매입한 자산란: 기타부대비용은 취득시 지출한 법무사비용, 중개수수료 등을 적습니다.

3. ②자기가 제조·생산·건설한 자산란: 원재료비, 노무비, 하역비, 보험료, 수수료, 공과금(취득세·등록세를 포함합니다), 설치비, 기타부대비용을 합하여 적습니다.

4. ③가산항목란: 취득시 쟁송비용은 취득에 관한 쟁송이 있는 자산에 대하여 그 소유권 등을 확보하기 위하여 직접 소요된 소송비용·화해비용을 적습니다.

5. ④차감항목란: 감가상각비는 양도자산 보유기간 중 그 자산에 대한 감가상각비로서 각 연도의 부동산임대소득금액 또는 사업소득금액의 계산에 있어서 필요경비에 산입하였거나 산입할 금액을 적습니다.

6. ⑥자본적 지출액란

가. 개발부담금, 재건축부담금 : 「개발이익환수에 관한 법률」 에 따른 개발부담금 또는 「재건축초과이익 환수에 관한 법률」 에 따른 재건축부담을 말하며, 개발부담금 또는 재건축부담금의 납부의무자와 양도자가 서로 다른 경우에는 양도자에게 사실상 배분될 금액을 적습니다.

나. 자산가치 증가 등 수선비: 자산의 내용연수를 증가시키거나 가치를 현실적으로 증가시키기 위하여 지출한 수선비를 적습니다.

7. ⑦취득 후 쟁송비용란: 양도자산을 취득한 후 쟁송이 있는 경우에 그 소유권을 확보하기 위하여 직접 소요된 소송비용·화해비용 등의 금액으로서 그 지출한 연도의 각 소득금액의 계산에 있어서 필요경비에 산입된 것은 제외한 금액을 적습니다.

8. ⑧기타비용란

가. 수익자부담금 : 「하천법」 ·「댐건설 및 주변지역지원 등에 관한 법률」 , 그밖의 법률에 따라 시행하는 사업으로 인하여 해당 사업구역 내의 토지소유자가 부담한 수익자부담을 적습니다.

나. 토지 장애철거비: 토지이용의 편의를 위하여 지출한 장애철거비용을 적습니다.

다. 도로시설비 등 : 토지이용의 편의를 위하여 해당 토지에 도로를 신설한 경우의 그 시설비 또는 국가 또는 지방자치단체에 이를 무상으로 공여한 경우의 그 도로로 된 토지의 가액을 적습니다.

9. ⑩직접 지출비용란 : 자산을 양도하기 위해 직접 지출한 계약서작성비용, 공증비용, 인지대, 부동산중개수수료 등을 적습니다.

10. ⑪국민주택채권 및 토지개발권 매매차손란 : 자산을 취득하는 경우 법령 등에 따라 매입한 국민주택채권 및 토지개발채권을 만기전에 재정경제부령이 정하는 금융기관 등(증권회사 및 은행)에 양도함으로써 발생하는 매각차손을 적습니다. 다만, 재정경제부령으로 정하는 금융기관 등(증권회사 및 은행) 외의 자에게 양도한 경우에는 동일한 날에 재정경제부령으로 정하는 금융기관 등(증권회사 및 은행)에 양도함으로써 발생하는 매각차손을 한도로 합니다.

※ 유의사항

1. 해당 항목의 금액을 적고 실제로 지출한 사실을 입증할 수 있는 증빙서류(예시: 계약서, 세금계산서 등)를 제출하여야 합니다.

2. ⑤란 계의 금액은 양도소득금액계산명세서(별지 제84호서식 부표1)의 ⑩번 취득가액란에 옮겨 적습니다.

3. 이 서식의 ⑬란 기타필요경비 계의 금액은 양도소득금액계산명세서(별지 제84호서식 부표1)의 ⑫번 기타 필요경비란에 적습니다.

4. 해당 항목의 **지출증빙이 다수인 경우**에는 「사업자등록번호」 란에 "별지 작성"으로 적고 「지급금액」 란에 "합계액"을 적은 후 취득가액 및 필요경비계산 상세 명세서(2)에 상세명세를 작성합니다.

취득가액 및 필요경비계산 상세 명세서(2)

일련 번호	구　　분	거래상대방		지급 일자	지급금액	증빙종류 (코드)
		상호	사업자등록번호			
1						
2						
3						
4						
5						
6						
7						
8						
9						
10						
11						
12						
13						
14						
15						
16						
17						
18						
19						
20						
21						
22						
23						
24						
25						
26						
27						
28						
29						
30						

210㎜×297㎜(일반용지 54g/㎡(재활용품))

양도소득세 납부서

[별지 제8호서식]　　　영수필통지서(징수기관용)　　　　　　　　(1 면)

	(전 자) 납 부 번 호					수입징수관서	계좌번호		
분류기호	서코드	납부년월	납부구분	세 목					
0126						세무서			
상호(성명)		사업자(주민) 등록번호					일반회계	재정경제부소관	조세
사업장(주소)				전화			회계연도		

귀속연도/기분	년 귀속　　　기 분												
세 목 명	납부금액												
	조	천	백	십	억	천	백	십	만	천	백	십	원
세													
농어촌특별세													
계													

왼쪽의 금액을 한국은행 국고(수납)대리점인 은행　또는 우체국에 납부하시기 바랍니다.
(인터넷 등에 의한 전자납부 가능)

납부기한　　　년　　　월　　　일

년　　　월　　　일

은 행　　　　　　지점
우체국

(수납인)

수납받을 때 납부자 실명번호인　"주민등록 번호"를 반드시 입력하여야 합니다.

납 부 서(수납기관용)　　　　　　　　(2 면)

	(전 자) 납 부 번 호					수입징수관서	계좌번호		
분류기호	서코드	납부년월	납부구분	세 목					
0126						세무서			
상호(성명)		사업자(주민) 등록번호					일반회계	재정경제부소관	조세
사업장(주소)				전화			회계연도		

귀속연도/기분	년 귀속　　　기 분												
세 목 명	납부금액												
	조	천	백	십	억	천	백	십	만	천	백	십	원
세													
농어촌특별세													
계													

왼쪽의 금액을 한국은행 국고(수납)대리점인 은행　또는 우체국에 납부하시기 바랍니다.
(인터넷 등에 의한 전자납부 가능)

납부기한　　　년　　　월　　　일

년　　　월　　　일

은 행　　　　　　지점
우체국

(수납인)

수납받을 때 납부자 실명번호인　"주민등록 번호"를 반드시 입력하여야 합니다.

영 수 증 서 (납세자용)　　　　　　　　(3 면)

	(전 자) 납 부 번 호					수입징수관서	계좌번호		
분류기호	서코드	납부년월	납부구분	세 목					
0126						세무서			
상호(성명)		사업자(주민) 등록번호					일반회계	재정경제부소관	조세
사업장(주소)				전화			회계연도		

귀속연도/기분	년 귀속　　　기 분												
세 목 명	납부금액												
	조	천	백	십	억	천	백	십	만	천	백	십	원
세													
농어촌특별세													
계													

왼쪽의 금액을 한국은행 국고(수납)대리점인 은행　또는 우체국에 납부하시기 바랍니다.
(인터넷 등에 의한 전자납부 가능)

납부기한　　　년　　　월　　　일

년　　　월　　　일

은 행　　　　　　지점
우체국

수납받을 때 납부자 실명번호인　"주민등록 번호"를 반드시 입력하여야 합니다.

(수납인)

안내말씀

1. 납부서는 국세청홈페이지(www.nts.go.kr)의 [납부서 작성요령]을 참고하시면 코드 등 자세한 내용을 확인하여 작성할 수 있습니다(맞춤형납부서 다운로드 가능).
2. 납부하고자 하는 금액을 한국은행 국고(수납)대리점인 은행(우체국)에 납부하시기 바랍니다.
 ※ 금융기관의 인터넷뱅킹·ARS·ATM과 국세청 홈택스서비스(www.nts.go.kr)에 의한 **전자납부**도 가능하며, 인터넷에 의한 전자신고·전자고지 등은 신청자에 한하여 시행하고 있습니다.
3. 납부하신 후 영수증서는 세금납부에 대한 증빙자료로 활용 할 수 있도록 5년간 보관하시기 바랍니다.

(5면에서 계속)

4. 납부서의 각 항목별 기재요령
 분류기호: 0126 [국세청] **서코드**: 관할세무서 3자리 **납부연월**: [사례 2002.01 → 0201]
 납부구분 : 1 [확정분 자납]   2 [수시분 자납]   3 [예정신고]
 세목 : 종합소득(10)   양도소득(22)
 수입징수관서 및 계좌번호 : 관할세무서명과 세무서계좌번호 참조
 상호(성명) : 개인자격으로 납부하는 양도소득세는 성명
 사업자(주민)등록번호 : 개인자격으로 납부하는 경우 주민등록번호
 사업장(주소) : 개인자격으로 납부하는 경우 주민등록상 주소

납부구분 번호

코드 번호		코드 내용	설 명	예 시
자 진 납 부	1	확정분 자납	·확정신고납부기한내에 자 진납부하는 경우	·5월31일까지 납부하는 확정신고분 양 도소득세
	2	수시분 자납	·신고납부기한이 지나 수시로 자진납부하는 경우	·수정신고, 기한후신고 하는 양도소득세
	3	예정신고	·예정신고납부 기한내에 자 진납부하는 경우	·양도소득세 예정신고납부

세 목 번 호

세 목	코드	세 목	코드	세 목	코드
양도소득세	22	상속세	32	증여세	33

세무서 코드 및 계좌번호(가나다순)

세무서명	세무서 코 드	세무서 계좌번호	세무서명	세무서 코 드	세무서 계좌번호	세무서명	세무서 코 드	세무서 계좌번호
강 남	211	180616	마 포	105	011840	역 삼	220	181822
강 동	212	180629	목 포	411	050144	영 덕	507	170189
강 릉	226	150154	반 포	114	180645	영 동	302	090311
강 서	109	012027	시 흥	140	001588	영등포	107	011934
거 창	611	950419	보 령	313	930154	영 월	225	150183
경 산	515	042330	부산진	605	030520	영 주	512	910378
경 주	505	170176	부 천	130	110246	예 산	311	930167
고 양	128	012014	북광주	409	060671	용 산	106	011947
공 주	307	080460	북대구	504	040772	용 인	142	002846
광 주	408	060639	북부산	606	030533	울 산	610	160021
구 로	113	011756	북인천	122	110233	원 주	224	100269
구 미	513	905244	북전주	418	002862	의정부	127	900142
군 산	401	070399	삼 성	120	181149	이 천	126	130378
금 정	621	031794	삼 척	222	150167	익 산	403	070425
금 천	119	014371	상 주	511	905260	인 천	121	110259
김 천	510	905257	서광주	410	060655	전 주	402	070438
김 해	615	000178	서대구	503	040798	정 읍	404	070441
나 주	412	060642	서대문	110	011879	제 주	616	120171
남대구	514	040730	서대전	314	081197	제 천	304	090324
남대문	104	011785	서부산	603	030546	종 로	101	011976
남양주	132	012302	서 산	316	000602	중 부	201	011989
남 원	407	070412	서인천	137	111025	중부산	602	030562
남인천	131	110424	서 초	214	180658	진 주	613	950435
노 원	217	001562	성 남	129	130349	창 원	609	140669
논 산	308	080473	성 동	206	011905	천 안	312	935188
대 전	305	080486	성 북	209	011918	청 주	301	090337
도 봉	210	011811	속 초	227	150170	춘 천	221	100272
동대구	502	040769	송 파	215	180661	충 주	303	090340
동대문	204	011824	수 영	617	030478	통 영	612	140708
동 래	607	030481	수 원	124	130352	파 주	141	001575
동수원	135	131157	순 천	416	920300	평 택	125	130381
동안양	138	001591	안 동	508	910365	포 항	506	170192
동울산	620	001601	안 산	134	131076	해 남	415	050157
동 작	108	000181	안 양	123	130365	홍 성	310	930170
동청주	317	002859	양 천	117	012878	홍 천	223	100285
마 산	608	140672	여 수	417	920313			

(서식)

주민세소득세할 납부서

[별지 제71호의 4 서식] (2003.12.31. 개정)

| 지방세 | 주민세소득세할 납부서(시 · 군 · 구보관용) |

주소(납세지)			우편번호	
성 명		주민등록번호		전화번호	
소득세 귀속년도		소득구분	종합□ 양도□ 산림□ 퇴직□	소득세 납부기한		주민세 과세표준	

| 주민세납부세액 | 천 | 백 | 십 | 억 | 천 | 백 | 십 | 만 | 천 | 백 | 십 | 일 | 납부기한 | 년 월 일 |

지방세법 제177조의2제2항 및 제177조의4제1항의 규정에 의하여 위와 같이 납부합니다.

※ 위 금액을 우체국 또는 수납대행은행에 납부하시기 바랍니다.

　　　　　　　　　　　　　　　　　년　　　　월　　　　일

신고인　　　　　　　　(서명 또는 인)

위의 금액을 수납하였음을 통지합니다.

○ ○ 시장·군수·구청장　귀하

※ 주민세과세표준은 소득세 총결정세액에서 기납부세액(단, 중간예납세액 제외)을 뺀 금액입니다.
※ 주민세는 시·군·구 세입으로 수납됩니다.

| 지방세 | 수납의뢰서(수납은행보관용) |

주소(납세지)			우편번호	
성 명		주민등록번호		전화번호	
소득세 귀속년도		소득구분	종합□ 양도□ 산림□ 퇴직□	소득세 납부기한		주민세 과세표준	

| 주민세납부세액 | 천 | 백 | 십 | 억 | 천 | 백 | 십 | 만 | 천 | 백 | 십 | 일 | 납부기한 | 년 월 일 |

위의 금액을 수납의뢰합니다.

　　　　　　　　　　　　년　　　　월　　　　일

○ ○ 시장·군수·구청장

○ ○ 수납기관 귀하

※ 주민세는 시·군·구 세입으로 수납됩니다.

| 지방세 | 주민세납부영수증(납세자보관용) |

주소(납세지)			우편번호	
성 명		주민등록번호		전화번호	
소득세 귀속년도		소득구분	종합□ 양도□ 산림□ 퇴직□	소득세 납부기한		주민세 과세표준	

| 주민세납부세액 | 천 | 백 | 십 | 억 | 천 | 백 | 십 | 만 | 천 | 백 | 십 | 일 | 납부기한 | 년 월 일 |

위의 금액을 영수합니다.

　　　　　　　　　　　　년　　　　월　　　　일

○ ○ 수납기관

※ 영수증은 5년간 보관하시기 바라며, 과세증명자료로 활용할 수 있습니다.
※ 주민세는 시·군·구 세입으로 수납됩니다.

<table>
<tr><td>관리번호</td><td>–</td><td colspan="4">양도소득세 간편신고서(소명자료 제출서)
(□예정신고, □확정신고, □기한 후 신고, □소명자료 제출서)</td></tr>
</table>

신고인 (양도인)	성 명		주민등록번호		전자우편주소	
	주 소				전 화 번 호	
양수인	성 명	주민등록번호		전화번호	지분	양도자와의 관계

1. 양도자산 및 거래일자

자산종류		자산소재지	
양도일자	취득일자	양도면적(토지)	양도면적(건물)

2. 양도소득세 및 주민세 계산

①양도가액	②취득가액	③필요경비	④양도차익 (①-②-③)	⑤장기보유 특별공제	⑥양도소득금액 (④-⑤)
⑦양도소득 기본공제	⑧과세표준 (⑥-⑦)	⑨세율	⑩산출세액 (⑧×⑨)	⑪예정신고납부세 액공제(⑩×10%)	⑫자진납부할 세액(⑩-⑪)
⑬분납할세액	⑭자진납부세액(⑫-⑬)		⑮주민세 세율	⑯주민세 자진납부세액(⑫×⑮)	

3. 필요경비 계산 상세명세서(2. ③번 금액 내역을 적으며, 음영부분은 적지 않습니다)

구 분	상 호	사업자등록번호	지급일자	지급금액	증빙종류
취득세·등록세					
매입부대비용					
자본적지출액					
중개수수료 등					
기 타					

4. 신고인 제출서류	① 매도 및 매입에 관한 매매계약서 사본 ② 자본적지출액·양도비 등 기타필요경비 입증서류(세금계산서 등)
5. 담당공무원확 인사항	① 토지 및 건물등기부 등본 1부 ② 토지 및 건축물관리대장 1부 * 담당공무원의 확인에 동의하지 아니하는 경우 신고인이 직접 제출하여야 함

본인은 이 건 업무처리와 관련하여 「전자정부법」 제21조제1항에 따른 행정정보의 공동이용을 통하여 담당공무원이 위의 담당공무원 확인사항을 확인하는 것에 동의합니다.

신고인 (서명 또는 인)

신고인은 「소득세법」 제105조(예정신고)·제110조(확정신고), ·「국세기본법」 제45조의3(기한후신고), 및 「지방세법」 제177조의4에 따라 신고하며, **위 내용을 충분히 검토하였고 신고인이 알고 있는 사실 그대로를 정확하게 적었음을 확인합니다.**

년 월 일
신고인 (서명 또는 인)

6. 소명자료제출서로 활용하는 경우 기본사항(양도인, 양수인, 양도자산 및 거래일자)만 적고 소명자료
(1세대1주택 비과세 입증서류 등)를 첨부하여 제출하시면 됩니다(세액계산 불필요).

소명자료 제출명세 (제출명세를 적음)	○	
	○	○

세무대리인	성명(상호)		사업자번호		전화번호	

210㎜×297㎜(일반용지 54g/㎡(재활용품))

PART 11

부동산(토지·주택 등) 투기규제 제도

1. 토지거래계약허가 구역

1) 지정 및 허가제도 개요

(1) 지정할 수 있는 근거는 「국토의 계획 및 이용에 관한 법률」 제117조이다.

(2) 허가구역 지정권자 : 국토해양부장관

(3) 지정 및 해제절차

토지거래계약허가 제도의 목적은 투기를 방지하는 데 있다.

따라서 국토해양부장관은 국토의 이용 및 관리에 관한 계획의 원활한 수립 및 집행, 합리적 토지이용 등을 위하여 토지의 투기적인 거래가 성행하거나 지가가 급격히 상승하는 지역과 그러한 우려가 있는 지역을 대상으로 5년 이내의 기간을 정하여 토지거래계약에 관한 허가구역으로 지정할 수 있다. 그 효력은 허가구역의 지정을 공고한 날로부터 5일 후에 발생한다.

또한 허가구역의 지정사유가 없어졌다고 인정되거나 관계 시·도지사, 시장·군수 또는 구청장으로부터의 허가구역의 지정해제 또는 축소 요청이 이유있다고 인정되는 때에는 지체없이 허가구역의 지정을 해제하거나 지정된 허가구역의 일부를 축소하여야 한다.

국토해양부장관이 허가구역을 지정하고자 할 때에는 중앙도시계획위원회의 심의를 거쳐 지정하여야 한다. 단, 동일 시·군·구내의 지정은 시·도지사에게 위임되어 있다.

(4) 지정효과

① 허가구역내 토지에 관한 소유권·지상권 등을 대가를 받고 이전·설정하는

계약을 체결하고자 하는 당사자는 공동으로 실수요 목적임을 소명하여 시
장·군수·구청장의 토지거래계약의 허가를 받아야 한다.

② 토지거래계약허가를 받지 아니하고 체결한 토지거래계약은 효력이 없다. 즉,
그러한 토지거래계약은 무효가 된다. 다만 토지거래계약허가를 받지 아니하
고 허가조건부로 체결한 계약은 유동적 무효이나 허가를 받으면 효력이 있고,
허가를 받지 않으면 확정적 무효로서 그 효력을 상실한다.

(5) 토지거래계약 허가대상 면적기준

아래의 대상면적 기준 이하인 토지는 토지거래계약허가를 받지 않고 거래를 자
유롭게 할 수 있다. 그러나 기준면적을 초과하는 토지는 시·군·구의 허가를 받
아 거래하여야 그 계약의 효력이 발생한다.

구 분	용도지역 구분	대상면적	구 분	용도지역 구분	대상면적
도시지역	주거지역	180m²초과	비도시 지역	농 지	500m²초과
	상업지역	200m²초과		임 야	1,000m²초과
	공업지역	660m²초과		기 타	250m²초과
	녹지지역	100m²초과			
	용도 미지정	90m²초과			

2) 지정면적

토지거래계약허가 지정면적은 국토해양부 홈페이지에서 검색하면 그
지역을 알 수 있다. 주로 서울, 인천, 경기의 수도권과 신도시 건설지역을
위주로 개발수요에 따른 투기를 방지하기 위해 지정·관리되고 있다.

2. 투기과열지구

1) 지정기준

주택법 및 주택공급에 관한 규칙에 의거 주택가격상승률이 물가상승률보다 현저히 높은 지역으로서 주택투기가 우려되는 경우에 지정한다.

2) 해제기준

지정지역의 주택가격이 안정되고 청약경쟁이 완화되는 등 그 지정사유가 없어진 경우에는 해제한다.

3) 지정 및 해제권자

(1) 국토해양부장관 : 시 · 도지사의 의견을 들어 지정 또는 해제한다.

(2) 시 · 도지사 : 국토해양부장관과 협의를 거쳐 지정 또는 해제한다.

4) 지정효과

(1) 분양권 전매제한

① 최초로 주택공급계약 체결이 가능한 날부터 소유권이전등기를 완료한 때까지 (5년이내의 범위내)이며, 단, 수도권 · 충청권을 제외한 지역의 경우에는 1년이 경과한 때까지이다.

② 분양가상한제 적용주택의 경우 투기과열지구 지정여부와 관계없이 과밀억제권역 및 성장관리권역에서는 5년, 기타지역의 경우에는 3년이다.

(2) 이외에도 5년 이상 무주택세대주에 대한 우선공급이 실시되고, 청약 1

순위 자격제한, 지역조합 조합원 선착순 모집금지, 조합원지위 양도금지, 과밀억제권역내 재건축 후분양(전체공정 80%후) 등이 시행된다.

3. 주택거래신고지역

1) 지정권자 : 국토해양부장관

주택정책심의위원회의 심의를 거쳐서 지정한다.

2) 지정요건

주택투기지역 중에서 주택에 대한 투기가 성행하거나 성행할 우려가 있는 지역을 대상으로 지정한다.

3) 신고대상 주택(공동주택)

(1) 전용면적 60㎡(18평)초과 아파트

(2) 재건축 · 재개발 사업구역내 아파트는 면적에 관계없이 신고하여야 한다.

4) 신고대상 권리

공동주택의 소유권이전 유상계약이 신고대상이다. 증여, 상속, 분양권, 토지, 지상권 등은 제외된다.

5) 신고절차

당사자는 공동으로 주택실지거래가액 등을 주택거래계약의 체결일로부터 15일 이내에 당해 주택 소재지의 관할 시장 · 군수 · 구청장에게 신고하여야 한다.

6) 위반시 조치

(1) 당해 주택에 대한 취득세의 5배 이하에 상당하는 금액의 과태료를 부과 징수한다.

(2) 과태료의 금액을 정함에 있어서 신고를 게을리 한 기간, 신고가액과 거래가액의 차액 등을 참작하여 부과한다.

4. 투기지역

1) 지정권자 : 기획재정부장관

소득세법에 의거 국토해양부장관이 요청하면 기획재정부장관이 부동산가격안정심의위원회를 거쳐 지정 및 해제하며 필요시 기획재정부장관이 직접 위원회에 회부한다.

투기지역은 토지투기지역과 주택투기지역으로 나누어 지정한다.

2) 지정요건

전달 부동산가격의 상승률이 소비자물가상승률보다 30% 이상 높으면서 최근 2개월 평균가격 상승률이 전국 평균상승률보다 30% 이상 높거나

최근 1년간 가격상승률이 최근 3년간 전국 평균상승률이상인 곳이 지정
대상 지역이다.

3) 지정효과

투기지역으로 지정된 지역의 토지나 주택 등 양도자산을 타인에게 양도
하는 경우에는 양도소득세를 기준시가가 아닌 실지거래가액으로 과세(신
고 납부)하며, 필요시 양도소득세의 탄력세율(기본세율 + 15%범위내 가감)을
적용하여 과세한다.

5. 부동산투기 규제지역 내용비교

구 분	토지거래허가구역	투기과열지구	주택거래신고지역	투기지역
지정권자	국토해양부장관	국토해양부장관 시·도지사	국토해양부장관	기획재정부장관
지정효과	• 일정면적 초과 토지 거래 유상계약시 시군구의 허가필요 • 허가받지 않고 체결한 토지거래계약은 무효임	• 분양권 등 전매금지	• 주택 취득세의 5배 상당 과태료 부과 • 공동주택의 실지 거래가액 신고 • 주택투기지역 중에서 지정	• 양도소득세를 실지거래가액으로 과세 (신고납부) 기준시가 배제
규제대상	• 토지의 소유권,지상권에 대한 유상계약	• 주 택	• 공동주택의 소유권 이전 유상계약	• 토지, 주택
근거법령	• 국토의 계획 및 이용에 관한 법률 제117조	• 주택법 및 주택 공급에 관한 규칙	• 주택법	• 소득세법

위와 같이 부동산 투기규제의 목적은 모두 투기를 방지하는 데 있으며 각각의 규제효과를 보면 토지거래계약허가 구역은 토지 유상거래시 허가를 받지 않으면 그 계약을 무효로 하며 투기과열지구는 주택에 대한 분양권 등 전매 금지하도록 하고 있고, 주택거래신고지역은 공동주택의 실지거래가액을 신고하여야 하고 투기지역은 토지와 주택을 양도하는 때에는 양도소득세를 기준시가가 아닌 실지거래가액으로 과세하도록 하여 실질적으로 부동산투기를 차단하는 데 동 제도가 기여하고 있다.

따라서 경매물건을 골라 입찰하고자 할 때에는 그 지역에 어떤 투기규제가 있는지 알아보고 낙찰을 받아 소유권을 이전한 후 매각을 하는 경우에는 투기규제로 인하여 곤란을 겪지 않도록 미리 대책을 세워 둬야 한다.

부동산에 대한 투기규제는 경매로 낙찰받아 소유권을 이전할 때에는 토지거래계약허가 등의 아무런 규제를 적용받지 않고 매수자 명의로 취득이 가능하지만 매각할 경우에는 그 규제의 적용을 받아야 한다.

1. 주택임대차보호법

[일부개정 2008.3.21 법률 제8923호]

제1조 (목적) 이 법은 주거용 건물의 임대차(賃貸借)에 관하여 「민법」에 대한 특례를 규정함으로써 국민 주거생활의 안정을 보장함을 목적으로 한다.

[전문개정 2008.3.21]

제2조 (적용 범위) 이 법은 주거용 건물(이하 "주택"이라 한다)의 전부 또는 일부의 임대차에 관하여 적용한다. 그 임차주택(賃借住宅)의 일부가 주거 외의 목적으로 사용되는 경우에도 또한 같다.

[전문개정 2008.3.21]

제3조 (대항력 등) ① 임대차는 그 등기(登記)가 없는 경우에도 임차인(賃借人)이 주택의 인도(引渡)와 주민등록을 마친 때에는 그 다음 날부터 제삼자에 대하여 효력이 생긴다. 이 경우 전입신고를 한 때에 주민등록이 된 것으로 본다.

② 국민주택기금을 재원으로 하여 저소득층 무주택자에게 주거생활 안정을 목적으로 전세임대주택을 지원하는 법인이 주택을 임차한 후 지방자치단체의 장 또는 그 법인이 선정한 입주자가 그 주택을 인도받고 주민등록을 마쳤을 때에는 제1항을 준용한다. 이 경우 대항력이 인정되는 법인은 대통령령으로 정한다.

③ 임차주택의 양수인(讓受人)(그 밖에 임대할 권리를 승계한 자를 포함한다)은 임대인(賃貸人)의 지위를 승계한 것으로 본다.

④ 이 법에 따라 임대차의 목적이 된 주택이 매매나 경매의 목적물이 된 경우에는 「민법」 제575조제1항려　항 및 같은 법 제578조를 준용한다.

⑤ 제4항의 경우에는 동시이행의 항변권(抗辯權)에 관한 「민법」 제536조를 준용한다.

[전문개정 2008.3.21]

제3조의2 (보증금의 회수) ① 임차인(제3조제2항의 법인을 포함한다. 이하 같다)이 임차주택에 대하여 보증금반환청구소송의 확정판결이나 그 밖에 이에 준하는 집행권원(執行權原)에 따라서 경매를 신청하는 경우에는 집행개시(執行開始)요건에 관한 「민사집행법」 제41조에도 불구하고 반대의무(反對義務)의 이행이나 이행의 제공을 집행개시의 요건으로 하지 아니한다.

② 제3조제1항 또는 제2항의 대항요건(對抗要件)과 임대차계약증서(제3조제2항의 경우에는 법인과 임대인 사이의 임대차계약증서를 말한다)상의 확정일자(確定日字)를 갖춘 임차인은 「민사집행법」에 따른 경매 또는 「국세징수법」에 따른 공매(公賣)를 할 때에 임차주택(대지를 포함한다)의 환가대금(換價代金)에서 후순위권리자(後順位權利者)나 그 밖의 채권

자보다 우선하여 보증금을 변제(辨濟)받을 권리가 있다.

③ 임차인은 임차주택을 양수인에게 인도하지 아니하면 제2항에 따른 보증금을 받을 수 없다.

④ 제2항에 따른 우선변제의 순위와 보증금에 대하여 이의가 있는 이해관계인은 경매법원이나 체납처분청에 이의를 신청할 수 있다.

⑤ 제4항에 따라 경매법원에 이의를 신청하는 경우에는 「민사집행법」 제152조부터 제161조까지의 규정을 준용한다.

⑥ 제4항에 따라 이의신청을 받은 체납처분청은 이해관계인이 이의신청일부터 7일 이내에 임차인을 상대로 소(訴)를 제기한 것을 증명하면 해당 소송이 끝날 때까지 이의가 신청된 범위에서 임차인에 대한 보증금의 변제를 유보(留保)하고 남은 금액을 배분하여야 한다. 이 경우 유보된 보증금은 소송의 결과에 따라 배분한다.

[전문개정 2008.3.21]

제3조의3 (임차권등기명령) ① 임대차가 끝난 후 보증금을 반환받지 못한 임차인은 임차주택의 소재지를 관할하는 지방법원·지방법원지원 또는 시·군 법원에 임차권등기명령을 신청할 수 있다.

② 임차권등기명령의 신청서에는 다음 각 호의 사항을 적어야 하며, 신청의 이유와 임차권등기의 원인이 된 사실을 소명(疎明)하여야 한다.

 1. 신청의 취지 및 이유

 2. 임대차의 목적인 주택(임대차의 목적이 주택의 일부분인 경우에는 해당 부분의 도면을 첨부한다)

 3. 임차권등기의 원인이 된 사실(임차인이 제3조제1항 또는 제2항에 따른 대항력을 취득하였거나 제3조의2제2항에 따른 우선변제권을 취득한 경우에는 그 사실)

 4. 그 밖에 대법원규칙으로 정하는 사항

③ 다음 각 호의 사항 등에 관하여는 「민사집행법」 제280조제1항, 제281조, 제283조, 제285조, 제286조, 제288조제1항려   항 본문, 제289조, 제290조제2항 중 제288조제1항에 대한 부분, 제291조 및 제293조를 준용한다. 이 경우 "가압류"는 "임차권등기"로, "채권자"는 "임차인"으로, "채무자"는 "임대인"으로 본다.

 1. 임차권등기명령의 신청에 대한 재판

 2. 임차권등기명령의 결정에 대한 임대인의 이의신청 및 그에 대한 재판

 3. 임차권등기명령의 취소신청 및 그에 대한 재판

 4. 임차권등기명령의 집행

④ 임차권등기명령의 신청을 기각(棄却)하는 결정에 대하여 임차인은 항고(抗告)할 수 있다.

⑤ 임차인은 임차권등기명령의 집행에 따른 임차권등기를 마치면 제3조제1항 또는 제2항

에 따른 대항력과 제3조의2제2항에 따른 우선변제권을 취득한다. 다만, 임차인이 임차권등기 이전에 이미 대항력이나 우선변제권을 취득한 경우에는 그 대항력이나 우선변제권은 그대로 유지되며, 임차권등기 이후에는 제3조제1항 또는 제2항의 대항요건을 상실하더라도 이미 취득한 대항력이나 우선변제권을 상실하지 아니한다.

⑥ 임차권등기명령의 집행에 따른 임차권등기가 끝난 주택(임대차의 목적이 주택의 일부분인 경우에는 해당 부분으로 한정한다)을 그 이후에 임차한 임차인은 제8조에 따른 우선변제를 받을 권리가 없다.

⑦ 임차권등기의 촉탁(囑託), 등기공무원의 임차권등기 기입(記入) 등 임차권등기명령을 시행하는 데에 필요한 사항은 대법원규칙으로 정한다.

⑧ 임차인은 제1항에 따른 임차권등기명령의 신청과 그에 따른 임차권등기와 관련하여 든 비용을 임대인에게 청구할 수 있다.

[전문개정 2008.3.21]

제3조의4 (「민법」에 따른 주택임대차등기의 효력 등) ① 「민법」 제621조에 따른 주택임대차등기의 효력에 관하여는 제3조의3제5항 및 제6항을 준용한다.

② 임차인이 대항력이나 우선변제권을 갖추고 「민법」 제621조제1항에 따라 임대인의 협력을 얻어 임대차등기를 신청하는 경우에는 신청서에 「부동산등기법」 제156조의 사항 외에 다음 각 호의 사항을 적어야 하며, 이를 증명할 수 있는 서면(임대차의 목적이 주택의 일부분인 경우에는 해당 부분의 도면을 포함한다)을 첨부하여야 한다.

 1. 주민등록을 마친 날
 2. 임차주택을 점유(占有)한 날
 3. 임대차계약증서상의 확정일자를 받은 날

 [전문개정 2008.3.21]

제3조의5 (경매에 의한 임차권의 소멸) 임차권은 임차주택에 대하여 「민사집행법」에 따른 경매가 행하여진 경우에는 그 임차주택의 경락(競落)에 따라 소멸한다. 다만, 보증금이 모두 변제되지 아니한, 대항력이 있는 임차권은 그러하지 아니하다.

[전문개정 2008.3.21]

제4조 (임대차기간 등) ① 기간을 정하지 아니하거나 2년 미만으로 정한 임대차는 그 기간을 2년으로 본다. 다만, 임차인은 2년 미만으로 정한 기간이 유효함을 주장할 수 있다.

② 임대차기간이 끝난 경우에도 임차인이 보증금을 반환받을 때까지는 임대차관계가 존속되는 것으로 본다.

[전문개정 2008.3.21]

第5條 삭제 〈1989.12.30〉

제6조 (계약의 갱신) ① 임대인이 임대차기간이 끝나기 6개월 전부터 1개월 전까지의 기간에 임차인에게 갱신거절(更新拒絕)의 통지를 하지 아니하거나 계약조건을 변경하지 아니하면 갱신하지 아니한다는 뜻의 통지를 하지 아니한 경우에는 그 기간이 끝난 때에 전 임대차와 동일한 조건으로 다시 임대차한 것으로 본다. 임차인이 임대차기간이 끝나기 1개월 전까지 통지하지 아니한 경우에도 또한 같다.

② 제1항의 경우 임대차의 존속기간은 정하지 아니한 것으로 본다.

③ 2기(期)의 차임액(借賃額)에 달하도록 연체하거나 그 밖에 임차인으로서의 의무를 현저히 위반한 임차인에 대하여는 제1항을 적용하지 아니한다.

[전문개정 2008.3.21]

제6조의2(묵시적 갱신의 경우 계약의 해지) ① 제6조제1항의 경우 임차인은 언제든지 임대인에게 계약해지(契約解止)를 통지할 수 있다.

② 제1항에 따른 해지는 임대인이 그 통지를 받은 날부터 3개월이 지나면 그 효력이 발생한다.

[전문개정 2008.3.21]

제7조 (차임 등의 증감청구권) 당사자는 약정한 차임이나 보증금이 임차주택에 관한 조세, 공과금, 그 밖의 부담의 증감이나 경제사정의 변동으로 인하여 적절하지 아니하게 된 때에는 장래에 대하여 그 증감을 청구할 수 있다. 다만, 증액의 경우에는 대통령령으로 정하는 기준에 따른 비율을 초과하지 못한다.

[전문개정 2008.3.21]

제7조의2 (월차임 전환 시 산정률의 제한) 보증금의 전부 또는 일부를 월 단위의 차임으로 전환하는 경우에는 그 전환되는 금액에 「은행법」에 따른 금융기관에서 적용하는 대출금리와 해당 지역의 경제 여건 등을 고려하여 대통령령으로 정하는 비율을 곱한 월차임(月借賃)의 범위를 초과할 수 없다.

[전문개정 2008.3.21]

제8조 (보증금 중 일정액의 보호) ① 임차인은 보증금 중 일정액을 다른 담보물권자(擔保物權者)보다 우선하여 변제받을 권리가 있다. 이 경우 임차인은 주택에 대한 경매신청의 등기 전에 제3조제1항의 요건을 갖추어야 한다.

② 제1항의 경우에는 제3조의2제4항부터 제6항까지의 규정을 준용한다.

③ 제1항에 따라 우선변제를 받을 임차인 및 보증금 중 일정액의 범위와 기준은 주택가액(대지의 가액을 포함한다)의 2분의 1의 범위에서 대통령령으로 정한다.

[전문개정 2008.3.21]

제9조 (주택 임차권의 승계) ① 임차인이 상속인 없이 사망한 경우에는 그 주택에서 가정공동생활을 하던 사실상의 혼인 관계에 있는 자가 임차인의 권리와 의무를 승계한다.

② 임차인이 사망한 때에 사망 당시 상속인이 그 주택에서 가정공동생활을 하고 있지 아니한 경우에는 그 주택에서 가정공동생활을 하던 사실상의 혼인 관계에 있는 자와 2촌 이내의 친족이 공동으로 임차인의 권리와 의무를 승계한다.

③ 제1항과 제2항의 경우에 임차인이 사망한 후 1개월 이내에 임대인에게 제1항과 제2항에 따른 승계 대상자가 반대의사를 표시한 경우에는 그러하지 아니하다.

④ 제1항과 제2항의 경우에 임대차 관계에서 생긴 채권·채무는 임차인의 권리의무를 승계한 자에게 귀속된다.

[전문개정 2008.3.21]

제10조 (강행규정) 이 법에 위반된 약정(約定)으로서 임차인에게 불리한 것은 그 효력이 없다.

[전문개정 2008.3.21]

제11조 (일시사용을 위한 임대차) 이 법은 일시사용하기 위한 임대차임이 명백한 경우에는 적용하지 아니한다.

[전문개정 2008.3.21]

제12조 (미등기 전세에의 준용) 주택의 등기를 하지 아니한 전세계약에 관하여는 이 법을 준용한다. 이 경우 "전세금"은 "임대차의 보증금"으로 본다.

[전문개정 2008.3.21]

제13조 (「소액사건심판법」의 준용) 임차인이 임대인에 대하여 제기하는 보증금반환청구소송에 관하여는 「소액사건심판법」 제6조, 제7조, 제10조 및 제11조의2를 준용한다.

[전문개정 2008.3.21]

附則 〈제3379호, 1981.3.5〉

① (施行日) 이 法은 公布한 날로부터 施行한다.

② (經過措置) 이 法은 이 法 施行후 締結되거나 更新된 賃貸借에 이를 適用한다. 다만, 第3條의 規定은 이 法 施行당시 存續중인 賃貸借에 대하여도 이를 適用하되 이 法 施行전에 物權을 取得한 第3者에 대하여는 그 效力이 없다.

附則 〈제3682호, 1983.12.30〉

① (施行日) 이 法은 1984年 1月 1日부터 施行한다.

② (經過措置의 原則) 이 法은 특별한 規定이 있는 경우를 제외하고는 이 法 施行전에 생긴

事項에 대하여도 이를 適用한다. 그러나 종전의 規定에 의하여 생긴 效力에는 影響을 미치지 아니한다.

③ (借賃등의 增額請求에 관한 經過措置) 第7條 但書의 改正規定은 이 法 施行전에 借賃등의 增額請求가 있는 경우에는 이를 適用하지 아니한다.

④ (少額保證金의 보호에 관한 經過措置) 第8條의 改正規定은 이 法 施行전에 賃借住宅에 대하여 擔保物權을 取得한 者에 대하여는 이를 適用하지 아니한다.

附則 〈제4188호, 1989. 12. 30〉

① (施行日) 이 法은 公布한 날부터 施行한다.

② (存續중인 賃貸借에 관한 經過措置) 이 法은 특별한 規定이 있는 경우를 제외하고는 이 法 施行당시에 存續중인 賃貸借에 대하여도 이를 適用한다.

③ (擔保物權者에 대한 經過措置) 이 法 施行전에 賃借住宅에 대하여 擔保物權을 취득한 者에 대하여는 종전의 規定에 의한다.

④ (賃貸借期間에 대한 經過措置) 이 法 施行당시 存續중인 賃貸借의 期間에 대하여는 종전의 規定에 의한다.

⑤ (少額保證金에 관한 經過措置) 이 法 施行당시 종전의 第8條의 規定에 의한 少額保證金에 해당하는 경우에는 종전의 規定에 의한다.

附則(정부부처명칭등의변경에따른건축법등의정비에관한법률) 〈제5454호, 1997. 12. 13〉
이 法은 1998年 1月 1日부터 施行한다. 〈但書 省略〉

附則 〈제5641호, 1999. 1. 21〉

① (施行日) 이 法은 1999年 3月 1日부터 施行한다.

② (存續중인 賃貸借에 관한 經過措置) 이 法은 특별한 規定이 있는 경우를 제외하고는 이 法 施行당시 存續중인 賃貸借에 대하여도 이를 적용한다.

③ (賃貸借登記에 관한 經過措置) 第3條의4의 改正規定은 이 法 施行전에 이미 經了된 賃貸借登記에 대하여는 이를 적용하지 아니한다.

부칙 〈제6541호, 2001. 12. 29〉
이 법은 공포후 6月이 경과한 날부터 시행한다.

부칙(민사집행법) 〈제6627호, 2002. 1. 26〉
제1조 (시행일) 이 법은 2002년 7월 1일부터 시행한다.
제2조 내지 제5조 생략
제6조 (다른 법률의 개정) ①내지 〈41〉생략
〈42〉주택임대차보호법중 다음과 같이 개정한다.

제3조의2제1항중 "채무명의"를 "집행권원"으로, "民事訴訟法 第491條의2"를 "민사집행법 제41조"로 하고, 같은 조제2항중 "民事訴訟法"을 "민사집행법"으로 하며, 같은 조제5항중 "民事訴訟法 第590條 내지 第597條"를 "민사집행법 제152조 내지 제161조"로 한다.

제3조의3제3항중 "民事訴訟法 第700條第1項, 第701條, 第703條, 第704條, 第706條第1項 뤗 項뤗 項 前段, 第707條, 第710條"를 "민사집행법 제280조제1항, 제281조, 제283조, 제285조, 제286조, 제288조제1항려 항려 항 전단, 제289조제1항 내지 제4항, 제290조제2항중 제288조제1항에 대한 부분, 제291조, 제293조"로 한다.

제3조의5 본문중 "民事訴訟法"을 "민사집행법"으로 한다.

〈43〉내지 〈55〉생략

제7조 생략

　　　　부칙(민사집행법) 〈제7358호, 2005.1.27〉
제1조 (시행일) 이 법은 공포 후 6월이 경과한 날부터 시행한다.

제2조 생략

제3조 (다른 법률의 개정) ①생략

② 住宅賃貸借保護法중 다음과 같이 개정한다.

3조의3제3항 전단중 "민사집행법 제280조제1항, 제281조, 제283조, 제285조, 제286조, 제288조제1항려 항려 항 전단, 제289조제1항 내지 제4항"을 "민사집행법 제280조제1항, 제281조, 제283조, 제285조, 제286조, 제288조제1항려 항 본문, 제289조"로 한다.

③ 생략

제4조 생략

　　　　부칙 〈제8583호, 2007.8.3〉
이 법은 공포 후 3개월이 경과한 날부터 시행한다.

　　　　부칙 〈제8923호, 2008.3.21〉
이 법은 공포한 날부터 시행한다.

2. 주택임대차보호법 시행령

[일부개정 2008.8.21 대통령령 제20971호]

제1조 (목적) 이 영은 「주택임대차보호법」에서 위임된 사항과 그 시행에 관하여 필요한 사항을 정함을 목적으로 한다.

[전문개정 2008.8.21]

제1조의2 (대항력이 인정되는 법인) 「주택임대차보호법」(이하 "법"이라 한다) 제3조제2항 후단에서 "대항력이 인정되는 법인"이란 다음 각 호의 법인을 말한다.

  1. 「대한주택공사법」에 따른 대한주택공사
  2. 「지방공기업법」 제49조에 따라 주택사업을 목적으로 설립된 지방공사

[전문개정 2008.8.21]

제2조 (차임 등 증액청구의 기준 등) ① 법 제7조에 따른 차임이나 보증금(이하 "차임 등"이라 한다)의 증액청구는 약정한 차임등의 20분의 1의 금액을 초과하지 못한다.

② 제1항에 따른 증액청구는 임대차계약 또는 약정한 차임등의 증액이 있은 후 1년 이내에는 하지 못한다.

[전문개정 2008.8.21]

제2조의2 (월차임 전환 시 산정률) 법 제7조의2에서 "대통령령으로 정하는 비율"이란 연 1할4푼을 말한다.

[전문개정 2008.8.21]

제3조 (보증금 중 일정액의 범위 등) ① 법 제8조에 따라 우선변제를 받을 보증금 중 일정액의 범위는 다음 각 호의 구분에 의한 금액 이하로 한다.

  1. 「수도권정비계획법」에 따른 수도권 중 과밀억제권역: 2천만원
  2. 광역시(군지역과 인천광역시지역은 제외한다): 1천700만원
  3. 그 밖의 지역: 1천400만원

② 임차인의 보증금 중 일정액이 주택가액의 2분의 1을 초과하는 경우에는 주택가액의 2분의 1에 해당하는 금액까지만 우선변제권이 있다.

③ 하나의 주택에 임차인이 2명 이상이고, 그 각 보증금 중 일정액을 모두 합한 금액이 주택가액의 2분의 1을 초과하는 경우에는 그 각 보증금 중 일정액을 모두 합한 금액에 대한 각 임차인의 보증금 중 일정액의 비율로 그 주택가액의 2분의 1에 해당하는 금액을 분할한 금액을 각 임차인의 보증금 중 일정액으로 본다.

④ 하나의 주택에 임차인이 2명 이상이고 이들이 그 주택에서 가정공동생활을 하는 경우에는 이들을 1명의 임차인으로 보아 이들의 각 보증금을 합산한다.

[전문개정 2008.8.21]

제4조 (우선변제를 받을 임차인의 범위) 법 제8조에 따라 우선변제를 받을 임차인은 보증금이 다음 각 호의 구분에 의한 금액 이하인 임차인으로 한다.

1. 「수도권정비계획법」에 따른 수도권 중 과밀억제권역: 6천만원
2. 광역시(군지역과 인천광역시지역은 제외한다): 5천만원
3. 그 밖의 지역: 4천만원

[전문개정 2008.8.21]

부칙 〈제11441호, 1984.6.14〉

이 영은 공포한 날로부터 시행한다.

부칙 〈제12283호, 1987.12.1〉

① (시행일) 이 영은 공포한 날로부터 시행한다.

② (소액보증금의 범위변경에 따른 경과조치) 이 영 시행전에 임차주택에 대하여 담보물권을 취득한 자에 대하여는 종전의 규정을 적용한다.

부칙 〈제12930호, 1990.2.19〉

이 영은 공포한 날부터 시행한다.

부칙 〈제14785호, 1995.10.19〉

① (시행일) 이 영은 공포한 날부터 시행한다.

② (경과조치) 이 영 시행전에 임차주택에 대하여 담보물권을 취득한 자에 대하여는 종전의 규정에 의한다.

부칙 〈제17360호, 2001.9.15〉

① (시행일) 이 영은 공포한 날부터 시행한다.

② (경과조치) 이 영 시행전에 임차주택에 대하여 담보물권을 취득한 자에 대하여는 종전의 규정에 의한다.

부칙 〈제17627호, 2002.6.19〉

이 영은 2002년 6월 30일부터 시행한다.

부칙 〈제20334호, 2007.10.23〉

이 영은 2007년 11월 4일부터 시행한다.

부칙 〈제20971호, 2008.8.21〉

제1조(시행일) 이 영은 공포한 날부터 시행한다.

제2조(경과조치) 이 영 시행 전에 임차주택에 대하여 담보물권을 취득한 자에 대하여는 종전의 규정에 따른다.

3. 상가건물임대차보호법

[일부개정 2005.1.27 법률 7358호]

제1조 (목적) 이 법은 상가건물 임대차에 관하여 민법에 대한 특례를 규정함으로써 국민 경제생활의 안정을 보장함을 목적으로 한다.

제2조 (적용범위) ① 이 법은 상가건물(제3조제1항의 규정에 의한 사업자등록의 대상이 되는 건물을 말한다)의 임대차(임대차 목적물의 주된 부분을 영업용으로 사용하는 경우를 포함한다)에 대하여 적용한다. 다만, 대통령령이 정하 는 보증금액을 초과하는 임대차에 대하여는 그러하지 아니하다.

  ② 제1항 단서의 규정에 의한 보증금액을 정함에 있어서는 당해 지역의 경제 여건 및 임대차 목적물의 규모 등을 감안하여 지역별로 구분하여 규정하되, 보증금외에 차임이 있는 경우에는 그 차임액에 은행법에 의한 금융기관의 대출금리 등을 감안하여 대통령령이 정하는 비율을 곱하여 환산한 금액을 포함 하여야 한다.

제3조 (대항력 등) ① 임대차는 그 등기가 없는 경우에도 임차인이 건물의 인도와 부가가치세법 제5조, 소득세법 제168조 또는 법인세법 제111조의 규정에 의한 사업자등록을 신청한 때에는 그 다음 날부터 제3자에 대하여 효력이 생긴다.

  ② 임차건물의 양수인(그 밖에 임대할 권리를 승계한 자를 포함한다)은 임대인의 지위를 승계한 것으로 본다.

  ③ 민법 제575조제1항·제3항 및 제578조의 규정은 이 법에 의하여 임대차의 목적이 된 건물이 매매 또는 경매의 목적물이 된 경우에 이를 준용한다.

  ④ 민법 제536조의 규정은 제3항의 경우에 이를 준용한다.

제4조 (등록사항 등의 열람·제공) ① 건물의 임대차에 이해관계가 있는 자는 건물의 소재지 관할 세무서장에게 다음 각호의 사항의 열람 또는 제공을 요청할 수 있다. 이때 관할 세무서장은 정당한 사유없이 이를 거부할 수 없다.

1. 임대인·임차인의 성명, 주소, 주민등록번호(임대인·임차인이 법인 또는 법인아닌 단체인 경우에는 법인명 또는 단체명, 대표자, 법인등록번호, 본점·사업장소재지)
2. 건물의 소재지, 임대차 목적물 및 면적
3. 사업자등록 신청일
4. 사업자등록 신청일 당시의 보증금 및 차임, 임대차기간
5. 임대차계약서상의 확정일자를 받은 날
6. 임대차계약이 변경 또는 갱신된 경우에는 변경된 일자, 보증금 및 차임, 임대차기간, 새로운 확정일자를 받은 날

7. 그 밖에 대통령령이 정하는 사항

② 제1항의 규정에 의한 자료의 열람 및 제공과 관련하여 필요한 사항에 대하여는 대통령령으로 정한다.

제5조 (보증금의 회수) ① 임차인이 임차건물에 대하여 보증금반환청구소송의 확정판결 그 밖에 이에 준하는 집행권원에 기한 경매를 신청하는 경우에는 민사집행법 제41조의 규정에 불구하고 반대의무의 이행 또는 이행의 제공을 집행개시의 요건으로 하지 아니한다.

제3조제1항의 대항요건을 갖추고 관할 세무서장으로부터 임대차계약서상의 확정일자를 받은 임차인은 민사집행법에 의한 경매 또는 국세징수법에 의한 공매시 임차건물(임대인 소유의 대지를 포함한다)의 환가대금에서 후순위권리자 그 밖의 채권자보다 우선하여 보증금을 변제받을 권리가 있다.

③ 임차인은 임차건물을 양수인에게 인도하지 아니하면 제2항의 규정에 의한 보증금을 수령할 수 없다.

④ 제2항의 규정에 의한 우선변제의 순위와 보증금에 대하여 이의가 있는 이해관계인은 경매법원 또는 체납처분청에 이의를 신청할 수 있다.

⑤ 민사집행법 제152조 내지 제161조의 규정은 제4항의 규정에 의하여 경매법원에 이의를 신청하는 경우에 이를 준용한다.

⑥ 제4항의 규정에 의하여 이의신청을 받은 체납처분청은 이해관계인이 이의신청일부터 7일 이내에 임차인을 상대로 소를 제기한 것을 증명한 때에는 당해 소송의 종결시까지 이의가 신청된 범위안에서 임차인에 대한 보증금의 변제를 유보하고 잔여금액을 배분하여야 한다. 이 경우 유보된 보증금은 소송의 결과에 따라 배분한다.

제6조 (임차권등기명령) ① 임대차가 종료된 후 보증금을 반환받지 못한 임차인은 임차건물의 소재지를 관할하는 지방법원 · 지방법원지원 또는 시 · 군법원에 임차권등기명령을 신청할 수 있다.

② 임차권등기명령의 신청에는 다음 각호의 사항을 기재하여야 하며, 신청의 이유 및 임차권등기의 원인이 된 사실은 이를 소명하여야 한다.

1. 신청의 취지 및 이유

2. 임대차의 목적인 건물(임대차의 목적이 건물의 일부분인 경우에는 그 도면을 첨부한다)

3. 임차권등기의 원인이 된 사실(임차인이 제3조제1항의 규정에 의한 대항력을 취득하였거나 제5조제2항의 규정에 의한 우선변제권을 취득한 경우에는 그 사실)

4. 그 밖에 대법원규칙이 정하는 사항

③ 민사집행법 제280조제1항, 제281조, 제283조, 제285조, 제286조, 제288조 제1항 · 제2항 본문, 제289조, 제290조 제2항중 제288조 제1항에 대한 부분, 제291조, 제293조의 규

정은 임차권등기명령의 신청에 대한 재판, 임차권등기명령의 결정에 대한 임대인의 이의
신청 및 그에 대한 재판, 임차권등기명령의 취소신청 및 그에 대한 재판 또는 임차권등기
명령의 집행 등에 관하여 이를 준용한다. 이 경우 "가압류"는 "임차권등기"로, "채권자"는
"임차인"으로, "채무자"는 "임대인"으로 본다. 〈개정 2005.1.27〉

④ 임차권등기명령신청을 기각하는 결정에 대하여 임차인은 항고할 수 있다.

⑤ 임차권등기명령의 집행에 의한 임차권등기가 경료되면 임차인은 제3조제1항의 규정
에 의한 대항력 및 제5조제2항의 규정에 의한 우선변제권을 취득한다. 다만, 임차인이 임
차권등기 이전에 이미 대항력 또는 우선변제권을 취득한 경우에는 그 대항력 또는 우선변
제권이 그대로 유지되며, 임차권등기 이후에는 제3조제1항의 대항요건을 상실하더라도
이미 취득한 대항력 또는 우선변제권을 상실하지 아니한다.

⑥ 임차권등기명령의 집행에 의한 임차권등기가 경료된 건물(임대차의 목적이 건물의 일부
분인 경우에는 해당 부분에 한한다)을 그 이후에 임차한 임차인은 제14조의 규정에 의한 우선
변제를 받을 권리가 없다.

⑦ 임차권등기의 촉탁, 등기관의 임차권등기 기입 등 임차권등기명령의 시행에 관하여
필요한 사항은 대법원규칙으로 정한다.

⑧ 임차인은 제1항의 규정에 의한 임차권등기명령의 신청 및 그에 따른 임차권등기와 관
련하여 소요된 비용을 임대인에게 청구할 수 있다.

제7조 (민법의 규정에 의한 임대차등기의 효력 등) ① 제6조제5항 및 제6항의 규정은
민법 제621조의 규정에 의한 건물임대차등기의 효력에 관하여 이를 준용한다.

② 임차인이 대항력 또는 우선변제권을 갖추고 민법 제621조제1항의 규정에 의하여 임
대인의 협력을 얻어 임대차등기를 신청하는 경우에는 신청서에 부동산등기법 제156조에
규정된 사항 외에 다음 각호의 사항을 기재하여야 하며, 이를 증명할 수 있는 서면(임대차
의 목적이 건물의 일부분인 경우에는 해당부분의 도면을 포함한다)을 첨부하여야 한다.

1. 사업자등록을 신청한 날
2. 임차건물을 점유한 날
3. 임대차계약서상의 확정일자를 받은 날

제8조 (경매에 의한 임차권의 소멸) 임차권은 임차건물에 대하여 민사집행법에 의한
경매가 행하여진 경우에는 그 임차건물의 경락에 의하여 소멸한다. 다만, 보증금이 전액
변제되지 아니한 대항력이 있는 임차권은 그러하지 아니하다.

제9조 (임대차기간 등) ① 기간의 정함이 없거나 기간을 1년 미만으로 정한 임대차는 그
기간을 1년으로 본다. 다만, 임차인은 1년 미만으로 정한 기간이 유효함을 주장할 수 있다.

②임대차가 종료한 경우에도 임차인이 보증금을 반환받을 때까지는 임대차 관계는 존속하는 것으로 본다.

제10조 (계약갱신 요구등) ① 임대인은 임차인이 임대차기간 만료전 6월부터 1월까지 사이에 행하는 계약갱신 요구에 대하여 정당한 사유없이 이를 거절하지 못한다. 다만, 다음 각호의 1의 경우에는 그러하지 아니하다.

　1. 임차인이 3기의 차임액에 달하도록 차임을 연체한 사실이 있는 경우
　2. 임차인이 거짓 그 밖의 부정한 방법으로 임차한 경우
　3. 쌍방 합의하에 임대인이 임차인에게 상당한 보상을 제공한 경우
　4. 임차인이 임대인의 동의 없이 목적 건물의 전부 또는 일부를 전대한 경우
　5. 임차인이 임차한 건물의 전부 또는 일부를 고의 또는 중대한 과실로 파손 한 경우
　6. 임차한 건물의 전부 또는 일부가 멸실되어 임대차의 목적을 달성하지 못할 경우
　7. 임대인이 목적 건물의 전부 또는 대부분을 철거하거나 재건축하기 위해 목적 건물의
　　 점유 회복이 필요한 경우
　8. 그 밖에 임차인이 임차인으로서의 의무를 현저히 위반하거나 임대차를 존속하기 어려운 중대한 사유가 있는 경우

　② 임차인의 계약갱신요구권은 최초의 임대차 기간을 포함한 전체 임대차 기간이 5년을 초과하지 않는 범위 내에서만 행사할 수 있다.

　③ 갱신되는 임대차는 전 임대차와 동일한 조건으로 다시 계약된 것으로 본다. 다만, 차임과 보증금은 제11조의 규정에 의한 범위안에서 증감할 수 있다.

　④ 임대인이 제1항의 기간 이내에 임차인에 대하여 갱신거절의 통지 또는 조건의 변경에 대한 통지를 하지 아니한 경우에는 그 기간이 만료된 때에 전임대차와 동일한 조건으로 다시 임대차한 것으로 본다. 이 경우에 임대차의 존속기간은 정함이 없는 것으로 본다.

　⑤ 제4항의 경우 임차인은 언제든지 임대인에 대하여 계약해지의 통고를 할 수 있고, 임대인이 그 통고를 받은 날부터 3월이 경과하면 그 효력이 발생한다.

제11조 (차임 등의 증감청구권) ① 차임 또는 보증금이 임차건물에 관한 조세, 공과금 그 밖의 부담의 증감이나 경제사정의 변동으로 인하여 상당하지 아니하게 된 때에는 당사자는 장래에 대하여 그 증감을 청구할 수 있다. 그러나 증액의 경우에는 대통령령이 정하는 기준에 따른 비율을 초과하지 못한다.

　② 제1항의 규정에 의한 증액청구는 임대차계약 또는 약정한 차임등의 증액이 있은 후 1년 이내에는 이를 하지 못한다.

제12조 (월차임 전환시 산정률의 제한) 보증금의 전부 또는 일부를 월 단위의 차임으로 전환하는 경우에는 그 전환되는 금액에 은행법에 의한 금융기관에서 적용하는 대출금

리 및 당해 지역의 경제여건 등을 감안하여 대통령령이 정하는 비율을 곱한 월차임의 범위를 초과할 수 없다.

제13조 (전대차관계에 대한 적용 등) ① 제10조 내지 제12조의 규정은 전대인과 전차인의 전대차관계에 적용한다.

② 임대인의 동의를 받고 전대차계약을 체결한 전차인은 임차인의 계약갱신 요구권 행사기간 범위내에서 임차인을 대위하여 임대인에게 계약갱신요구권을 행사할 수 있다.

제14조 (보증금중 일정액의 보호) ① 임차인은 보증금중 일정액을 다른 담보물권자보다 우선하여 변제받을 권리가 있다. 이 경우 임차인은 건물에 대한 경매신청의 등기 전에 제3조제1항의 요건을 갖추어야 한다.

② 제5조제4항 내지 제6항의 규정은 제1항의 경우에 이를 준용한다.

③ 제1항의 규정에 의하여 우선변제를 받을 임차인 및 보증금 중 일정액의 범위와 기준은 임대건물가액(임대인 소유의 대지 가액을 포함한다)의 3분의 1의 범위안에서 당해 지역의 경제여건, 보증금 및 차임 등을 고려하여 대통령령으로 정한다.

제15조 (강행규정) 이 법의 규정에 위반된 약정으로서 임차인에게 불리한 것은 그 효력이 없다.

제16조 (일시사용을 위한 임대차) 이 법은 일시사용을 위한 임대차임이 명백한 경우에는 이를 적용하지 아니한다.

제17조 (미등기전세에의 준용) 이 법은 목적건물의 등기하지 아니한 전세계약에 관하여 이를 준용한다. 이 경우 "전세금"은 "임대차의 보증금"으로 본다.

제18조 (소액사건심판법의 준용) 소액사건심판법 제6조·제7조·제10조 및 제11조의2의 규정은 임차인이 임대인에 대하여 제기하는 보증금반환청구소송에 관하여 이를 준용한다.

부칙 〈제6542호, 2001.12.29〉

① (시행일) 이 법은 2002년 11월 1일부터 시행한다. 〈개정 2002.8.26〉

② (적용례) 이 법은 이 법 시행후 체결되거나 갱신된 임대차부터 적용한다. 다만, 제3조·제5조 및 제14조의 규정은 이 법 시행당시 존속중인 임대차에 대하여도 이를 적용하되, 이 법 시행 전에 물권을 취득한 제3자에 대하여는 그 효력이 없다.

③ (기존 임차인의 확정일자 신청에 대한 경과조치) 이 법 시행당시의 임차인으로서 제5조의 규정에 의한 보증금 우선변제의 보호를 받고자 하는 자는 이 법 시행전에 대통령령이 정하는 바에 따라 건물의 소재지 관할 세무서장에게 임대차계약서상의 확정일자를 신청할 수 있다.

부칙 〈제6718호, 2002.8.26〉

이 법은 공포한 날부터 시행한다.

부칙(민사집행법) 〈제7358호, 2005.1.27〉

제1조 (시행일) 이 법은 공포 후 6월이 경과한 날부터 시행한다.

제2조 생략

제3조 (다른 법률의 개정) ① 상가건물임대차보호법중 다음과 같이 개정한다.

제6조제3항 전단중 "민사집행법 제280조제1항, 제281조, 제283조, 제285조, 제286조, 제288조제1항 · 제2항 · 제3항 본문, 제289조 제1항 내지 제4항"을 "민사 집행법 제280조제1항, 제281조, 제283조, 제285조, 제286조, 제288조제1항 · 제2항 본문, 제289조"로 한다.

② 및 ③ 생략

제4조 생략

4. 상가건물임대차보호법 시행령

[일부개정 2006.6.12 대통령령 제19507호]

제1조 (목적) 이 영은 상가건물임대차보호법에서 위임된 사항과 그 시행에 관하여 필요한 사항을 정하는 것을 목적으로 한다.

제2조 (적용범위) ① 상가건물임대차보호법(이하 "법"이라 한다) 제2조제1항 단서에서 "대통령령이 정하는 보증금액"이라 함은 다음 각호의 구분에 의한 금액을 말한다.

 1. 서울특별시 : 2억4천만원

 2. 수도권정비계획법에 의한 수도권중 과밀억제권역(서울특별시를 제외한다) : 1억9천만원

 3. 광역시(군지역과 인천광역시지역을 제외한다) : 1억5천만원

 4. 그 밖의 지역 : 1억4천만원

 ② 법 제2조제2항의 규정에 의하여 보증금외에 차임이 있는 경우의 차임액은 월 단위의 차임액으로 한다.

 ③ 법 제2조제2항에서 "대통령령이 정하는 비율"이라 함은 1분의 100을 말한다.

제3조 (등록사항 등의 열람 · 제공) ① 상가건물의 임대차에 이해관계가 있는 자는 법 제4조제1항의 규정에 의하여 등록사항 등의 열람 또는 제공을 요청하는 때에는 별지 제1호서식에 의한 요청서에 이해관계가 있는 자임을 입증할 수 있는 서류를 첨부하여 당해 건물의 소재지를 관할하는 세무서장에게 제출하여야 한다.

 ② 법 제4조제1항의 규정에 의한 등록사항 등의 열람 또는 제공은 사업자등록신청서 · 사업자등록정정신고서 및 그 첨부서류와 확정일자를 기재한 장부중 열람을 요청한 사항을 열람하게 하거나, 별지 제2호서식에 의한 현황서나 건물도면의 등본을 교부하는 방법에 의한다.

 ③ 법 제4조제1항의 규정에 의한 등록사항 등의 열람 또는 제공은 전자적 방법에 의할 수 있다.

 ④ 법 제4조제1항제7호에서 "그 밖에 대통령령이 정하는 사항"이라 함은 임대차의 목적이 건물의 일부분인 경우 그 부분의 도면을 말한다.

제4조 (차임 등 증액청구의 기준) 법 제11조제1항의 규정에 의한 차임 또는 보증금의 증액청구는 청구당시의 차임 또는 보증금의 100분의 12의 금액을 초과하지 못한다.

제5조 (월차임 전환시 산정률) 법 제12조에서 "대통령령이 정하는 비율"이라 함은 연 1할5푼을 말한다.

제6조 (우선변제를 받을 임차인의 범위) 법 제14조의 규정에 의하여 우선변제를 받을 임차인은 보증금과 차임이 있는 경우 법 제2조제2항의 규정에 의하여 환산한 금액의 합계가 다음 각호의 구분에 의한 금액 이하인 임차인으로 한다.

 1. 서울특별시 : 4천500만원
 2. 수도권정비계획법에 의한 수도권중 과밀억제권역(서울특별시를 제외한다) : 3천900만원
 3. 광역시(군지역과 인천광역시지역을 제외한다) : 3천만원
 4. 그 밖의 지역 : 2천500만원

제7조 (우선변제를 받을 보증금의 범위 등) ① 법 제14조의 규정에 의하여 우선 변제를 받을 보증금중 일정액의 범위는 다음 각호의 구분에 의한 금액 이하로 한다.

 1. 서울특별시 : 1천 350만원
 2. 수도권정비계획법에 의한 수도권중 과밀억제권역(서울특별시를 제외한다) : 1천 170만원
 3. 광역시(군지역과 인천광역시지역을 제외한다) : 900만원
 4. 그 밖의 지역 : 750만원

 ② 임차인의 보증금중 일정액이 상가건물의 가액의 3분의 1을 초과하는 경우에는 상가건물의 가액의 3분의 1에 해당하는 금액에 한하여 우선변제권이 있다.

 ③ 하나의 상가건물에 임차인이 2인 이상이고, 그 각 보증금중 일정액의 합산액이 상가건물의 가액의 3분의 1을 초과하는 경우에는 그 각 보증금중 일정액의 합산액에 대한 각 임차인의 보증금중 일정액의 비율로 그 상가건물의 가액의 3분의 1에 해당하는 금액을 분할한 금액을 각 임차인의 보증금중 일정액으로 본다.

부칙 〈제17757호, 2002.10.14〉

 ① (시행일) 이 영은 2002년 11월 1일부터 시행한다.

 ② (기존 임차인의 확정일자 신청에 대한 경과조치) 이 영 공포후 법 부칙 제3항의 규정에 의하여 임대차계약서상의 확정일자를 신청하고자 하는 자는 임대차계약서와 함께 사업자등록증을 제시하여야 한다.

부칙(행정정보의 공동이용 및 문서감축을 위한 국가채권관리법 시행령 등 일부개정령) 〈제19507호,2006.6.12〉

이 영은 공포한 날부터 시행한다.

[별지 제1호서식] 〈개정 2006.6.12〉

접수번호		등록사항 등의 열람·제공 요청서	처리기간 즉 시

<table>
<tr><td rowspan="5">요
청
인</td><td>상 호
(법 인 명)</td><td></td><td colspan="2">사 업 자 등 록 번 호</td><td></td><td></td></tr>
<tr><td>성 명
(대 표 자)</td><td></td><td colspan="2">주 민 등 록 번 호
(법 인 등 록 번 호)</td><td></td><td></td></tr>
<tr><td>주 소 또 는
본 점 소 재 지</td><td></td><td>전화
번호</td><td>휴 대 전 화</td><td>사 업 장</td><td>주 소 지</td></tr>
<tr><td colspan="6">이 해 관 계 인 해 당 사 유   1. 임대인   2. 임차인   3. 근저당설정권자 등
4. 그 밖의 이해관계인(   )</td></tr>
</table>

<table>
<tr><td rowspan="7">요
청
내
용</td><td>열람(제공) 범위</td><td colspan="4">임차인 전부,   임차인 일부</td></tr>
<tr><td colspan="5">건물소재지(건물명, 동, 열, 층, 호수까지 구체적으로 기재)</td></tr>
<tr><td colspan="5"></td></tr>
<tr><td colspan="2" align="center">임 대 인</td><td></td><td colspan="2" align="center">임 차 인</td></tr>
<tr><td rowspan="3">구 분

등기부상
소 유 자</td><td>사업자등록번호</td><td>주민등록번호
(법인등록번호)</td><td>사업자등록번호</td><td>주 민 등 록 번 호
(법인등록번호)</td></tr>
<tr><td></td><td></td><td></td><td></td></tr>
<tr><td></td><td></td><td></td><td></td></tr>
</table>

사 용 용 도	
구 분	1. 열 람 2. 제 공

「상가건물임대차보호법」 제4조에 따라 위 상가건물의 임대차내용에 대한 등록사항 등의 열람(제공)을 요청합니다.

20 년   월   일

요청인   (서명 또는 인)

세무서장 귀하

<table>
<tr><td rowspan="4">구
비
서
류</td><td align="center">요청인(대표자) 제출서류</td><td align="center">담당 공무원 확인사항
(부동의하는 경우 요청인이 직접
제출하여야 하는 서류)</td></tr>
<tr><td>1. 요청인의 신분을 확인할 수 있는 서류 1부(주
민등록증 등 신분증의 제시로 갈음할 수 있음)
2. 그 밖의 이해관계인인 경우에는 이해관계를 입
증할 수 있는 서류 1부
3. 요청인의 대리인이 요청하는 경우에는 위임장
1부(요청인의 인감증명서가 첨부되어야 함)</td><td>등기부 등본(근저당설정권자 등이 요청
하는 경우에 한한다)(1부)</td></tr>
</table>

본인은 이 건 업무처리와 관련하여 「전자정부구현을 위한 행정업무 등의 전자화촉진에 관한 법률」 제21조제1항에 따른 행정정보의 공동이용을 통하여 담당 공무원이 위의 담당 공무원 확인사항을 확인하는 것에 동의합니다.

요청인(대표자)   (서명 또는 인)

유의사항 : 등록사항 등의 열람 또는 제공은 「상가건물임대차보호법」 제4조에 따라 이해관계인에게만 허용됩니다.

210×297㎜(일반용지 60g/㎡(재활용품))

[별지 제2호서식]   (앞 쪽)

발 급 번 호		등록사항 등의 현황서		처 리 기 간
				즉 시
현 재 의 임대인 (임 대 법 인)	상 호 (법 인 명)			
	성 명 (대 표 자)	주 민 등 록 번 호 (법인등록번호)		
	사업장소재지			
	주 소 (본점소재지)			
임 대 차 부 동 산		건물소재지(번지·호수까지 표시)		

임차인별 현황(임차인 전부, 임차인 일부)

구분	상 호 (법인명)	성 명 (대표자)	주 소 (본점소재지)				주민(법인) 등 록 번 호
	사업자등록신청 (정정신고)일	위치(건물명· 층·열·호수)	면적 (㎡)	임대차 기간	보 증 금	월 차 임	계약서상임대인의 주민(법인)등록번호
	확정일자를 받은 날						
1							
2							
3							
4							

　　상가건물임대차보호법 제4조의 규정에 의하여 요청한 상가건물에 대한 등록사항 등의 현황은 위와 같습니다.

20　　년　　　　월　　　　일

세무서장　[인]

임 대 차 부 동 산	건물소재지(번지·호수까지 표시)					
	임차인별 현황					
구분	상 호 (법인명) 사업자등록신청 (정정신고)일 확정일자를 받은 날	성 명 (대표자) 위치(건물명· 층·열·호수)	주 소 (본점소재지) 면 적 (㎡)	임대차기간	보증금	월차임	주민등록번호 (법인등록번호) 계약서상임대인의 주민(법인)등록번호
6							
7							
8							
9							
10							
11							
12							
13							
14							
15							

5. 민법의 채권법중 임대차 규정

[일부개정 2005.12.29 법률 제7765호]

第7節 賃貸借(민법 제618부터 제654조까지)

第618條 (賃貸借의 意義) 賃貸借는 當事者一方이 相對方에게 目的物을 使用, 收益하게 할 것을 約定하고 相對方이 이에 對하여 借賃을 支給할 것을 約定함으로써 그 效力이 생긴다.

第619條 (處分能力, 權限없는 者의 할 수 있는 短期賃貸借) 處分의 能力 또는 權限 없는 者가 賃貸借를 하는 境遇에는 그 賃貸借는 다음 各號의 期間을 넘지 못한다.

  1. 植木, 採鹽 또는 石造, 石灰造, 煉瓦造 및 이와 類似한 建築을 目的으로 한 土地의 賃貸借는 10年

  2. 其他 土地의 賃貸借는 5年

  3. 建物 其他 工作物의 賃貸借는 3年

  4. 動産의 賃貸借는 6月

第620條 (短期賃貸借의 更新) 前條의 期間은 更新할 수 있다. 그러나 그 期間滿了前 土地에 對하여는 1年, 建物 其他 工作物에 對하여는 3月, 動産에 對하여는 1月內에 更新하여야 한다.

第621條 (賃貸借의 登記) ① 不動産賃借人은 當事者間에 反對 約定이 없으면 賃貸人에 對하여 그 賃貸借登記節次에 協力할 것을 請求할 수 있다.

 ② 不動産賃貸借를 登記한 때에는 그때부터 第三者에 對하여 效力이 생긴다.

第622條 (建物登記있는 借地權의 對抗力) ① 建物의 所有를 目的으로 한 土地賃貸借는 이를 登記하지 아니한 境遇에도 賃借人이 그 地上建物을 登記한 때에는 第三者에 對하여 賃貸借의 效力이 생긴다.

 ② 建物이 賃貸借期間 滿了前에 滅失 또는 朽廢한 때에는 前項의 效力을 잃는다.

第623條 (賃貸人의 義務) 賃貸人은 目的物을 賃借人에게 引渡하고 契約存續中 그 使用, 收益에 必要한 狀態를 維持하게 할 義務를 負擔한다.

第624條 (賃貸人의 保存行爲, 忍容義務) 賃貸人이 賃貸物의 保存에 必要한 行爲를 하는 때에는 賃借人은 이를 拒絕하지 못한다.

第625條 (賃借人의 意思에 反하는 保存行爲와 解止權) 賃貸人이 賃借人의 意思에 反하여 保存行爲를 하는 境遇에 賃借人이 이로 因하여 賃借의 目的을 達成할 수 없는 때

에는 契約을 解止할 수 있다.

第626條 (賃借人의 償還請求權) ① 賃借人이 賃借物의 保存에 關한 必要費를 支出한 때에는 賃貸人에 對하여 그 償還을 請求할 수 있다.

② 賃借人이 有益費를 支出한 境遇에는 賃貸人은 賃貸借終了時에 그 價額의 增加가 現存한때에 限하여 賃借人의 支出한 金額이나 그 增加額을 償還하여야 한다. 이 境遇에 法院은 賃貸人의 請求에 依하여 相當한 償還期間을 許與할 수 있다.

第627條 (一部滅失等과 減額請求, 解止權) ① 賃借物의 一部가 賃借人의 過失없이 滅失 其他 事由로 因하여 使用, 收益할 수 없는 때에는 賃借人은 그 部分의 比率에 依한 借賃의 減額을 請求할 수 있다.

② 前項의 境遇에 그 殘存部分으로 賃借의 目的을 達成할 수 없는 때에는 賃借人은 契約을 解止할 수 있다.

第628條 (借賃增減請求權) 賃貸物에 對한 公課負擔의 增減 其他 經濟事情의 變動으로 因하여 約定한 借賃이 相當하지 아니하게 된 때에는 當事者는 將來에 對한 借賃의 增減을 請求할 수 있다.

第629條 (賃借權의 讓渡, 轉貸의 制限) ① 賃借人은 賃貸人의 同意없이 그 權利를 讓渡하거나 賃借物을 轉貸하지 못한다.

② 賃借人이 前項의 規定에 違反한 때에는 賃貸人은 契約을 解止할 수 있다.

第630條 (轉貸의 效果) ① 賃借人이 賃貸人의 同意를 얻어 賃借物을 轉貸한 때에는 轉借人은 直接 賃貸人에 對하여 義務를 負擔한다. 이 境遇에 轉借人은 轉貸人에 對한 借賃의 支給으로써 賃貸人에게 對抗하지 못한다.

② 前項의 規定은 賃貸人의 賃借人에 對한 權利行使에 影響을 미치지 아니한다.

第631條 (轉借人의 權利의 確定) 賃借人이 賃貸人의 同意를 얻어 賃借物을 轉貸한 境遇에는 賃貸人과 賃借人의 合意로 契約을 終了한 때에도 轉借人의 權利는 消滅하지 아니한다

第632條 (賃借建物의 小部分을 他人에게 使用케 하는 境遇) 前3條의 規定은 建物의 賃借人이 그 建物의 小部分을 他人에게 使用하게 하는 境遇에 適用하지 아니한다

第633條 (借賃支給의 時期) 借賃은 動産, 建物이나 垈地에 對하여는 每月末에, 其他 土地에 對하여는 每年末에 支給하여야 한다. 그러나 收穫期 있는 것에 對하여는 그 收穫後 遲滯없이 支給하여야 한다.

第634條 (賃借人의 通知義務) 賃借物의 修理를 要하거나 賃借物에 對하여 權利를 主張
하는 者가 있는 때에는 賃借人은 遲滯없이 賃貸人에게 이를 通知하여야 한다. 그러나 賃
貸人이 이미 이를 안 때에는 그러하지 아니하다.

第635條 (期間의 約定없는 賃貸借의 解止通告) ① 賃貸借期間의 約定이 없는 때에는
當事者는 언제든지 契約解止의 通告를 할 수 있다.

 ② 相對方이 前項의 通告를 받은 날로부터 다음 各號의 期間이 經過하면 解止의 效力이
생긴다.

 1. 土地, 建物 其他 工作物에 對하여는 賃貸人이 解止를 通告한 境遇에는 6月, 賃借人이
   解止를 通告한 境遇에는 1月

 2. 動産에 對하여는 5日

第636條 (期間의 約定 있는 賃貸借의 解止通告) 賃貸借期間의 約定이 있는 境遇에도
當事者一方 또는 雙方이 그 期間內에 解止할 權利를 保留한 때에는 前條의 規定을 準用한다

第637條 (賃借人의 破産과 解止通告) ① 賃借人이 破産宣告를 받은 境遇에는 賃貸借
期間의 約定이 있는 때에도 賃貸人 또는 破産管財人은 第635條의 規定에 依하여 契約解
止의 通告를 할 수 있다.

 ② 前項의 境遇에 各當事者는 相對方에 對하여 契約解止로 因하여 생긴 損害의 賠償을
請求하지 못한다.

第638條 (解止通告의 轉借人에 對한 通知) ① 賃貸借契約이 解止의 通告로 因하여 終
了된 境遇에 그 賃貸物이 適法하게 轉貸되었을 때에는 賃貸人은 轉借人에 對하여 그 事由
를 通知하지 아니하면 解止로써 轉借人에게 對抗하지 못한다.

 ② 轉借人이 前項의 通知를 받은 때에는 第635條第2項의 規定을 準用한다.

第639條 (默示의 更新) ① 賃貸借期間이 滿了한 後 賃借人이 賃借物의 使用, 收益   을
繼續하는 境遇에 賃貸人이 相當한 期間內에 異議를 하지 아니한 때에는 前賃貸借와 同一
한 條件으로 다시 賃貸借한 것으로 본다. 그러나 當事者는 第635條의 規定에 依하여 解止
의 通告를 할 수 있다.

 ② 前項의 境遇에 前賃貸借에 對하여 第三者가 提供한 擔保는 期間의 滿了로 因하여 消
滅한다.

第640條 (借賃延滯와 解止) 建物 其他 工作物의 賃貸借에는 賃借人의 借賃延滯 額이 2
期의 借賃額에 達하는 때에는 賃貸人은 契約을 解止할 수 있다.

第641條 (同前) 建物 其他 工作物의 所有 또는 植木, 採鹽, 牧畜을 目的으로 한 土地賃貸

借의 境遇에도 前條의 規定을 準用한다.

第642條 (土地賃貸借의 解止와 地上建物等에 對한 擔保物權者에의 通知) 前條의 境遇에 그 地上에 있는 建物 其他 工作物이 擔保物權의 目的이 된 때에는 第288條의 規定을 準用한다

第643條 (賃借人의 更新請求權, 買受請求權) 建物 其他 工作物의 所有 또는 植木, 採鹽, 牧畜을 目的으로 한 土地賃貸借의 期間이 滿了한 境遇에 建物, 樹木其他 地上施設이 現存한 때에는 第283條의 規定을 準用한다.

第644條 (轉借人의 賃貸請求權, 買收請求權) ① 建物 其他 工作物의 所有 또는 植木, 採鹽, 牧畜을 目的으로 한 土地賃借人이 適法하게 그 土地를 轉貸한 境遇에 賃貸借 및 轉貸借의 期間이 同時에 滿了되고 建物, 樹木 其他 地上施設이 現存한 때에는 轉借人은 賃貸人에 對하여 前轉貸借와 同一한 條件으로 賃貸할 것을 請求할 수 있다.

② 前項의 境遇에 賃貸人이 賃貸할 것을 願하지 아니하는 때에는 第283條第2項 의 規定을 準用한다.

第645條 (地上權目的土地의 賃借人의 賃貸請求權, 買受請求權) 前條의 規定은 地上權者가 그 土地를 賃貸한 境遇에 準用한다.

646條 (賃借人의 附屬物買受請求權) ① 建物 其他 工作物의 賃借人이 그 使用의 便益을 爲하여 賃貸人의 同意를 얻어 이에 附屬한 物件이 있는 때에는 賃貸借의 終了時에 賃貸人에 對하여 그 附屬物의 買收를 請求할 수 있다.

② 賃貸人으로부터 買受한 附屬物에 對하여도 前項과 같다.

第647條 (轉借人의 附屬物買受請求權) ① 建物 其他 工作物의 賃借人이 適法하게 轉貸한 境遇에 轉借人이 그 使用의 便益을 爲하여 賃貸人의 同意를 얻어 이에 附屬한 物件이 있는 때에는 轉貸借의 終了時에 賃貸人에 對하여 그 附屬物의 買受를 請求할 수 있다.

② 賃貸人으로부터 買受하였거나 그 同意를 얻어 賃借人으로부터 買受한 附屬物 에 對하여도 前項과 같다.

第648條 (賃借地의 附屬物, 果實等에 對한 法定質權) 土地賃貸人이 賃貸借에 關한 債權에 依하여 賃借地에 附屬 또는 그 使用의 便益에 供用한 賃借人의 所有動産 및 그 土地의 果實을 押留한 때에는 質權과 同一한 效力이 있다.

第649條 (賃借地上의 建物에 對한 法定抵當權) 土地賃貸人이 辨濟期를 經過한 最後 2年의 借賃債權에 依하여 그 地上에 있는 賃借人所有의 建物을 押留한 때에는 抵當權과 同一한 效力이 있다

第650條 (賃借建物等의 附屬物에 對한 法定質權) 建物 其他 工作物의 賃貸人이 賃貸借에 關한 債權에 依하여 그 建物 其他 工作物에 附屬한 賃借人所有의 動産을 押留한 때에는 質權과 同一한 效力이 있다.

第651條 (賃貸借存續期間) ① 石造, 石灰造, 煉瓦造 또는 이와 類似한 堅固한 建物 其他 工作物의 所有를 目的으로 하는 土地賃貸借나 植木, 採鹽을 目的으로 하는 土地賃貸借의 境遇를 除한 外에는 賃貸借의 存續期間은 20年을 넘지 못한다. 當事者의 約定期間이 20年을 넘는 때에는 이를 20年으로 短縮한다.

 ② 前項의 期間은 이를 更新할 수 있다. 그 期間은 更新한 날로부터 10年을 넘지 못한다.

第652條 (强行規定) 第627條, 第628條, 第631條, 第635條, 第638條, 第640條, 第641條, 第643條 乃至 第647條의 規定에 違反하는 約定으로 賃借人이나 轉借人에게 不利한 것은 그 效力이 없다.

第653條 (一時使用을 爲한 賃貸借의 特例) 第628條, 第638條, 第640條, 第646條 乃至 第648條, 第650條 및 前條의 規定은 一時使用하기 爲한 賃貸借 또는 轉貸借인 것이 明白한 境遇에는 適用하지 아니한다.

第654條 (準用規定) 第610條第1項, 第615條 乃至 第617條의 規定은 賃貸借에 이를 準用한다.

6. 임차권등기명령 절차에 관한 규칙

[일부개정 2007.10.29 대법원규칙 제2105호]

제1조 (목적) 이 규칙은 주택임대차보호법과 상가건물임대차보호법이 임차권등기명령절차의 시행에 관하여 대법원규칙에 위임한 사항 및 기타 주택임대차보호법과 상가건물임대차보호법의 시행에 필요한 사항을 규정함을 목적으로 한다.

제2조 (임차권등기명령신청서의 기재사항등) ① 임차권등기명령신청서에는 다음 각 호의 사항을 기재하고 임차인 또는 대리인이 기명날인 또는 서명하여야 한다.

 1. 사건의 표시

 2. 임차인과 임대인의 성명, 주소, 임차인의 주민등록번호(임차인이나 임대인이 법인 또는 법인 아닌 단체인 경우에는 법인명 또는 단체명, 대표자, 법인등록번호, 본점 · 사업장소재지)

 3. 대리인에 의하여 신청할 때에는 그 성명과 주소

 4. 임대차의 목적인 주택 또는 건물의 표시(임대차의 목적이 주택 또는 건물의 일부인 경우에는 그 목적인 부분을 표시한 도면을 첨부한다)

 5. 반환받지 못한 임차보증금액 및 차임(주택임대차보호법 제12조 또는 상가건물임대차보호법 제17조의 등기하지 아니한 전세계약의 경우에는 전세금)

 6. 신청의 취지와 이유

 7. 첨부서류의 표시

 8. 연월일

 9. 법원의 표시

 ② 신청이유에는 임대차계약의 체결 사실 및 계약내용과 그 계약이 종료한 원인 사실을 기재하고, 임차인이 신청 당시에 이미 주택임대차보호법 제3조제1항 또는 제2항의 규정에 따른 대항력을 취득한 경우에는 임차주택을 점유하기 시작한 날과 주민등록을 마친 날(제3조제2항의 규정에 따른 대항력을 취득한 경우에는 지방자치단체장 또는 해당 법인이 선정한 입주자가 그 주택을 점유하기 시작한 날과 주민등록을 마친 날을 말한다. 이하 같다)을, 제3조의2제2항의 규정에 의한 우선변제권을 취득한 경우에는 임차주택을 점유하기 시작한 날, 주민등록을 마친 날과 임대차계약증서(제3조제2항의 경우에는 법인과 임대인 사이의 임대차계약증서를 말한다. 이하 같다)상의 확정일자를 받은 날을, 상가건물임대차보호법 제3조제1항의 규정에 의한 대항력을 취득한 경우에는 임차건물을 점유하기 시작한 날과 사업자등록을 신청한 날을, 제5조제2항의 규정에 의한 우선변제권을 취득한 경우에는 임차건물을 점유하기 시작한 날, 사업자등록을 신청한 날과 임대차계약서상의 확정일자를 받은 날을 각 기재하여야 한다.

 ③ 임차권등기명령신청서에는 2,000원의 인지를 붙여야 한다.

제3조 (임차권등기명령신청서의 첨부서류) 임차권등기명령신청서에는 다음 각호의
서류를 첨부하여야 한다.

1. 임대인의 소유로 등기된 주택 또는 건물에 대하여는 등기부등본
2. 임대인의 소유로 등기되지 아니한 주택 또는 건물에 대하여는 즉시 임대인의 명의로
   소유권보존등기를 할 수 있음을 증명할 서면
3. 주택임차권등기명령신청의 경우에는 임대차계약증서, 상가건물임차권등기명령신청
   의 경우에는 임대차계약서
4. 임차인이 신청 당시에 이미 주택임대차보호법 제3조제1항 또는 제2항의 규정에 따른
   대항력을 취득한 경우에는 임차주택을 점유하기 시작한 날과 주민등록을 마친 날을
   소명하는 서류, 제3조의2제2항의 규정에 의한 우선변제권을 취득한 경우에는 임차주
   택을 점유하기 시작한 날과 주민등록을 마친 날을 소명하는 서류 및 공정증서로 작
   성되거나 확정일자가 찍혀있는 임대차계약증서, 상가건물임대차보호법 제3조제1항
   의 규정에 의한 대항력을 취득한 경우에는 임차건물을 점유하기 시작한 날과 사업자
   등록을 신청한 날을 소명하는 서류, 제5조제2항의 규정에 의한 우선변제권을 취득한
   경우에는 임차건물을 점유하기 시작한 날과 사업자등록을 신청한 날을 소명하는 서
   류 및 관할 세무서장의 확정일자가 찍혀있는 임대차계약서
5. 주택임차권등기명령신청의 경우 임대차목적물에 관한 등기부상의 용도가 주거시설이
   아닌 경우에는 임대차계약체결시부터 현재까지 주거용으로 사용하고 있음을 증명하
   는 서류, 상가건물임차권등기명령신청의 경우 임대차목적물의 일부를 영업용으로 사
   용하지 아니하는 경우에는 임대차계약체결시부터 현재까지 그 주된 부분을 영업용으
   로 사용하고 있음을 증명하는 서류

제4조 (임차권등기명령의 효력발생시기등) 임차권등기명령은 판결에 의한 때에는 선
고를 한 때에, 결정에 의한 때에는 상당한 방법으로 임대인에게 고지를 한 때에 그 효력이
발생한다.

제5조 (임차권등기의 촉탁) 법원사무관등은 임차권등기명령의 효력이 발생하면 지체없
이 촉탁서에 재판서등본을 첨부하여 등기관에게 임차권등기의 기입을 촉탁하여야 한다.

제6조 (임차권등기의 기재사항) 등기관은 제5조의 규정에 의한 법원사무관등의 촉탁
에 의하여 임차권등기를 하는 경우에 주택임차권등기는 임대차계약을 체결한 날 및 임차
보증금액(주택임대차보호법 제3조제2항의 경우에는 법인과 임대인 사이에 각 임대차계약을 체결한
날 및 임차보증금액을 말한다), 임차주택을 점유하기 시작한 날, 주민등록을 마친 날, 임대차
계약증서상의 확정일자를 받은 날을 기재하고, 등기의 목적을 주택임차권이라고 기재하

며, 상가건물임차권등기는 임대차계약을 체결한 날, 임차보증금액, 임차건물을 점유하기 시작한 날, 사업자등록을 신청한 날, 임대차계약서상의 확정일자를 받은 날을 기재하고, 등기의 목적을 상가건물임차권이라고 기재하여야 한다. 이 경우 차임의 약정이 있는 때에는 이를 기재하여야 한다.

제7조 (등기필증의 송부) 등기관은 제5조의 규정에 의한 법원사무관등의 촉탁에 의하여 임차권등기의 기입을 마친 후에 등기필증을 작성하여 촉탁법원에 송부하여야 한다.

제8조 (민사소송법의 준용) 주택임대차보호법 제3조의3제4항 및 상가건물임대차보호법 제6조제4항의 규정에 의한 항고에 대하여는 민사소송법 제3편제3장의 항고에 관한 규정을 준용한다.

부칙 〈제1592호,1999.2.27〉

이 규칙은 1999.3.1부터 시행한다.

부칙 〈제1781호,2002.6.28〉

이 규칙은 2002. 7. 1.부터 시행한다

부칙 〈제1797호,2002.10.30〉

① (시행일) 이 규칙은 2002년 11월 1일부터 시행한다.

② (적용례) 이 규칙은 이 규칙 시행후 체결되거나 갱신된 임대차부터 적용한다.

부칙 〈제2105호,2007.10.29〉

이 규칙은 2007년 11월 4일부터 시행한다

7. 경매관련 법률해석과 적용을 위한 법의 이해

◇ 법의 단계(構造, 法源)

● 우리나라 법 계통 : 대륙법계(로마법 중심, 독일과 일본법 계수), 성문법주의 채택
● 법의 단계 및 분류

헌 법 – – 최고규범 : 최상위법(국민의 기본권과 국가권력의 조직 및 행사방법 등)
⇓
법 률 – – 국회에서 제정된 법률 : 실체법과 절차법 등으로 구분(조약, 국제법규 포함)
　　　　　① 실체법 : 권리 · 의무의 실체를 규정(발생, 변동, 소멸 등), 민법, 상법, 형법,
　　　　　행정법, 주택 및 상가건물임대차보호법 등
　　　　　※행정법은 헌법의 구체화 法임
　　　　　② 절차법 : 권리 · 의무의 실현 절차를 규정(행사, 보전, 이행, 강제) 민사소송법,
　　　　　민사집행법, 형사소송법, 행정소송법 등
⇓
명 령 – – ① 법규명령(대통령긴급명령, 대통령령, 총리령, 부령) : 국민의 권리와 의무에 영
　　　　　향(외부 구속)
　　　　　② 행정규칙[훈령(…규정), 고시, 예규(…지침), 지시, 일일명령 등] : 행정내부만 효
　　　　　력(외부 구속 못함)
⇓
자치법규 – – 조례(지방의회), 규칙(지방자치단체장), 교육규칙(교육감)
⇓
관습법 – – 민법 등 사법영역에 적용("장기 계속적인 관행과 법적 확신"이 있어야 함),
　　　　　행정관습법을 인정하려는 추세임, 법적확신설이 통설이며 판례태도임
⇓
판례법 – – 법원의 재판으로 형성(공법 적용, 민법은 배제 원칙)
⇓
조 리(행정법의 일반원칙) – – 법의 원칙을 위반할 때에는 위헌 · 위법으로 행정소
　　　　　송의 대상됨
　　　　　① 행정의 자기구속의 원칙(공법) – 평등원칙으로부터 도출
　　　　　② 신뢰보호의 원칙(공법)

③ 비례의 원칙(과잉금지의 원칙) (공법)

④ 부당결부금지의 원칙(공법)

⑤ 적법절차의 원칙(공법) – 행정절차법으로 구체화

⑥ 신의성실의 원칙(공·사법 모두 적용)

◎ **법의 세분류**

① 국내법과 국제법　② 공법과 사법 그리고 사회법　③ 일반법과 특별법

④ 원칙법과 예외법　⑤ 실체법과 절차법　⑥ 강행법과 임의법

⑦ 고유법과 계수법　⑧ 행위법과 조직법　⑨ 성문법과 불문법 등

◎ **법적용의 원칙 – 법령 상호간 충돌시 해결방법**

① 신법우선의 원칙　② 상위법 우선의 원칙　③ 특별법 우선의 원칙

④ 특별구법 우선의 원칙　⑤ 소관사항의 원칙(행정입법의 경우 규정할 수 있는 사항 및 범위)

부동산경매

2009년 05월 07일 초판 제2쇄 인쇄
2009년 05월 15일 초판 제2쇄 발행

저   자 | 김진우
발행인 | 김용성
발행처 | **법률출판사**
　　　　서울시 동대문구 이문2동 346-41 영일빌딩 2층
　　　　전화 02)962-9154 | 팩스 02)962-9156
등록번호 | 제 1-1982호

정가 : 17,000원　　　　ISBN 978-89-5821-117-4 13320